Eduard Loewenthal

Der Krieg ist abzuschaffen

edition pace | Band 24

Regal: Pazifisten & Antimilitaristen aus jüdischen Familien 4

Herausgegeben von Peter Bürger,
Editionsmitarbeit: Kathrin Warnatzsch

In Kooperation mit dem
Lebenshaus Schwäbische Alb

Eduard Loewenthal

Der Krieg ist abzuschaffen

Friedensbewegte Schriften für das Europa der Völker und einen Weltstaatenbund, 1870 – 1912

edition pace

Diese Buchausgabe
folgt der schon erschienenen
Digitalversion des Online-Regals
beim Lebenshaus Schwäbische Alb e. V.

Eduard Loewenthal

DER KRIEG IST ABZUSCHAFFEN

Friedensbewegte Schriften für das Europa
der Völker und einen Weltstaatenbund, 1870 – 1912

edition pace (Gründungsreihe) Band 24
Regal: Pazifisten & Antimilitaristen aus jüdischen Familien | 4

Herausgegeben von Peter Bürger, unter
Editionsmitarbeit von Katrin Warnatzsch
Fotobildnis von E. Loewenthal aus: „Für unser Heim“,
Leipzig: J. J. Weber 1902

Verlag: BoD · Books on Demand GmbH, In de Tarpen 42,
22848 Norderstedt | Druck: Libri Plureos GmbH,
Friedensallee 273, 22763 Hamburg

ISBN: 978-3-7583-5069-6

Inhalt

Einleitende Dokumentation

Die Darstellung von Leben und Werk Eduard Loewenthals in der Literatur

> „Was ist überhaupt Moral, was Humanität, was geistiger Werth in den Augen des preußischen Vollblut-Junkers, der kein höheres Ideal kennt, als die Gewalt und die Macht, keine andere Logik, als die von Blut und Eisen ! [...] Nur eine Moral braucht der preußisch-deutsche Unterthan zu cultiviren, die Moral der Loyalität gegen die Völkerfreiheitsmörder. Durch diese königlich-kaiserliche Moral wird jede Immoralität, ja sogar jede Bestialität nicht nur aufgewogen, sondern heilig gesprochen. – Wie kommt es nun aber, daß ein Volk von Dichtern und Denkern sich in verhältnißmäßig kurzer Zeit vom hoh'n Olymp seiner geistigen und humanitären Classicität in die Barbarei eines solchen Molochdienstes hineinreißen ließ und in so völlige Unzurechnungsfähigkeit gerathen konnte?" –
>
> „Das Ministerium des *Kriegs-* oder *Mord-Cultus* hat dem Unterthanen den Glauben beizubringen, daß er *nicht mehr selbst denken und wollen,* sondern *nur gehorchen* darf *resp. muß*".
>
> (E. LOEWENTHAL: Das preussische Völker-Dressur-System, 1871)

Der Publizist Dr. Eduard Loewenthal (geb. 12. März 1836 in Ernsbach / Forchtenberg; gest. 26. März 1917 in Berlin) ist im 19. Jahrhundert als scharfer Kritiker des preußischen Militarismus, Vertreter des Rechtspazifismus (Programm einer obligaten internationalen Friedensjustiz) und früher Pionier der im deutschen Sprachraum noch kaum entwickelten Friedensbewegung hervorgetreten; er sympathisierte mit der Arbeiterbewegung (unter Ablehnung von Revolutionsgewalt). Der vorliegende Band enthält seine Friedensschriften aus den Jahren 1870 - 1903 sowie – mit einigen Kürzungen – die Memoiren *„Mein Lebenswerk"* (1910/12). Vorab werden hier die Darstellungen zu Werdegang und Wirken aus der vom Herausgeber eingesehenen Literatur über diesen Autor dokumentiert.

Zu Lebzeiten erschien in einer dichterischen Anthologie folgende Skizze zum Lebensweg: „Eduard Loewenthal. Geboren am 12. März 1836 in Ernsbach (Württemberg), absolvierte das Stuttgarter Gymnasium und studierte in Tübingen Jurisprudenz und Philosophie von 1855-1859. In letztgenanntem Jahre mittels einer Dissertation über Spinoza und Leibnitz zum Doktor der Philosophie promoviert, begründete er in Frankfurt a. M. die ‚Allgemeine deutsche Universitätszeitschrift' und trat als Mitredakteur in den ‚Arbeitgeber' von Max Wirth ein. 1860 wurde Loewenthal infolge eines Artikels über einen Studentenkrawall in Greifswald aus Frankfurt ausgewiesen. Jedoch wurde diese Massregel infolge eines Missbilligungsvotums des ‚gesetzgebenden Körpers' der damaligen freien Reichsstadt wieder rückgängig gemacht. Loewenthal folgte aber einem von Wiesbaden an ihn ergangenen Rufe, um die Redaktion der ‚Wiesbadener Zeitung' zu übernehmen. Als Redakteur der letzteren wurde er wegen eines Artikels, ‚Eine Zeit- und Weltbetrachtung beim Jahreswechsel', der Herabwürdigung der Religion angeklagt und in erster Instanz zu zwei Monaten Korrektionshaus, in zweiter Instanz zu acht Tagen Gefängnis verurteilt. Bald darauf übernahm er die Redaktion der Payneschen ‚Glocke' in Leipzig, gründete daselbst auch den ‚Zeitgeist'. 1863 lernte er in Leipzig Ferdinand Lassalle kennen, der ihn veranlasste, nach Berlin überzusiedeln, wo er in der Tagespresse thätig war. 1871 übernahm er die Chefredaktion der ‚Neuen Freien Zeitung', gründete auch den ‚Deutschen Verein für internationale Friedenspropaganda' (1874). In zwei Pressprozessen zu Gefängnisstrafen bis zu fünf Monaten verurteilt, begab sich Loewenthal 1875 nach Brüssel, von da nach einjährigem Aufenthalt nach London und 1877 nach Paris. Hier gründete er die ‚Weltbühne, Deutsche Pariser Zeitung', und eine französische Monatsschrift, ‚Le Monde de l'Esprit'. Auch hier bekämpfte er in energischer Weise den Militarismus. Im Jahre 1888 kehrte Eduard Loewenthal infolge der von Kaiser Friedrich erlassenen Amnestie für politische und Pressvergehen nach Berlin zurück und trat wieder an die Spitze des neukonstituierten ‚Deutschen Vereins für internationale Friedenspropaganda', der vor kurzem den Namen ‚Weltverein für obligatorische internationale Friedensjustiz' angenommen hat, sowie der

Cogitantenallianz. Neuerdings giebt Eduard Loewenthal eine Monatsschrift heraus unter dem Titel ‚Am Triebrad der Zeit, Blätter für geistige, politische und soziale Reform'."[1]

Jüdischer Familienhintergrund – Nachschlagewerke

Im Wikipedia-Personeneintrag wird – ganz ohne nachvollziehbare spezifische Quellennachweise – der in den gedruckten ‚Memoiren' von 1910 gar nicht zur Sprache kommende jüdische Familienhintergrund stark betont: „Eduard Loewenthal, Sohn des ersten Lehrers an der israelitischen Volksschule in Buchau, Isac Loewenthal [gest. 1872], erhielt von seinen Eltern eine streng jüdische Erziehung. Besonders seine Mutter [gest. 1865] war sehr fromm. Auch von Seiten des Vaters wurde er in den Grundsätzen des Judentums unterrichtet und erzogen. Die Eltern seines Vaters stammten aus Nancy respektive Colmar und waren von dort nach Deutschland übergesiedelt. Seine Großmutter väterlicherseits war eine Cousine des französischen Generals See. Berthold Auerbach war ein Studienfreund seines Vaters. – Bis zum Jahre 1848 besuchte Eduard Loewenthal die Lateinschule in Horb. Lehrer an dieser Schule waren die Prediger der dortigen katholischen Kirche, welche Löwenthal glänzendste Zeugnisse ausstellten und ihn zur Fortsetzung seines Studiums ermutigten. Seine Eltern gaben ihn daraufhin in ein Pensionat nach Stuttgart, um das dortige königliche Gymnasium zu besuchen. Aufgrund besonderer Leistungen konnte Löwenthal zwei Klassen überspringen. Sein Lehrer für deutsche Sprache und Literatur sowie für philosophische Propädeutik war Gustav Pfizer, ein bekannter Dichter. – Er studierte in Tübingen Jura und Philosophie und wurde 1859 mit einer Dissertation über Spinoza und Leibniz zum Doktor der

---

[1] Timon SCHROETER (Hg.): „Für unser Heim". Bunte Spenden deutscher Dichter und Denker der Gegenwart für das Deutsche Schriftstellerheim in Jena. Leipzig: J. J. Weber 1902, S. 188 (dort wird auch Loewenthals Gedicht *„Durch Leiden zur Läuterung"* dargeboten: „In der Tiefe keimt das Hohe, / Glück jedoch verflacht die Brust; / Aus der Glut nur wächst die Lohe, / Aus dem Leide nur die Lust. – Wie das Gold im Flammenschoss / Erst erlangt den wahren Wert, / So ersteht der Geist, der grosse, / Nur von Schmerzensglut genährt").

Philosophie promoviert."[2] – Verheiratet war der spätere Publizist mit Emmy, geb. Nerling (gest. 1873) und Dr. Bertha Loewenthal, geb. Voelz (gest. 16.03.1909); namentlich genannt werden in der autobiographischen Schrift *„Mein Lebenswerk"* noch seine Söhne Henri und Hubert sowie die Brüder Edmund und Rudolf Loewenthal (Mannheim), die ihn u. a. während der ökonomisch besonders schwierigen Exilzeiten im Ausland (Brüssel, London, Paris) finanziell unterstützt haben.

Das *„Lexikon deutsch-jüdischer Autoren"* (2008) setzt die äußere Trennung vom Judentum (Austritt aus der Religionsgemeinschaft) zeitlich erst sehr spät an: „1865 gründete L[oewenthal] in Berlin die Sozialhumane Religionsgesellschaft der Cogitanten, 1874 den deutschen Verein für internationale Friedenspropaganda, als Fortsetzung des im Jahre 1868 von ihm in Dresden begründeten Europäischen Unionsvereins. 1888 stand L' an der Spitze des ‚Deutschen Vereins für obligate internationale Friedensjustiz'. Im Jahre 1906 gründete L' das Welt-Wohlfahrtskomitee und 1907 das Zentral-Institut für Gedankenstatuten und menschliche Wissenschaftserweiterung. Stellung zum Judentum: Schon [sic] 1904 war er aus dem Judentum ausgetreten und setzte sich […] für eine dogmenfreie, das Übersinnliche ausschließende wissenschaftliche Religion ein, das war ‚Cogitantentum', eine Gemeinde, die im Sinne des Weltfriedens wirken sollte und einen positivistisch-naturalistischen Monismus vertrat."[3]

Salomon Wininger widmet Loewenthal in seinem Nachschlagewerk *„Große jüdische National-Biographie"* (1929) folgende Ausführungen: Dr. phil. Eduard Löwenthal, „philosophischer, naturwissenschaftlicher und politischer Schriftsteller, geb. 12. März 1836 zu Ernsbach, gest. 1917 in Berlin, studierte von 1855-59 Rechtswissenschaft und Philosophie an der Universität in Tübingen, promovierte 1859 und wendete sich der Journalistik zu. In Frankfurt a. M. gründete er die ‚Allgemeine deutsche Universitäts-Zeitschrift', trat als Mitredakteur in den ‚Arbeitgeber' von Max Wirth ein, ward Redakteur der Payne'schen ‚Glocke' in Leipzig und gründete hier den

---

[2] https://de.wikipedia.org/wiki/Eduard_Loewenthal (Personeneintrag; zuletzt aufgerufen am 25.09.2024).

[3] *Lexikon deutsch-jüdischer Autoren.* Band 16: „Lewi – Mehr". Redaktionelle Leitung: Renate Heuer. München: K G. Saur 2008, S. S. 130-131.

,Zeitgeist'. 1865 lernte er in Leipzig Ferdinand Lassalle kennen, der ihn veranlaßte, nach Berlin zu übersiedeln, wo er in der Tagespresse tätig war. 1865 gründete L. in Berlin die Sozialhumane Religionsgesellschaft der Cogitanten, die ihrer Tendenz nach als deistische Freidenker bezeichnet werden können. Ein eigenes Organ ,Der Cogitant' vertrat die Interessen der neuen Religionsgesellschaft, die von der preußischen Regierung als solche anerkannt war, gewissermaßen als rationeller Vorläufer des nachmaligen Kulturkampfes. In Dresden, wo sich Löwenthal im Jahre 1866 niederließ, gründete er die Cogitanten-Akademie und den Europäischen Unionsverein. Der Krieg 1870/71 machte dieser Akademie ein Ende. Löwenthal war genötigt, nach der Schweiz zu flüchten, wo er in Zürich die ,Freiheitswacht' herausgab. 1871 kehrte er nach Berlin zurück, übernahm 1873 die Chefredaktion der ,Neuen Freien Zeitung' und gründete 1874 den deutschen Verein für internationale Friedenspropaganda, als Fortsetzung des im Jahre 1868 in Dresden von ihm begründeten Europäischen Unionvereines. Wegen Majestätsbeleidigung zu fünf Monaten Gefängnis verurteilt, begab er sich 1875 nach Brüssel, 1876 nach London, 1877 nach Paris, von wo er 1879 nach St. Denis bei Paris übersiedelte. In Paris gründete er die ,Weltbühne', ,Die deutsche Pariser Zeitung' und 1886 eine französische Monatsschrift *,Le Monde de l'Esprit'*, 1887 *,l'Universite libre de Paris'*, welche die Universitätsstudien erleichtern und das Prinzip der Einheit der Wissenschaft befestigen sollte. In all diesen Blättern bekämpfte Löwenthal in energischer Weise den Militarismus. In diesem Sinne veröffentlichte er auch die Schriften: *Der Militarismus als Ursache der Massenverarmung* (1868, auf Veranlassung der *Societé des amis de la paix* in Paris gedruckt, 1869 ins Französische übersetzt). Im Jahre 1888 kam er wieder nach Berlin und stand an der Spitze des neu konstituierten deutschen Vereines für internationale Friedenspropaganda, der später den Namen ,Deutscher Verein für obligate internationale Friedensjustiz' annahm. 1900, 1905 und 1906 wurde er von verschiedenen Seiten für den Nobel-Friedenspreis vorgeschlagen. Im Jahre 1906 gründete Loewenthal das Welt-Wohlfahrtskomitee und 1907 das Zentral-Institut für Gedankenstatuten und menschliche Wissenschaftserweiterung. – Loewenthals bedeutendstes Werk ist *,System und Geschichte des Naturalismus'* (6. Auflage 1897, auch ins Englische übersetzt). Weiters schrieb er: *Eine Religion ohne Bekenntnis* (1865);

Die nächste Wissensstufe (1875); *Le Cogitantisme ou la religion scientifique basée sur le positivisme spiritualiste* (1886); *Der Anarchismus und das Recht der Schwachen* (1894); *Das Gesetz der sphärischen Molekularbewegung* (erschienen in deutscher und englischer Sprache, 2. Auflage); *Der wahre Weg zum bleibenden Frieden* (1896); *Geschichte der Philosophie im Umriß* (5. Auflage 1911)); *Obligatorische Friedensjustiz – nicht Schiedsgericht* (1897); *Die religiöse Bewegung im 19. Jahrhundert* (1900); *Die neue Lehre des Religionsunterrichtes für Cogitanten* (1901); *Die Fulgurogensis im Gegensatz zur Evolutionstheorie und die Kulturziele der Menschheit* (1902); *Organische Neubildung und Regenerationen* (1905); *Grundzüge zur Reform des deutschen Strafrechtes und Strafprozesses* (2. Auflage 1905); *Geschichte der Friedensbewegung* (2. Auflage 1907); *Das Radium und die unsichtbare Strahlung* (1904); *Wahrer Monismus und Schein-Monismus* (1907); *Neues System der Soziologie* (1908); *System des naturalistischen Transzendentalismus* (1910); *Mein Lebenswerk auf sozial., neureligiösem, philosophischem und naturwissenschaftlichem Gebiet.* Memoiren (1910). Ein Drama Löwenthal's *‚Napoleon III. und die Kommune von Paris'*, wurde ins Englische übersetzt und erschien in Chicago. Schließlich verfaßte er noch: *Grundzüge zur Reform und Kodifikation des Völkerrechts* (auch in zwei französischen, und zwei englischen Übersetzungen erschienen) und *Zur internationalen Friedenspropaganda,* eine Flugschrift, die seinerzeit viel Aufsehen erregte."[4]

Zeitgenössische Polemik gegen den religiösen „Cogitanten"-Kultus und dessen Gründer mit „ausgeprägtem semitischen Typus",
1865

Zu seiner rationalistischen, gleichwohl nicht kultlosen Religion trägt Eduard Loewenthal vor: „*Religion* ist nach meinem Ermessen die auf der höchsten menschlichen Erkenntnis beruhende *Gesamt-Weltanschauung,* welche dem *Denken* und *Fühlen* der Einzelnen und der Gesamtheit seine bestimmte Richtung gibt. Religion in diesem Sinne kann nur die Religion des fortschreitenden, jeweilig besten Wissens und Gewissens, d. h. das Cogitantentum sein" (→S. 220). Mit Blick

[4] Salomon WININGER: Große jüdische National-Biographie. Ein Nachschlagewerk für das jüdische Volk und dessen Freunde. Vierter Band: ‚Leavith – Péreire'. Cernăuți: Arta [1929], S. 171-172.

auf die Berliner Gründung einer ‚Cogitanten'-Gemeinde dokumentierten die *„Illustrierten Monatshefte für die gesamten Interessen des Judentums"* folgende Polemik aus dem Periodikum *„Neue freie Presse"* Nr. 418 vom 27. Oktober 1865:

„Die Originale sterben aus, seufzte K. Vogt, als er unlängst den Lebensabriß des elastischen Sonderlings Amanz Greßly, des Cuvier der Eidgenossenschaft, mittheilte. Die Originale sterben aus, ja wohl, die Curiositäten bleiben uns. Wir wollen heute von einer großen Curiosität erzählen, von einer zweibeinigen, schriftstellernden Curiosität, dem Hrn. Dr. Eduard Löwenthal in Berlin, der sich ohne Zweifel für ein Original hält. Wer ist Dr. Eduard Löwenthal? werden die meisten unserer Leser fragen. In dieser Unwissenheit, in dieser Unkenntnis; der Löwenthal'schen Existenz liegt das Schicksal des Mannes, gegen das er fortwährend heldenmüthig mit seinem Tintenfaß ankämpft. Seine literarische Thätigkeit bestand bisher aus lauter Erfindungen, die das undankbare Jahrhundert wenig beachtete. Zuerst erfand er eine neue Philosophie, ‚System des Naturalismus' zubenannt, und gleichzeitig eine neue philosophische Sprache, die sich von der bisher in philosophischen Werken gebrauchten, die außer dem Verfasser nur die Collegen verstehen, dadurch unterscheidet, daß unter allen Menschen Dr. Löwenthal allein sie versteht. Allein das ‚Gesammtstoff-Aggregat', welches wir bewohnen – das Wort bedeutet in der neuen Sprache: Weltkörper – nahm keine Notiz davon, und Dr. Löwenthal sah sich genöthigt, seinen Geist weiter anzustrengen. Er erfand also eine neue Naturwissenschaft, worin das ‚Beharrungsvermögen der Molecule' eine ganz außerordentliche Rolle spielt, aber die Berühmtheit wollte noch immer nicht kommen. Nun dachte das rastlose Genie: Mit Kraft und Stoff, mit Geist und Natur habe ich es bisher einzeln versucht und bin damit durchgefallen, das Uebersinnliche hat mir gelogen und das Sinnliche hat mich betrogen, so will ich es denn mit jener geheimen Kette versuchen, die beide verbindet. Und Dr. Eduard Löwenthal setzte sich an seinen Schreibtisch und erfand eine neue Religion. – Die Bekenner dieser neuen Religion heißen Cogitanten. Im Singular bedeutet jedoch ‚Cogitant' nicht blos einen Anhänger der neuen Lehre, sondern vorzugsweise die Zeitschrift, welche zur Ausbreitung und Verteidigung derselben gegründet ward und in ihrer Probenummer vor uns liegt. Sie bietet auf zwanzig Octavseiten politische, juristische, philosophische, pädagogische und naturwissenschaftliche Artikel, Kritiken und Poesien, alles aus der Feder des Herausgebers, Dr. E. Löwenthal. Man wird so auf die einfachste Art über das Wesen der Cogitanten aufgeklärt. Die Cogitanten nehmen in der ‚Bewegung der Individual- und Gesellschaftsbeharrung', d. h. zu deutsch, im politischen Leben, eine sehr zahme Stellung ein. Im Gegensatz zu den freireligiösen Gemeinden, auf welche als seine natürlichen Concurrenten Dr. Löwenthal sehr schlecht zu sprechen ist, präsentiren sie sich einer hohen Obrigkeit im Loyalitätsfrack. So weit wären die Cogitanten ganz ungefährlich; allein der Stifter entwickelt etwas bedenkliche Ansichten über den Eigenthumsbegriff. Er will die persönliche Freiheit unter allen Umständen vom Staat gesichert wissen und erklärt sie für ein so hohes Gut, daß man sie keinem Menschen wegen eines Eingriffs in fremdes Eigenthum entziehen solle. Daß ein Mensch eines Diebstahls willen eingesperrt werde, erklärt der ‚Cogitant' für ein himmelschreiendes Unrecht. In solchem Fall sei staatsanwaltliche Verwarnung nebst Veröffentlichung des Erkenntnisses genügende Strafe; ‚allenfalls' könne der Dieb oder Betrüger auch zum Schadenersatz verhalten werden. Wie sich die Gauner in aller Herren Ländern freuen müssen, wenn sie das lesen! Sie werden in hellen Haufen nach Berlin kommen, um sich als Neubekehrte in die projectirte ‚Andachtshalle' zu drängen, und wenn sie, um ein Andenken von dem gefeierten Meister mitzunehmen, an Hrn. Dr. Löwenthal selbst die Lehre vom ‚possessorischen Nothstand' in Anwendung bringen, wird dieser hoffentlich keine Anzeige bei der Polizei machen. – Heirathen soll der Cogitant nur aus Liebe. Eine ‚süddeutsche Cogitantin' hat nach der Mittheilung Löwenthal's die merkwürdige Entdeckung gemacht, daß die meisten Ehen aus ganz andern Gründen geschlossen werden. Die Erziehung der Cogitanten muß so eingerichtet sein, daß Aehnliches unter ihnen nicht vorkommt; sie muß genau nach jenen Grundsätzen geleitet werden, welche in der Erziehungsanstalt auf Schloß Zwölfaxing bei Wien maßgebend sind. Besonders schmeichelhaft für die Anhänger der neuen Religion ist das gerade nicht, denn Schloß Zwölfaxing birgt bekanntlich eine Heilanstalt – für Blödsinnige. Indeß ist das Geschmackssache. – Was aber bildet das Wesen, den Kern der Cogitantenlehre? Im Briefkasten der Zeitschrift gibt der Gründer folgende bündige Definition: ‚Eine wohldisciplinirte

Bekenntnißlosigkeit mit einheitlichem Cultus und einheitlicher naturalistischer Grundlage.' Die Erklärung erinnert den Ungeweihten etwas an die Proletarierforderung in den ,Fliegenden Blättern': ,Wir wollen eine Republik mit dem verstorbenen Großherzog als lebenslänglichem Präsidenten.' Kein Bekenntnis; und dennoch Cultus, das begreift eben nur der Geweihte. Und der Cultus der Cogitanten ist gar nicht so einfach, als man meinen sollte. Er bedarf einer eigenen ,Andachtshalle', in welcher allsonntäglich Orgelspiel und Gesang einen erbaulichen Vortrag, z. B. über Löwenthal'sche Schriften, einleiten sollen. Der ,Cultmagistrat', in welchen auch drei weibliche Mitglieder – warum gingst du in ein Kloster, Gräfin Ida? – von der schönern Hälfte der Gemeindeglieder gewählt werden dürfen, hat jedoch nicht nur die rituelle Sonn- und Festtagsfeier zu überwachen, sondern auch als Schiedsgericht in Streitigkeiten aller Art zu fungiren und jene Dramen zu beurtheilen, welche an den drei Jahresfesten in der ,Andachtshalle' gegeben werden sollen. Verkannte Dramendichter Deutschlands, werdet Cogitanten und reicht den Bewohnern von Zwölfaxing die Bruderhand! – Ueber den Cultmagistraten der einzelnen Gemeinden thront in der Hierarchie der Cogitanten das ,Cultpräsidium'. Es besteht aus drei Präsidialräthen für Cultuswesen, Erziehungswesen und sociale Mission, und dem Cultpräsidenten. Welche Geistesbildung die Mitglieder dieses obersten Collegiums besitzen sollen, sagt Dr. Löwenthal nicht; dafür schreibt er aber mit der Genauigkeit eines Schneiders ihren Ornat vor. Sie tragen einen langen schwarzen Camelotrock mit stehendem schwarzen, goldgestickten Sammtkragen, dazu ein blaues Sammtbarett, welches bei dem Cultpräsidenten mit einer Doppelreihe von goldenen Sternen geschmückt ist. Hr. Dr. Löwenthal trägt wahrscheinlich eine Hausmütze von blauem Sammt mit goldener Troddel. Daß man ihn und nur ihn zum ,Cultpräsidenten' wählen kann, liegt auf der Hand. Wird er aber Cogitantenpapst und trägt er erst das blaue Sammtbarett mit den zwei Reihen goldener Sterne auf seinem Haupt, dann hat er das Ziel seines Lebens erreicht – man wird von ihm sprechen. – Vielleicht interessirt es eine oder die andere Leserin, wenn wir ihr den künftigen ,Cultpräsidenten' beschreiben. Es ist ein kleiner, schwarzhaariger Mann von gelber Gesichtsfarbe und ausgeprägtem semitischen Typus. Er lebte, ehe er nach Berlin übersiedelte, im gesegneten Rheingau, wo aber seine Reben nicht recht wachsen wollten. Ein Liebeshandel, den er dort mit der Frau eines bekannten Redacteurs durchspielte, gab zu vielen ‚Cogitationen' Veranlassung. Wir erwähnen das nur, um Löwenthal's Mission zu beweisen; denn Religionsstifter sind gewöhnlich dem schwächern Geschlecht hold und üben eine besondere Gewalt über dasselbe aus. Gewiß war auch das weibliche Element in der Gründungsversammlung, die für den 22. Oct. einberufen war, in imposanter Stärke vertreten. Im Augenblick, wo wir diese Zeilen schreiben, kann Dr. Löwenthal vielleicht das blaue Sammtbarett mit den zwei Reihen goldener Sterne schon aufsetzen und als Kirchenoberhaupt durch die Straßen von Berlin wandeln. Er ist dann glücklicher als sein Vorgänger, der Ueberzeugungs-Proteus Daumer in der nürnberger Mansarde, der auch vor Zeiten eine neue Religion stiften wollte. Der Cogitant wird übrigens in der – Stallschreiberstraße in Berlin gedruckt. ‚In der Tiefe keimt das Hohe', sagt Dr. Löwenthal in seinen ‚Anthropologischen Parcellen'."[5]

Chronologie des pazifistischen Wirkens – Dissertation von Andreas Volkmer, 2012

Chronologie und Schwerpunkte des friedensbewegten Wirkens stellt Andreas Volkmer in seiner Dissertation „Kriegsverhütung und Friedenssicherung durch Internationale Organisation" (2012) folgendermaßen dar: „Im Oktober 1865 trat in Berlin eine erste Cogitantengemeinde ins Leben. Ende des Jahres 1866 ließ sich Loewenthal in Dresden nieder und begründete dort eine Cogitanten-Akademie. Spätestens nach seiner Übersiedlung von Berlin nach Dresden wurde Loewenthal auch zum überzeugten Friedensaktivisten. In seinen Memoiren beschrieb Loewenthal, wie er infolge des preußisch-österreichischen Krieges von 1866 begann, sich ernsthaft mit der Friedensfrage auseinanderzusetzen [...] Ab 1868 betrieb Loewenthal eine regelrechte Friedenspropaganda in dem von ihm selbst

---

[5] *Illustrierte Monatshefte für die gesamten Interessen des Judentums* II. Band, Heft 3 vom Dezember 1865, S. 236-237 [aus: Neue freie Presse, 27.10.1865]. – A. Volkmer nennt in seiner nachfolgend aufgeführten Dissertation noch einen kritischen Text über E. Loewenthal in: *Der Volksstaat.* Organ der social-democratischen Arbeiterpartei und der Internationalen Gewerksgenossenschaften, Nr. 6 vom 18.01.1871.

herausgegebenen ‚*Dresdner Kurier*'. Am 16. September 1869 gründete dann Loewenthal in Dresden den ‚Europäischen Unionsverein'. Loewenthals Vorhaben stand [...] im völligen Gegensatz zu den Bestrebungen der ‚Internationalen Liga für Frieden und Freiheit', welche die ‚Vereinigten Staaten von Europa' nach Einführung der Republik als Staatsform in allen europäischen Ländern begründen wollte. In einer Broschüre, die Anfang 1870 unter dem Titel ‚*Der Militarismus als Ursache der Massenverarmung in Europa und die europäische Union als Mittel zur Ueberflüssigmachung der stehenden Heere*' veröffentlicht wurde, distanzierte sich Loewenthal ausdrücklich von der Forderung nach der Republik als eine absolute Bedingung und Voraussetzung für den Frieden. Loewenthal glaubte nämlich, dass die Kriegsherren Europas niemals kampflos die Macht abgeben würden. Die Friedensfrage konnte also zwangsläufig zu einer Machtfrage werden und das Recht des Stärkeren würde dann unweigerlich ‚*eine neue blutige Anerkennung erhalten*'. [...] Von der Europäischen Union erhoffte sich Loewenthal in erster Linie eine Beseitigung des in Europa grassierenden Militarismus. Gerade ‚*das Militärwesen und die stehenden Heere in ihrer jetzigen Form und Ausdehnung*', sowie die damit zusammenhängende ‚*unerschwingliche Steuerlast*', betrachtete Loewenthal als ursächlich für den allgemeinen Pauperismus. An die Stelle des bewaffneten Friedens, welcher nach Ansicht Loewenthals vor allem die Massenarmut und das Elend förderte, sollte nunmehr ein Frieden treten, der diesen Namen auch wirklich verdiente. Die Milliarden, die immerzu für den bewaffneten Frieden aufgebraucht würden, könnten sodann anderweitig, nämlich ‚*für Zwecke der Volksbildung, der menschlichen Wohlfahrt und des wahren Friedens*' verwendet werden. Im April 1870, also nur kurze Zeit nach Veröffentlichung der eben behandelten Broschüre, präsentierte Loewenthal im ‚*Dresdner Kurier*' einen aus neun Artikeln bestehenden Entwurf zur Bildung einer ‚*Europäischen Union*', in der die fünf europäischen Großmächte als eine permanente Zentralgewalt unter dem Titel ‚*Directorium Europas*' zu fungieren hätten [...] Loewenthal war der Ansicht, dass Deutschland aufgrund seiner geographischen Lage in der Mitte des europäischen Kontinents besonders unter den Kriegen zu leiden habe. Daher sei vor allem Deutschland berufen, für die Verwirklichung des hier angedeuteten Plans zur Herstellung einer ‚*europäischen Directorial-Behörde*' die Initiative zu ergreifen und in den verschiedenen europäischen Volksvertretungen dafür zu werben. Loewenthal setzte sein Vertrauen zum einen auf die deutschen Presseorgane und deren Fähigkeit, auf die öffentliche Meinung einzuwirken. Zum anderen hoffte er, dass die deutschen Reichstagsabgeordneten diesen Gegenstand, in Verbindung mit der *,europäischen Unions-Idee'*, immer wieder zur Sprache bringen würden. – Da ihm aufgrund eines Pressevergehens eine sechswöchige Gefängnisstrafe drohte, verließ Loewenthal im Sommer 1870 Dresden und flüchtete in die Schweiz. Von Zürich aus betrieb er eine energische Agitation gegen das preußische Militärsystem, das Halten stehender Heere und den deutsch-französischen Krieg. Ab Mitte Oktober 1870 erschien unter Loewenthals Leitung die *,Freiheitswacht'* als Organ des ,Europäischen Unionsvereins'. Der ,Europäische Unionsverein' war also einfach mit seinem Gründer und Vorsitzenden von Dresden nach Zürich übergesiedelt. Bemerkenswert ist, dass in den neuen Statuten des Vereins nicht mehr von der ,Herstellung eines *europäischen Staatenbundes unter dem Regime der bestehenden Dynastieen'* die Rede war. Als Zweck des Vereins wurde nunmehr *,die Anbahnung eines europäischen Freistaaten-Bundes'* bzw. die Herbeiführung einer *„europäischen Föderativ-Republik"* angegeben. [...] Schon nach etwa einem halben Jahr kehrte Loewenthal nach Deutschland zurück. Er ging nach Berlin und arbeitete wieder als Journalist. Zudem betrieb Loewenthal weiterhin eifrig Friedenspropaganda. Im Jahr 1874 rief er in Berlin wieder den ,Europäischen Unionsverein' unter dem Namen ,Deutscher Verein für internationale Friedenspropaganda' ins Leben. Bis zu seinem Tod im Jahr 1917 publizierte Loewenthal eine ganze Reihe von Flugschriften und Broschüren, in denen er sich für eine *,Reform und Kodifikation des Völkerrechts'* einsetzte oder die Errichtung eines *,Weltstaatenbundes mit einer obligatorischen internationalen Friedensjustiz'* zum Vorschlag brachte."[6]

Der ,Körper' des organisatorischen bzw. institutionellen Rahmens der Friedensarbeit, der wohl ganz auf die Person des Gründers zugeschnitten war, wird heute vor allem über einzelne Beschluss-

---

[6] Andreas VOLKMER: Kriegsverhütung und Friedenssicherung durch Internationale Organisation. Deutsche Ideen und Pläne 1815 –1871. (= Inaugural-Dissertation zur Erlangung des Grades eines Doktors der Philosophie des Fachbereichs Geschichte und Kulturwissenschaften der Philipps-Universität Marburg). Marburg 2012, S. 266-272. [https://archiv.ub.uni-marburg.de]

Dokumente und Presseberichte ‚ansichtig', die Loewenthal uns als Chronist in eigener Sache überliefert hat.

Würdigung des Lebenswerkes für den Frieden

Bezogen auf die öffentliche Kritik des Militarismus, den publizistischen Einsatz für eine obligate Friedensjustiz, die o. g. Vereinsgründungen, übernationale Initiativen und den bemerkenswerten Ansatz einer friedensbewegten Befragung der Bevölkerungen („Welt-Friedens-Plebiscit") ist Eduard Loewenthal in deutschen Landen ohne Zweifel als ein bedeutsamer Wegbereiter zu würdigen (seine ebenfalls vorauseilenden Voten zu einer *Strafrechtsreform* sind nicht Thema dieses Bandes). Über Loewenthals Einschätzung des eigenen Wirkens schreibt Andreas Volkmer u. a.: „[…] Weil er schon relativ früh die Vereinigung der Parlamentsmitglieder der verschiedenen europäischen Länder mit dem Ziel der Förderung des Friedens angeregt hatte, sah sich Loewenthal als geistigen Urheber der im Jahr 1888 gegründeten ‚Interparlamentarischen Union'. Die im Jahr 1889 erfolgte Einrichtung des ‚Internationalen Friedensbureaus' in Bern führte Loewenthal ebenfalls auf seine eigene Initiative zurück. Folglich hegte Loewenthal auch die Hoffnung, dass man ihm irgendwann den Friedensnobelpreis zuerkennen würde. Tatsächlich wurde Loewenthal seit 1900 wiederholt für den Nobelpreis vorgeschlagen."[7] – Die Pionierrolle wird 1895 vermerkt in einem Aufsatz „Die Genesis der Friedensbewegung" von Alfred Hermann Fried und zwar mit folgendem Fazit: „Es dürfte […] Herrn *Dr. Löwenthal* das Verdienst der ursprünglichen Anregung jener Organisationen zufallen, denen die moderne Friedensbewegung ihren Aufschwung verdankt."[8] Weniger schmeichelhaft charakterisiert A. H. Fried allerdings später Loewenthals Broschüre *„Geschichte der Friedensbewegung"* von 1903 als „eine in die Augen springende, verschwenderisch mit Sperrschrift und Fettdruck ausgestattete Reklameschrift

---

[7] Ebd., S. 273 (dort Hinweise auf kritische Stimmen zu L's Selbstdarstellung).

[8] Alfred Hermann FRIED: Die Genesis der Friedensorganisation. Beiträge zur Geschichte der neuern Friedensbewegung. In: Die Waffen nieder! Monatsschrift zur Förderung der Friedensbewegung, 4. Jahrgang (1895), Heft 11, S. 394-396, hier S. 396.

für ihren Verfasser"[9]. – E. Loewenthal musste seine Friedensarbeit weithin als Einzelkämpfer und wohl unter sehr bescheidenen materiellen Bedingungen umsetzen. Das bleibt auf Seiten der Leserschaft überall da zu bedenken, wo er sich – auch in der autobiographischen Schrift *„Mein Lebenswerk"* (1910/12) – hinsichtlich seiner wegweisenden Ideen und Unternehmungen nicht hinreichend gesehen und beim Friedens-Nobelpreis übergangen fühlt. In einem Zukunftsroman *„In hundert Jahren"* (1907) von Friedrich Eduard Bilz (1842-1922) ist ihm jedoch ein literarisches Denkmal gesetzt worden.[10]

Im Jahr 1903 ließ Eduard Löwenthal – unter Vorbehalt – Zuversichtliches vernehmen: „Die Menschheitsgeschichte beginnt damit, ihren *blutigen Charakter als bloße Kriegsgeschichte* abzulegen, um den Charakter als Geschichte *friedlicher Kultur-Entwicklung* der Menschheit anzunehmen" (→S. 93). Gleichwohl: „Auf eine gänzliche Beseitigung des Krieges und des Völker-Faustrechts ist aber erst dann zu hoffen, wenn die Völker selbst ihren bezüglichen Willen *unisono* in unzweideutiger Weise zum Ausdruck bringen" (→S. 168). Aus den letzten Lebensjahren 1914-1917 wird in der eingesehenen Literatur nichts mehr überliefert zu Loewenthals Weltwahrnehmung.

Die Vereinten Nationen haben nach zwei Weltkriegen mit 17 und 70 Millionen Toten im Jahre 1945 den Vorsatz der Friedenspioniere übernommen, kommende Generationen für immer von der Geißel des institutionalisierten Massenmordens zu befreien. Die bürgerliche Politik verspürt aber heute keine Hemmungen mehr, wieder einer *Kriegsertüchtigung* sondergleichen das Feld zu bereiten, und huldigt dabei blindlings sogar dem rundherum irrationalen Heilsversprechen der Atombombe, die Loewenthal noch nicht kannte.

Zusammenstellung:
Peter Bürger, 25. September 2024

---

[9] Alfred H. FRIED: Rezension zu „Veit Valentin, Geschichte des Völkerbundgedankens in Deutschland. Ein geistesgeschichtlicher Versuch, Berlin 1920". In: Die Friedens-Warte. Blätter für zwischenstaatliche Organisation, 22. Jahrgang, Heft 3, Berlin 1920, S. 63 f., hier: S. 64 (von mir zitiert nach Andreas VOLKMER).

[10] https://digital.slub-dresden.de/werkansicht/dlf/9434/1 | Vgl. Eduard LOEWENTHAL: Mein Lebenswerk. Zweite, verbesserte Auflage. Berlin: Verlag von Henri Loewenthal 1912, S. 102; ebd., S. 102 f. auch der Hinweis auf ein *„Zukunftsbild von 2300"* von Edmund Cyganski (mit Zitaten).

Der Militarismus als Ursache der Massenverarmung

und die europäische Union als Mittel zur Überflüssigmachung der stehenden Heere

Ein Mahnruf
An alle Freunde bleibenden Friedens
und Wohlstandes[1]
von
Dr. Eduard Loewenthal,
Vorsitzenden des europäischen
Unionsvereins zu Dresden
1870

DIE LETZTE KRIEGSPAROLE
(Statt eines Vorwortes.)

Wohlauf, laßt uns zum Kampfe schreiten,
Zum Kampfe gegen Menschenmord!
Hinweg mit allen Fürsten-Streiten,
Fort mit den Mord-Werkzeugen, fort!

Den Schlachtruhm laß man den Hyänen,
Den Menschen schändet blinde Wuth.
Genug des Blutes und der Thränen
Floß für Despoten-Übermuth!

Wer für sein Recht nichts zum Beweise
Aufbringt, als der Kanonen Schlund,
Der sei verbannt aus unsrem Kreise:
Gewalt ist nur Verbrechensgrund.

---

[1] Textquelle | Eduard LOEWENTHAL: Der Militarismus als Ursache der Massenverarmung in Europa und die europäische Union als Mittel zur Ueberflüssigmachung der stehenden Heere. Ein Mahnruf an alle Freunde bleibenden Friedens und Wohlstandes, Potchappel: A. Fr. Lütze 1870. [16 Seiten]

Was *Krieger* uns als *Ruhm* gepriesen,
Als Schande gelt' es uns fortan!
Zu Urwalds-Bestien sei verwiesen,
Wer ferner nährt den Kriegeswahn!

Nach Frieden rufen die Nationen, –
Wer ist's, der sie zum Kriege hetzt?
Wenn sich umschlingen Millionen,
Wer ist's, der da nach Blute lechzt?

Wer ist's, der unsrer Jugend Blüthe
Als „Edelwild“ nur treibt zur Jagd?
Die Menschheit ist des Frevels müde,
Der uns zu unsren Mördern macht.

Nicht woll'n wir unsres Schweißes Früchte
Noch länger solchem Spiele weihn.
Wo sie im Keim stets wird zunichte, –
Da kann die Wohlfahrt nicht gedeih'n!

Mög' denn der Friedensruf ertönen,
Wie Sturmesbrausen durch die Welt!
Wenn die Nationen sich versöhnen,
Wer wär's, der sich dazwischen stellt?

Wohlauf denn, auf zum *letzten Kriege*, –
Zum *Kriege gegen jeden Krieg*!
„Die Völkerfeindschaft war nur Lüge,
Dies ist uns Bürgschaft für den Sieg!

Dresden, im Februar 1870.
Dr. Eduard Loewenthal

„Les apôtres de l'union des peuples ne doivent
ni se décourager, ni surtout someiller pendant
ce temps de funeste arrêt, mais ils doivent au
contraire renouveler avec plus d'ardeur que jamais
les saints combats de la paix."
P. Larroque.

„Es war zuletzt den Besten allzutoll,
Die Tüchtigem sie standen auf mit Kraft
und sagten: Herr ist, der uns Ruhe schafft;
Der Kaiser kann's nicht, will's nicht! –"
Göthe (im ‚Faust').

EUROPA muß nahe daran sein, aus dem Leime zu gehen, wenn man bedenkt, welche furchtbare Anstrengung es seinen Beherrschern verursacht, dasselbe noch einigermaßen zusammen zu halten. Diese Anstrengung würde uns allerdings wenig kümmern und uns höchstens als Beweis von beschränkter oder imperialistischer Weltanschauung gelten, wenn nicht die Völker selbst am meisten darunter zu leiden und die gesammten Kosten des diplomatisch-militärischen Thurmbau's vom modernen Babylon zu tragen hätten.

Wir glauben, es ist die höchste Zeit, daß die Völker Europa's und zunächst die europäische Presse, in ihrer Gesammtheit sich ernstlich und unermüdlich der Frage bemächtigen, wie das Krebsübel der stehenden *Heere* und die damit verknüpfte *unerschwingliche Steuerlast* zu beseitigen seien.

Da bei den engen socialen Beziehungen der Nationen Europa's, die in Folge des modernen Verkehrswesens gar keine staatliche Schranke mehr kennen und Angesichts der friedlichen und aufgeklärten Geistes- und Gemüthsrichtung der Europäer fest behauptet werden kann, daß die Nationen nicht daran denken, sich gegenseitig abzuschlachten, da andererseits auch der Blutdurst der europäischen Regenten nicht so kannibalisch groß sein kann, als man nach dem enormen Militäraufwande anzunehmen hätte, so müssen andere Motive obwalten, welche das Triebrad des militärischen Höllenapparates der civilisirten Welt in Bewegung setzen.

Ist vielleicht das ganze Militärwesen blos ein Product der Freude an dem bunten Soldatenspiel? Auch das können wir im Grunde nicht annehmen, da wir die europäischen Regenten nicht für so frivol halten wollen, daß sie für eine bloße Herrscherpassion so enorme Gut- und Blutsteuern erheben und die Blüthe der europäischen Jugend nur zu Gladiatoren stempeln möchten.

Nein, die Motive der Militärwirthschaft liegen tiefer. Auch die Regenten wissen recht wohl, daß die Völker auch ohne Waffen leben können und keine Lust haben, sich zu befehden. Allein sie fürchten, daß ohne Gewaltmittel ihre eigene Machtvollkommenheit und Herrlichkeit ein Ende nehmen. Sie haben zum größten Theile nicht den Willen, das, was die Völker wollen, als maßgebend zu betrachten und ihren Willen dem Gesammtwillen unterordnen. Sie können sich nicht entschließen, statt *Herrscher* wirkliche *Regenten* zu werden. Es heißt bei ihnen immer noch:

> *sic volo, sic jubeo, stat pro ratione voluntas.*
> (So will ich, so befehle ich, statt, der Vernunft gilt mein Wille.)

So lange aber die Regenten nicht die Intelligenz als die beste Stütze ihrer Throne betrachten, so lange sie nicht durch Intelligenz Intelligente zu leiten sich getrauen, vielmehr nur auf die Dummheit und Gewalt sich verlassen, so lange ist es ganz natürlich, daß geistiger Werth immer mehr zur Null herabgedrückt wird, und daß diese Staatswirthschaft zuletzt ganz in der Kasernenwirthschaft aufgeht.

Der Krieg beruht auf dem sogenannten *Recht des Stärkeren*. Allein *dieses Recht ist nichts Anderes* als die Macht, gerade das *Unrecht zur Geltung* zu bringen. Im Privatleben erkennt auch der Staat das Recht des Stärkern als solches bekanntlich nicht an, denn es würde uns dies einfach in die Zeiten des Faustrechts zurückführen.

Der Krieg ist aber nicht nur etwas Unrechtmäßiges und Unmoralisches, sondern auch keineswegs etwas Notwendiges. Von *nothwendigen Übeln* zu sprechen, ist überhaupt eine verwerfliche *Sophisterei.*

Während die Herrschaft des Geistes und der Intelligenz den allgemeinen Wohlstand und die Würde der menschlichen Gesellschaft im Einzelnen und Ganzen heben würden, ist die Militär- und Kasernenwirthschaft ganz dazu angethan, das Volk auszusaugen, zu entnerven, zu demüthigen und zu entsittlichen. Kurz, eine natürliche Folge der physischen Gewaltherrschaft und ihres Aufwandes ist der Pauperismus oder die *Massenarmuth*, das Übergewicht der Geldherrschaft und die damit verbundene allgemeine Demoralisirung. Die Productivität der allgemeinen Arbeitskraft wird theils durch die übermäßige Steuerlast lahm gelegt, theils werden durch Begünstigung des Bank- und Börsenschwindels die Resultate jener Arbeitskraft aus dem Fleisch und Blut der Völker „abgeleitet" und an einzelnen Stellen zur Disposition der Regierungen aufgehäuft.

Wirthschaften die europäischen Regierungen in der jetzigen Manier weiter, so verfallen wir einer Barbarei, wie sie in Europa noch nie geherrscht hat. Bei aller Corruption und bei allem Prätorianerthum waren selbst im alten römischen Reiche Vorzüge des Geistes und Bürgertugenden noch geachtet und wurde der Menschenwerth nicht blos nach dem Steuer-Census und nach dem Pegel des Geldschrankes bemessen. Auch im Mittelalter galt Bürger- und Rittertugend, wurde die Gastfreundschaft hochgehalten, wurden Denker und Dichter geehrt. In den barbarischen Zeiten aber, in die wir bereits einzutreten im Begriffe stehen, gilt kein Wissen, kein ehrliches Streben, keine Rechtlichkeit, keine Tugend mehr, – nur *Geld und Kanonen* sind geltende Münze, mit der alles Übrige aufgewogen wird; und je mehr das Geld dem Volke entzogen und dessen *Erwerb* auf *redlichem* Wege *erschwert* wird, desto knechtischer fällt das Proletariat vor den goldenen Kälbern nieder, desto besser eignet es sich zum Kanonenfutter, desto bereitwilliger läßt es sich dann in die Militärversorgungsanstalten und Invalidenhäuser locken. Schon Heine sah diese Zeit kommen und stand in ihren Anfängen, als er denen, „die nichts haben", anrieth, sich begraben zu lassen.

„Denn ein Recht zum Leben, Lump,
Haben nur, die etwas haben,"

und die, gleichviel auf welche Weise, ihren eigenen und den Staatsschatz zu füllen wissen.

Alle Parteizänkereien sind Angesichts dieser socialen Fäulniß nichts als Strohfeuer und, wahrlich, es bedarf eines ganz anderen Brandes, um die Luft von den verderblichen Miasmen, die sie weithin erfüllen, gründlich zu säubern. Dieß wird nicht schwer werden, wenn die Vertreter der Geistesmacht und Intelligenz wie Ein Mann Front machen gegen das Pickelhauben- und Scalpirgötzenthum, gegen den Militärdespotismus und den Vampyr der Steuerüberbürdung. Diesem modernen Barbarenthum muß in ganz Europa offen der Krieg erklärt werden, – der Krieg mit den Waffen des Geistes, mit den Spitzkugeln der Lettern, und bald wird sich zeigen, welche Macht die würdigere und nachhaltigere ist. Allein ein kräftiges Zusammenstehen der Kämpfer des Geistes ist um so nöthiger, als die systematische Entwerthung der Geistesarbeit bereits ihren depravirenden Einfluß auf die Reihen derselben in nicht geringem Maße geübt hat.

Alle bisherigen Friedensbestrebungen oder Bekämpfungen des Militarismus scheiterten gewöhnlich daran, daß man die Bedingung einer bestimmten Staatsform – der Republik – daran knüpfte.

Damit aber appelliren die betreffenden Friedensfreunde selbst an die Gewalt. Denn die Kriegsherren Europa's werden sich in Güte doch wohl nicht sammt ihren stehenden Heeren über Bord werfen lassen. Damit wird die Friedensfrage wiederum zu einer Machtfrage und das „Recht der Stärkeren" wird nur eine neue blutige Anerkennung erhalten. Wir dürfen hier also vor Allem nicht homöopathisch zu Werke gehen, nicht *Gleiches mit Gleichem* vertreiben wollen.

Sobald wir auch unsererseits *zur Gewalt greifen, so erkennen wir die Herrschaft der Gewalt* präjudiciell und *principiell* an und schädigen die Principien der Humanität, der Vernunft, des Rechts und der Freiheit, statt sie zu fördern. Die *Gewalt* ist nur ein *thierisches Beweismittel,* welches unter Menschen immer mehr zu etwas Infamirendem, Verächtlichem gestempelt werden muß. Der Mensch soll nur die *Vernunft,* die *Logik* anwenden, um seine Beweise zu führen, und nur das sittliche Bewußtsein, die Menschenwürde als oberste Wächterin für die Geltendmachung erwiesener und begründeter Rechtsforderungen einsetzen. Wer seine Sache mit brutaler physischer Gewalt durchzusetzen sucht oder genöthigt ist, beweist damit, daß er eben keine besseren Beweise, – daß er die Vernunft nicht auf seiner Seite hat, oder daß ihm die geistige Fähigkeit abgeht, um seine Sache menschenwürdig durchzusetzen. Wir müssen das auf das Volk ebenso gut, wie auf die Regierungen anwenden. Wir müssen danach die bewaffnete Revolution ebensowohl verwerfen, wie das Kriegführen.

Unsere Losung muß daher sein: Unter keinen Umständen Gewalt, unter allen Umständen Recht, Wahrheit und Humanität.

Was speciell die Forderung der bestimmten Staatsform der *Republik* betrifft, so ist diese als eine *conditio sine qua non,* d. h. als eine absolute Bedingung und Voraussetzung für den Frieden geradezu unsinnig. Es kommt uns diese Voraussetzung ähnlich vor, als wenn ein Schuljunge sagen würde: Ja, das *Paradies* auf Erden möchte ich recht gerne haben, aber ich *nehme es bloß an,* wenn ich darin eine *rothe Mütze tragen darf.* – Wenn nun vollends auch die *Arbeiter* die Republik zur absoluten Bedingung für den Zukunftsstaat machen, so schlagen sie sich selbst in's Gesicht. Denn in der Republik macht sich die Plutarchie, d. h. die Herrschaft des Patrizierthums, der Bourgeoisie, wie sie es nennen, noch viel·breiter als in der Monarchie. Wenn das Militärwesen und die stehenden Heere in ihrer jetzigen Form und Ausdehnung beseitigt sind, dann ist uns in der That ein Regent mit einem verantwortlichen Ministerium mindestens ebenso lieb, als ein Präsident und die ewigen Präsidentenwahl-Wühlereien.

Von dieser Überzeugung erfüllt, hat Verfasser dieser Schrift am 5. Juli 1869 im „Dresdner Kurier" zuerst einen Aufruf und Entwurf zur Gründung einer *europäischen Staaten-Union,* und am 5. September 1869 einen Aufruf zur Gründung europäischer Unionsvereine veröffentlicht. Am 16. September constituirte sich in Folge dessen in Dresden der *erste europäische Unionsverein,* am 31.October der zweite zu Pottschappel für den Plauenschen Grund, und weitere sind in Bildung begriffen.

Im § 1 der Statuten wird als Zweck des Vereins bezeichnet, durch öffentliche Meinungsäußerungen in Versammlungen und in der Presse und durch Petitionen an die europäischen Regierungen und Parlamente die Herstellung einer europäischen Union, d. h. eines europäischen Staatenbundes unter dem Regime der *bestehenden Dynastieen* anzubahnen und dadurch die Aufhebung der stehenden Heere und die Beseitigung der Kriegsbudgets möglich zu machen. Der Verein hat seinen Hauptsitz in Dresden.

Ehe fünf Jahre vergehen, kann unser Ziel erreicht sein, wenn die Völker Europas ihren deßfallsigen Willen *laut* und einstimmig kund geben und durch Gründung *europäischer Unionsvereine* dem *gemeinsamen* Ziele zustreben. – Warum sollten auch wir „gebildeten Europäer" nicht Dasselbe erlangen können, was die Bürger der „neuen Welt", der nordamerikanischen Union, längst haben, d. h. eben eine Union, einen *Staatenbund,* der sich über den *ganzen Continent* erstreckt? Diejenigen Fürsten und Regierungen, welche dieses Ziel zu dem ihrigen machen, werden die Zukunft für sich haben, auch wenn sie keine Bajonette hinter sich wissen. Denn wenn die *Völker selbst ihren Friedenspakt besiegelt* haben, dann liegt es *nicht mehr* in der Macht *Einzelner*, den Vertrag zu brechen und zum Friedensstörer zu werden. Machen die bestehenden Dynastieen unsre *Unionsidee nicht rechtzeitig zu der ihrigen*, dann wird man allerdings *nicht an der Richtigkeit unserer Idee*, sondern an der *Vernunft und Lebensfähigkeit der Dynastieen zu verzweifeln* haben und die Verwirklichung der Idee wird dann, aber auch nur dann nicht bloß blutige Opfer, sondern im Interesse der Sache auch eine Änderung der Staatsform nöthig machen. Das Dilemma für die Dynastieen ist klar und unumstößlich: Entweder dem Zeitbedürfniß Rechnung tragen, oder die Zeit über sich hinwegschreiten lassen. Entweder moderne Staatsraison annehmen, oder die Staatsregierungsrolle abgeben.

Soll aber unser Ziel erreicht werden und zwar bald, nicht erst nach Jahrhunderten, so müssen die *Völker Europa's*, wie gesagt, ihren desfallsigen, gewiß ernsten *Willen gemeinsam* und einstimmig *kundgeben* und zunächst überall zur Gründung *europäischer Unionsvereine* schreiten. Bis jetzt haben sie selbst ihre eigenen Ketten geschmiedet, ihr Geld und ihre Söhne für Kriegszwecke, also für Zwecke ihrer eigenen Gefährdung hergegeben. Nur der *allgemeine* und laut *ertönende Ausspruch ihrer gegenseitigen Freundschaft und Friedensgesinnung* gehört dazu, um ihnen ihre Söhne wiederzugeben und ihr Hab und Gut zu sichern, ihren Wohlstand zu verhundertfachen. Der Ruf: „Wir wollen sein ein einig Volk von Brüdern" muß ein *europäischer* werden und das Reich des ewigen Friedens ist für Europa begründet. Mit den Religionen der Furcht und des Schreckens muß auch die Politik der Furcht und des Schreckens ein Ende nehmen. Also auf, erheben wir uns einmal über das gewohnheitsmäßige Alltagsleben, über die thierische *Sorge um das Brod der Zukunft* zu der *erhabeneren Sorge um den Geist der Zukunft*! Das Brod wird dann von selbst, wenn wir uns biblisch und bildlich ausdrücken wollen, „wie Manna vom Himmel regnen!"

Man wird dann die Milliarden, die man jetzt für den *bewaffneten Frieden* gebraucht, für Zwecke der *Volksbildung*, der menschlichen *Wohlfahrt* und des *wahren Friedens* verwenden können. Man wird, statt auf Mittel und Werkzeuge der Vernichtung, auf Mittel sinnen und Mittel schaffen können, welche dem Einzelnen den Kampf um's Dasein erleichtern und die menschliche Gesellschaft überhaupt ihren geistigen Zielen rascher zuführen werden. Die *besten Arbeitskräfte,* die jetzt in den *Kasernen brach* liegen und auf Kosten der Übrigen ernährt werden müssen, werden das Geschick ihrer Angehörigen wieder erleichtern und den allgemeinen Wohlstand mit befördern helfen. Man wird der Erde an Lebensmitteln alsdann *soviel abgewinnen,* daß dieselben billiger werden und Niemandem fehlen. Man wird statt der *Kasernen billige Wohnungen* für Dürftige bauen, so daß es auch an gesunden, menschenwürdigen Wohnstätten Niemanden mehr mangeln wird. Kurz, an Stelle der *Massenarmuth* und des Elends, welches der Krieg und der noch schlimmere bewaffnete Friede im Gefolge haben, wird ein Friede treten, der diesen Namen wirklich verdient, der Freude und Glück in die Gemüther bringen wird. Die Emancipation des menschlichen Geistes von der thierischen Rohheit und Stupidität und damit unsre geistige Erlösung ist bloß möglich, wenn der Krieg unter den Menschen unmöglich geworden ist. Dann erst kann von wahrer Bildung, Civilisation, Menschenwürde und Menschensitte, mit Einem Worte von Humanität wieder die Rede sein.

Also auf, gründe man überall in Europa Unionsvereine und schließe sich ihnen an, wo sie schon bestehen. Es ist das schönste Denkmal, welches wir uns setzen können! Lassen wir uns nie in den Gedanken einlullen, daß die Zeit zu etwas Vernünftigem nicht reif sei. *Die Zeiten sind immer reif, wenn wir es sind* !

Äußerungen bekannter Schriftsteller und Staatsmänner über die „Friedensfrage"

Battel (Verfasser der „Volksgesetze"): „Ehemals, und ohne weiter als bis auf's vorige Jahrhundert zurückzugehen, verfehlte man selten in Friedensverträgen darauf zu bestehen, daß beide Parteien die Truppen entließen. Warum wird dieses heilsame Verfahren nicht fortgesetzt? Diese großen Armeen, welche fortwährend erhalten werden, entziehen dem Lande die Bebauer des Ackers, halten den Fortgang der Bevölkerung auf und können zu Nichts dienen, als die Freiheit des Volkes, das sie nährt, zu unterdrücken."

T. B. SAY: Der Krieg kostet mehr als seine Ausgaben, er kostet das, was er zu gewinnen verhindert.

E. V. MOUGLAVE: Im Allgemeinen ist der Krieg, unter welchem Gesichtspunkte man ihn betrachte, mit den Fortschritten der Civilisation und der Sitten in schreiendem Contrast, ein letzter Rest aus den Zeiten alter Barbarei, den nichts entschuldigt. Schon in der alten Zeit, sagte Hemden „daß der Frieden die Zeit ist, wo die Söhne ihre Väter begraben." Horaz fügte hinzu: bella matribus detestata, (der von allen Müttern verabscheute Krieg).

Der Krieg ist ein Art des Zwanges, ausgeübt durch eine Nation gegen die andere, zum Zweck, durch Gewalt eine Differenz entscheiden zu lassen, welche öfter zwei Fürsten als zwei Völker trennt. Beinahe immer, in der That, haben die zwei kriegführenden Parteien kaum irgend einen Grund, einander übel zu wollen. Es wäre sehr an der Zeit, wenn diese ultima ratio regum (letztes Mittel der Regierung) aufhörte, die ultima ratio populorum (letztes Auskunftsmittel der Völker) zu sein.

JEREMY BENTHAM: „Diejenige Nation, welche allen anderen Nationen mit dem Vorschlage voranginge, die bewaffnete Macht zu verringern und festzustellen, würde sich mit ewigem Ruhme krönen. Sie riskirte nichts und gewänne sicher dabei. Schon durch den unleugbaren Beweis ihrer friedlichen Gesinnungen wäre sie im Vortheil, und die andere Nation, falls sie entgegengesetzte Gesinnungen durch Verwerfung dieses Vorschlages zeigte, im Nachtheil. Der Vorschlag sollte auf die öffentlichste Weise gemacht werden – durch eine Adresse der einen Nation an die andere. Dadurch würde das Vertrauen der angeredeten Nation erweckt und die Regierung derselben verhindert, den Vorschlag zu vernachlässigen oder die Ausführung aufzuschieben und zu umgehen. Das Herz der Nation würde sich so offenbaren; ihre Absichten würden aller Welt klar werden."

NAPOLEON I. (aus St. Helena): „Ich trug mich mit einem Project für allgemeinen Frieden herum, dadurch, daß ich alle Mächte veranlaßte, die stehenden Heere außerordentlich zu verkleinern. Und dann vielleicht, wenn sich die Intelligenz allgemein verbreitet, dürfte man für das ganze große Menschengeschlecht von einer Anstalt träumen, etwa wie der amerikanische Congreß oder das Amphiktyonen-Gericht der Griechen; alsdann, welch' eine Aussicht für uns auf Größe, Glück und Gedeihen, – welch' hohes und prächtiges Schauspiel!"

FRANKLIN: „Wir machen täglich große Fortschritte, – einen Fortschritt der Moral-Philosophie wünschte ich zu erleben, – den, daß die Völker ihre Zwistigkeiten mit einander beilegten, ohne zuvor einander die Hälse abzuschneiden. Es giebt keinen guten Krieg und keinen schlechten Frieden. Wann werden sich die Menschen davon überzeugen und darin übereinkommen, daß sie ihre Uneinigkeiten durch einen Schiedsrichter abmachen?"

Prediger BUISSON auf dem Friedenscongreß in Lausanne: „Nicht nur in den großen Volksversammlungen, in den Zeitungen, auf Congressen, sondern in den öffentlichen Sitten müssen wir das Kriegsthum, das Soldatenthum, den Militarismus bekämpfen, besiegen, ausrotten. Man muß ihn bekämpfen in den scheinbar unschuldigsten Gewohnheiten des Alltagslebens, die überall herrschen und die einen unberechenbaren Einfluß auf die persönliche Erziehung haben. Man muß ihn bekämpfen in der Vorliebe, die man für die Uniform hat. Die Familienmutter muß schon frühe dem Kinde die Idee beibringen, daß ein Säbel, eine Flinte, eine Kanone Instrumente sind, die wir mit denselben Augen ansehen müssen, mit denen wir zum Beispiel in dem Schlosse Chillon die Marterinstrumente betrachten, die vor Jahrhunderten im Gebrauch waren. Durch die mütterliche Erziehung müssen die ersten Wurzeln des Militarismus zerstört werden, und dann wird man nicht mehr die Tausende von gedankenlosen Müssiggängern zusammenströmen sehen, um eine Heerschau zu bewundern, dann wird man nicht mehr die geistlose Bewunderung der Offiziere, der Epauletten, der Uniformen erleben. So lange und überall, wo das freie Bürgerthum waltete, so lange gab es keine Uniform. Bei den Griechen, bei den Römern, bei den Germanen, so lange sie frei waren, hatten die Bürger, wenn es zum Kampfe ging, wohl ihre Waffen, ihre Rüstung, aber sie dachten nicht daran, sich einen bunten Rock zu halten, um im Prunke zum Kampfe zu gehen. Die Perser hatten pomphafte Uniformen, als sie von dem griechischen Bürgerthum geschlagen wurden. Die Macedonier waren soldatisch uniformirt, als sie die Freiheit des verkommenen Griechenlands zerstörten. Die Römer der alten Republik Roms, die Nachfolger des ersten Brutus bis zu Cato hinab, kämpften im Bürgerkleide. Die Gladiatoren aber, welche zum Sinneskitzel der verkommenen Römer kämpfen mußten, waren in bunte Prunkkleider gehüllt. Die Soldaten Cäsars, der Kaiser Roms, die „Barbaren", die für das verkommende untergehende Rom die Welt in Knechtschaft halten mußten, hatten Uniformen. Das feudale Ritterthum hatte seine Uniform, seine uniformirten Knechte, das freie Bauernthum der Schweiz kam im Bauernrock und vernichtete die stolzen, bunten, prunkenden Ritterheere. Die Kämpfer der freien deutschen Städte fochten im Bürgerrocke; die Söldlinge der Fürsten, die Landsknechte, die das freie Bürgerthum niederschlagen helfen mußten, erhielten Prunkgewänder, damit sie vergessen lernten, daß sie Söhne des Volkes seien, ihre Brüder zu knechten, zu morden gedungen. Die stehenden Heere der Neuzeit sind, seit Ludwig XIV. sie einführte, in bunte Röcke gekleidet, – und wurden dennoch, wo die große Weltfrage der Befreiung der Völker mitkämpften, überall durch den Bürgerrock, die Blouse, die „Ohnehosen" besiegt, in Paris, in den Tuilerien, auf den Barrikaden der Jahre 1830 und 1848, durch die Bauernmiliz in den Feldzügen der Republik, und ebenso in Amerika, so oft der Bürgerrock und Bauernkittel sich gegen die Uniform der Engländer, des gedungenen deutschen Blutes der deutschen Fürsten im Solde Englands, der Spanier und ganz neuerdings wieder in Mexiko auch der Franzosen erhob. Zu der Jugenderziehung haben wir heilige Pflichten, die man mit Nachdruck und durch gesetzliche und ehrenhafte Mittel zu erfüllen suchen muß. Wir dürfen es nicht zugeben, daß in die Schulen sich diese *Bewunderung für die Eroberer,* für die großen Soldatenberühmtheiten einschleicht. Man muß vor den Kindern die Dinge und die Menschen mit dem Namen nennen, den sie verdienen. Man muß begreifen lernen, daß die Alexander, die Cäsar, die Napoleon und andere dergleichen keine Bewunderung verdienen. Man muß austreiben aus dem Geiste des Kindes „den Gott der Schlachten", den Gott der Napoleon und anderer Eroberer. Mit einem Worte: im Familienkreise, in der Schule, auf dem Markte muß man arbeiten, den öffentlichen Geist zu bilden. Unsere Pflicht ist es, die Frage des Friedens zur Reife bringen zu helfen. Wir müssen die öffentliche Meinung bearbeiten, bis die Abschaffung des Krieges in dem Gewissen jedes Einzelnen fest eingeschrieben ist, bis endlich eine allgemeine moralische Auflehnung gegen das schauerliche Recht, die Menschen zu Kanonenfutter zu machen, durchgeführt ist. Dann wird man nicht nur protestiren, sondern zu widerstehen anfangen. Das wird ganz von selbst stattfinden. Es ist nicht unsere Aufgabe, die Auflehnung zu empfehlen. Aber wir haben die öffentliche Meinung so zu bearbeiten, daß sie am Ende sich mit *der* Macht ausspricht, die selbst despotischen Regierungen Gehorsam abzwingt. Hoffen wir, daß die Zeit kommen wird, wo anstatt Tausende geduldiger Soldatenlehrlinge wir Männer sehen, die sagen: „Nein, wir wollen keine stehenden Heere!" Arbeiten wir dahin, den Krieg durch den Nationalwillen auf friedlichem und gesetzlichem Wege unmöglich zu machen, daß der Abscheu vor dem Kriege in der menschlichen Überzeugung dieselbe Innigkeit und Klarheit erlange, wie der Abscheu vor Raub und Mord! Dann wird alsbald der Krieg unmöglich sein."

Henry Richard aus London sprach auf dem allgemeinen Friedenscongreß in Frankfurt a. M. folgende Worte: „Es ist uns wieder und wieder gesagt worden, daß wir mit unserem Congreß uns nur zum Gegenstande des Spottes und des Gelächters machen. Mag dem so sein. – Meine Antwort für diese Spötter ist diese: Glaubt irgend Jemand, daß es vernünftiger und intelligenter Wesen würdig sei, Recht durch Gewalt zu begründen, so mag er über uns lachen; hält irgend Jemand es für ein Vergnügen, wenn man Väter aus dem Schooße ihrer Familien, Söhne aus den Armen ihrer Eltern reißt, um sie fortzusenden und gleich Hunden erschießen und hinschlachten und auf dem Schlachtfelde hilflos und verlassen sich verbluten zu lassen, – so mag er lachen; ist irgend Jemand der Ansicht, es sei weise und klug, wenn Völker sich gegenüberstehen und sich gegenseitig bedrohen und herausfordern, und wenn sie, um dies zu können, sich mit ungeheuren stehenden Heeren belasten, die schlimmer als eine Heuschreckenplage all ihr Gut verzehren, – so mag er lachen; hält irgend Jemand es der Philosophie und der fortgeschrittenen Aufklärung des neunzehnten Jahrhunderts angemessen, daß unsere gesammte Civilisation nicht auf Intelligenz, nicht auf Freiheit, nicht auf Religion gegründet werde, sondern auf rohe Gewalt in ihrer abschreckendsten Form, – so mag er lachen; glaubt irgend Jemand, es sei für Völker, die sich vorzugsweise mit dem Namen des Christenthums schmücken, ein religiöses und Gott wohlgefälliges Verfahren, wenn sie sich unter einander gleich den Wölfen zerreißen; glaubt irgend Jemand alles dies, nun wohl, „so mag er lachen."

Dr. HITCHCOCK aus Nordamerika sagte: „Ich bestreite der Regierung das Recht nicht, unter Umständen mein Leben zu verlangen; wenn sie mir aber zu tödten befiehlt, so will ich die Ursache wissen. – Können denkende Menschen in den Krieg ziehen und ihres Gleichen hinschlachten, ohne darüber nachzudenken? – Reißt die Grundpfeiler dieses Kriegsgebäudes, welches auf Vorurtheile gebaut ist, nieder, und das ganze Gebäude wird zusammenstürzen. –Wenn Tiger mit Tigern zusammenstoßen, dann urtheilen sie nicht, dann brauchen sie ihre natürlichen Waffen, ihre Klauen und Zähne und zerfleischen und würgen einander, denn sie haben kein Urtheil und keine Vernunft. – Aber sind wir Menschen wilde Bestien und Tiger? Wo sind unsere angeborenen Waffen? Hat der Schöpfer uns damit versehen? Nein, er ließ uns nicht mit Waffen auf die Welt kommen, und darum ist es eine Verirrung des menschlichen Verstandes, seinen Geist anzustrengen, um Instrumente des Kriegs und Mordens zu erfinden. – Ein schreckliches Übel auf Erden, vielleicht das schrecklichste Übel auf Erden, vielleicht das schrecklichste von allen, das ist der Krieg in seiner Wuth; dennoch hält man ihn für nothwendig. – Aber daß Menschen, alle doch Kinder eines Gottes, alle geschaffen, sich gegenseitig zu unterstützen und zu lieben, sich blutig zerfleischen, statt etwaige Streitigkeiten friedlich auszutragen, dies widerspricht der Moral, widerspricht aller Humanität und ächter Religiosität; was diesen widerspricht, kann nicht recht sein, kann noch weniger nothwendig sein. – Man hat doch andere, auch Jahrhunderte lang eingewurzelte Vorurtheile durch Unterricht, durch Bildung, durch Aufklärung mehr und mehr siegreich überwunden: ebenso werden die Folgen dieses Vorurtheils, nämlich des Glaubens an die Nothwendigkeit des Kriegs unter civilisirten Völkern schwinden, sobald dasselbe dadurch vernichtet wird, daß die öffentliche Meinung bestimmt, ruhig, allgemein, in gesetzlichen

Formen, wiederholt sich gegen diese Nothwendigkeit, gegen diesen Glauben ausgesprochen hat. – Ergreifen und wählen wir daher andere Waffen und andere Kampfplätze, nämlich: die Schule, die Kanzel, den Lehrstuhl, die Presse und jedes sonst geeignete Mittel, wodurch jener erbliche Völkerhaß und alle die politischen und commerciellen Vorurtheile ausgerottet werden, die so häufig zu den traurigsten Akten hingeführt haben. – Möchten vor Allen die so zahlreichen Humanitäts- und Unterstützungs-Vereine mit all ihrer Kraft für die Erkenntniß wirken, daß es weit besser und sicherer ist, keine Wunde zu schlagen, als solche hinterher barmherzig zu verbinden."

Alexander von Humboldt schrieb an den Friedens-Congreß in Frankfurt im Jahre 1850, er sagt darin unter Anderem: „Der lange äußere Friede, den unser Continent genossen, und die lobenswerthe Bemühung vieler Regierungen, die oft drohende Gefahr eines europäischen Völkerkriegs abzuwenden, zeigen an, daß die Friedensideen den immer allgemeiner verbreiteten und durch den wachsenden Culturzustand der Menschheit hervorgerufenen Gefühlen entsprechen. Es ist ein nützlicher Versuch, solche Gefühle durch öffentliche Unterhaltungen über das Gemeindewohl zu beleben, und zugleich den Weg zu bezeichnen, auf dem durch die fortschreitende gesetzmäßige Entwickelung und Vervollkommnung freier Institutionen die lang aufgehäuften Elemente des Unfriedens geschwächt werden können. Wie Milderung der Sitten und gebesserte Ordnung in dem Staatsorganismus den wiederholten nahen Ausbruch der Gewalt in engeren Kreisen vermindert haben, bezeugt die Vergleichung des Mittelalters und der spätern Zeit. – Die ganze Vergangenheit lehrt, wie unter dem Schutz eines höheren Waltens in dem Leben der Völker eine langgenährte Sehnsucht auf einen edlen Zweck gerichtet, doch endlich ihre Befriedigung finden. – Ist nicht eine schmachvolle, Menschenhandel und Sclaverei duldende, ja begünstigende Gesetzgebung, wenigstens in unserem Welttheile und dem unabhängig gewordenen spanischen Amerika, den vereinten Bemühungen der Bessern gewichen? Es darf die Hoffnung nicht aufgegeben werden, daß die Bahn sehr bald sich eröffnen werde, auf welcher friedliche Scheidungsgrenzen und einengende Gliederungen allmählig verschwinden."

Ein Freund und Anhänger des europäischen *Unionsvereins* schrieb im „Glückauf": „Die Friedensfrage ist bis jetzt in der Höhe einer philosophischen und moralischen Sphäre geblieben, in welche sie allerdings vortrefflich paßt. Aber es ist Zeit, daß sie nunmehr in die Wirklichkeit eines zugänglichen, greiflichen Interesses herabsteige. Die Frage vom Kriege wurde bisher aufgestellt von den Regierungen, die ihn erklären, den Kammern, die ihn bewilligen, den Feldherren, die ihn führen, den großen Geschäftsmännern, die ihn ausbeuten, von Dichtern, die ihn besingen. – Nun soll sie aber vor die Völker gebracht werden, die ihn bezahlen. – Die Steuerpflichtigen, denen man zu Gunsten des Kriegs alljährlich zur Ader läßt, müssen sich endlich fragen, ob 500 Millionen für den Ankauf von Kanonen und Federbüschen nicht zu viel Geld ist, und ob man nicht etwas Besseres damit anfangen könnte? – Ja, stellen wir diese Frage; nicht an den Höfen, nicht in den Salons, nicht in den Kammern, auch nicht blos auf Friedens- und anderen Congressen, auch nicht blos einmal im Jahre; stellen wir sie oft, alle Tage, in Arbeitswerkstätten, in Bauernhütten, und wir brauchen nicht zweifelhaft darüber zu sein, welche Antwort wir überall hören werden. – Allerdings besitzen wir kein Recht und keine Mittel, Kriege direct zu verhindern; die Regierungen sind es, welchen gesetzlich die Gewalt und das Recht zusteht, über Krieg und Frieden zu beschließen; wir, die Friedensfreunde, haben nur – die Sprache und die Presse, um durch Druckschriften, Volksversammlungen, Missionen und andere entsprechende Mittel den Völkern die Überzeugung beizubringen, daß der Krieg nicht nothwendig, sondern nur auf einem althergebrachten Vorurtheil beruhe. – Wenn Jeder an seinem Theile nach Kräften zur Verbreitung dieser Überzeugung beiträgt, so wird die Schaar der Friedensfreunde bald nach Millionen zählen; und so groß auch die Macht der Regierungen sein mag, – eine Gewalt ist stärker, als die aller Regierungen, –· es ist die Macht der öffentlichen Meinung! – Sie wird helfen. – Es muß das Volk seine Vertreter, welche in seinem Interesse gegen den Krieg sprechen, nach allen Richtungen unterstützen, und für die Folge, sowohl für die Landtage, als auch für den Reichstag, nur solchen Männern seine Stimme geben, in deren Glaubensbekenntniß der § 1 lautet: *„Fort mit dem Kriege; fort mit dem bewaffneten Frieden."* – Es muß aber auch dieses Friedensthema den Hauptgegenstand aller geselligen und Familienunterhaltung bilden, damit Groß und Klein, Jung und Alt einsehen lerne, daß nur der wachsende gute Wille, die steigende Gerechtigkeitsliebe und die allgemeinere Herrschaft der Vernunft im Stande ist, die Kriege immer seltener zu machen und nach und nach völlig zu beseitigen."

Schließen wir diese Revüe mit den Worten *Patrice Larroque*'s: „Wer würde sich weigern, nachdem er von Allem, was diese ernste Frage des Kriegs betrifft, vollständige Kenntniß genommen, in die von uns gebotene Hand einzuschlagen. Welcher Mensch von Einsicht und Gemüth würde sich nicht mit uns vereinigen für eine Sache, die im Princip schon gewonnen und in der That in nicht so ferner Zeit einst vollendet sein wird.

Für solchen Zweck muß man sich nicht mit einer bloßen Überzeugung oder einer frostigen unthätigen Mitgliedschaft begnügen, man muß vielmehr seine Bemühungen mit den unsrigen vereinen, daß die Idee immer allgemeiner ergriffen wird; man muß dies in allen Classen der Gesellschaft, besonders aber in den Volksclassen thun, so oft sich eine Gelegenheit dazu findet."

Anhang.

a) EINE KOSTEN-BERECHNUNG DER LETZTEN KRIEGE.

Der Krimkrieg	£	340.000.000
Der italienische Krieg 1859	£	60.000.000
Der Krieg in Amerika im Norden	£	940.000.000
Der Krieg in Amerika im Süden	£	460.000.000
Der Krieg in Schleswig-Holstein	£	7.000.000
Der österreichisch-preußische Krieg 1866	£	66.000.000
Expeditionen nach Mexico, Marocco, Paraguay etc. (*wir wollen sagen nur*)	£	40.000.000
In Summa (oder ca. 12.754.000.000 Thlr.)	£	1.913.000.000

Diese Summe reicht hin, 1530 solcher Prachtgebäude, wie den Krystallpalast zu errichten (jedes zu etwa 8.334.000 Thlr.) und mit den herrlichsten Kunstgegenständen anzufüllen.

Sie genügte ferner, eine Eisenbahn um die Erde anzulegen (23.000 englische Meilen lang) zu 530.000 Thlr. für die Meile.

Die ganze Erdoberfläche könnte dafür mit dem vollständigsten Land-Telegraphen-System belegt und dasselbe in fortdauernder Ordnung erhalten werden.

Mit dieser Summe könnte man Nahrung, Kleidung und Mobiliar 440 Thlr. für jeglichen Mann, jede Frau und jedes Kind in Großbritannien und Irland (für 30 Millionen Menschen) kaufen; es kämen 317 Thl. auf jede Person in Frankreich, auf jeden Oesterreicher 380 Thlr., 2386 Thlr. auf jeden Belgier und 4134 Thlr. auf jeden Bewohner der Schweiz.

Man könnte damit 1913 Hospitäler in den verschiedenen Ländern, je 660.000 Thlr. errichten und 382.000 Schulen je zu 34.000 Thlr. davon stiften.

b) BERECHNUNG DER VERLUSTE DURCH DEN KRIEG IN 14 JAHREN (1853–1866)

In der Schlacht gefallen oder an Wunden gestorben etc.

Im Krim-Kriege	784.991 Mann
Im italienischen Kriege (1859)	45.000 Mann
In Schleswig-Holstein	3.500 Mann
Im amerikanischen Bürgerkrieg im Norden	281.000 Mann
Im amerikanischen Bürgerkrieg im Süden	518.000 Mann
Im Kriege zwischen Preußen, Oesterreich und Italien 1866	45.000 Mann
In den Expeditionen nach Mexico, Cochin-China, Marocco, Paraguay etc.	65.000 Mann
Summa	1.743.491 Mann

c) KOSTEN DER STEHENDEN HEERE EUROPA'S IM KRIEDEN:

Tag für Tag drei Millionen Thaler !!

Entwurf zur Bildung einer „Europäischen Union“

Von Eduard Loewenthal[1]
zuerst veröffentlicht im ‚Dresdner Kurier‘
April 1870

„Artikel I. Die unterzeichneten Bevollmächtigten sämmtlicher Staaten Europas haben sich vereinbart, in Zukunft gemeinsam darauf hinzuwirken, daß der Krieg, als ein aller öffentlichen Moral hohnsprechendes Überkommniß der Vergangenheit, abzuschaffen.

Art. II. Als erster Schritt, um zu diesem Endzwecke zu gelangen, verpflichten sich sämmtliche Staaten, bis zum 1. Januar 1871 ihre stehenden Heere bis zur Hälfte zu reduciren und mit dieser Reduction in der Weise fortzufahren, daß bis zum 1. Januar 1872 der Präsenzstand ihrer Armee nicht mehr als 1/10 der gegenwärtigen Stärke, und als zur Aufrechterhaltung der Ordnung im Innern genügend erachtet, betragen wird.

Art. III. Die fünf Großstaaten: Großbritannien, Frankreich, Oesterreich-Ungarn, Rußland und Deutschland (Nordbund und Süddeutscher Staatenbund) bilden ein permanentes Consortium unter der Firma ‚Directorium Europas‘ zur schiedsrichterlichen Aburtheilung über vorkommende Streitigkeiten zwischen den einzelnen Staaten.

Art. IV. Der jeweilige Sitz des so gebildeten Friedens-Areopags wechselt der Reihenfolge nach zwischen den Haupt- und Residenzstädten London, Paris, St. Petersburg, Wien und Berlin. Das Präsidi-

[1] Textquelle | Andreas VOLKMER: Kriegsverhütung und Friedenssicherung durch Internationale Organisation. Deutsche Ideen und Pläne 1815 –1871. (= Inaugural-Dissertation zur Erlangung des Grades eines Doktors der Philosophie des Fachbereichs Geschichte und Kulturwissenschaften der Philipps-Universität Marburg. Marburg 2012, S. 269-270 (dort zitiert nach dem Ebersbacher „Friedensblatt“, Nr. 12 vom 27. April 1870, S. 91).

um übernimmt der jedesmalige an diesen Plätzen fungirende Premierminister.

Art. V. Treten zwischen zweien dieser Großmächte selbst internationale Differenzpunkte ein, so scheiden sie für die Dauer ihrer Zwistigkeiten aus dem Directorium aus, und interimistisch werden ihre Schiedsrichterstellen im Areopag durch Italien, Spanien und Schweden versehen.

Art. VI. Dem schiedsrichterlichen Spruch des Areopags haben sich die entzweiten Staaten unbedingt zu unterwerfen, bei Androhung, im Weigerungsfalle durch eine combinirte Executions-Armee der übrigen Mächte dazu gezwungen zu werden.

Art. VII. Kommt die im vorigen Artikel angedrohte Gewalt-Maßregel wirklich zur Ausführung, so wird der widersetzliche Staat seiner politischen Selbstständigkeit für verlustig erklärt, zugleich sein Gebiet dem oder den zunächstliegenden Großstaaten einverleibt. Dieselben haben sich dann wegen dieses Landzuwachses mit den übrigen an der Execution betheiligt gewesenen Mächten, hinsichtlich der Entschädigungssumme, zu benehmen.

Art. VIII. Streitpunkte, welche sich auf die außereuropäischen Besitzungen der Staaten beziehen, fallen der Gerichtsbarkeit des Directoriums niemals anheim.

Art. IX. Beim feindlichen Angriff auf einen Staat, Seitens einer nicht europäischen Macht, bleiben sämmtliche Staaten Europas verpflichtet, den bedrohten Theil zu unterstützen, und ist zunächst dem angrenzenden Staate die Executive zu übertragen."

Das preussische Völker-Dressur-System und die europäische Föderativ-Republik der Zukunft

Von Dr. Eduard Loewenthal,
Vorsitzendem des europäischen Unions-Vereins[1]
1871

Das Europa, welches wir vor uns sehen,
ist nur das Europa der Fürsten.
Das Europa der Völker müssen wir erst erstehen sehen.

I.
Allgemeine Motive der preußischen Politik

> „Der Cäsarismus ist in alle Spalten und Fugen Europa's eingedrungen. Alles, was den Menschen verkürzt, Alles, was ihn hindert, seine ganze Wesenheit zu entfalten und zu behaupten, ist eitel Cäsarismus."

Die bekannte Alternative des Kosackisch oder Republikanischwerdens, welche Napoleon I. Europa prophezeite, hat sich keiner unserer Zeitgenossen so sehr *ad notam* genommen, als Graf Bismarck, der deutsche Reichskanzler *in spe.*

Das ganze Streben dieses Mannes ist darauf gerichtet, nicht bloß die „Umkehr der Wissenschaft" *à la* Stahl, sondern die *Umkehr der menschlichen Gesellschaft selbst* in's Mittelalter zur Wahrheit zu machen. Um zu diesem Zwecke zu gelangen, wird von ihm kein Mittel verschmäht, – auch das unmoralischste nicht. Was ist überhaupt Moral, was Humanität, was geistiger Werth in den Augen des preußischen Vollblut-Junkers, der kein höheres Ideal kennt, als die

[1] Textquelle | Eduard Loewenthal: Das preussische Völker-Dressur-System und die europäische Föderativ-Republik der Zukunft. Zürich: Verlag von Th. Schröter 1871. [36 Seiten]

Gewalt und die Macht, keine andere Logik, als die von Blut und Eisen! Wenn dieser Vollblut-Junker an edle Gefühle appellirt, so geschieht es bloß, um sie zu morden oder zu seinen Zwecken auszubeuten, wenn er an die Wissenschaft appellirt, so geschieht es bloß, um sie zur Magd der Barbarei zu machen, sie zu entehren und zu entwerthen. Der preußisch-deutsche Unterthan soll nur *ein Gefühl* haben – das Pflichtgefühl des Gehorsams, – nur *eine Wissenschaft*, die der *bestmöglichen Gehorsamleistung* im Dienste der Blut- und Eisenpolitik und der Beschaffung der nöthigen Mittel, um diese Politik zur Alleinherrschaft zu bringen. Nur *eine Logik* soll er anerkennen, die Logik der *monarchischen Gewaltthätigkeit*. Nur *eine Moral* braucht der preußisch-deutsche Unterthan zu cultiviren, die Moral der Loyalität gegen die Völkerfreiheitsmörder. Durch diese königlich-kaiserliche Moral wird jede Immoralität, ja sogar jede Bestialität nicht nur aufgewogen, sondern heilig gesprochen.

Wie kommt es nun aber, daß ein Volk von Dichtern und Denkern sich in verhältnißmäßig kurzer Zeit vom hoh'n Olymp seiner geistigen und humanitären Classicität in die Barbarei eines solchen Molochdienstes hineinreißen ließ und in so völlige Unzurechnungsfähigkeit gerathen konnte? Wir wollen dieß im Folgenden eingehender zu erörtern versuchen. Denn von der Klärung dieses Verhältnisses hängt seine Besserung, *resp*. Beseitigung ab.

Im Allgemeinen ist der Urheber dieser *deutschen Corruption* das preußische „System" überhaupt. Die Vollendung dieses Systems aber und die Heraufbeschwörung seiner kulturwidrigen Consequenzen ist das Werk des Grafen Bismarck, – des junkerlichen Genie's, welches die Persönlichkeiten Loyola's, Macchiavelli's und Metternich's in sich vereinigt. Das russische Reich ist ihm das Muster einer politischen Gestaltung, die Knute das Symbol eines guten Regime's. Allein mit Rücksicht auf die schon zu weit vorgeschrittene Bildung der Deutschen führt er die Knute mit Glacé-Handschuhen. Er wird den Deutschen die Parlamentskomödie belassen, aber sie muß Komödie bleiben. Am liebsten würde er seinen königlichen Automaten ganz zum unumschränkten Selbstbeherrscher oder Czaren machen. Doch gehen wir näher auf die Details des Bismarck'schen Systems ein, welches die *Deutschen* zu den *Gensd'armen Europa's* gemacht hat.

Was zunächst die *äußere oder gesammteuropäische Politik* betrifft, welche der deutsche Reichskanzler befolgt, so ist das treibende Motiv für ihn sein Haß gegen das Prinzip der Selbstregierung des Volkes, gegen die Maxime der Volkssouveränetät und deren Staatsform, die Republik. Das *Wort Republik* kann Graf *Bismark nicht hören,* ohne von *nervösen Zuckungen* befallen zu werden. Es macht auf ihn denselben Eindruck, wie auf den Verlagsbuchhändler das Wort Makulatur, oder auf den Straßenräuber das Wort Gensd'arm. So kommt es denn, daß es sein rastloses Streben ist, Alles aus der Welt zu räumen oder durch jedes beliebige Mittel und um jeden Preis „unschädlich" zu machen, was das republikanische Prinzip fördern könnte. Für gefährlich in diesem Sinne hält er auch die kleinen Monarchieen, überhaupt aber jede Zersplitterung der monarchischen Kräfte. Darum sucht er aus Deutschland ein Reich zu schaffen, welchem das Übergewicht in Europa für immer gesichert sein soll, so daß etwaige Kriege nur als größere Manöver erscheinen, welche das Halten stehender Heere rechtfertigen, und den Verdacht ablenken müssen, als würden dieselben gegen das eigene Volk selbst gehalten.

Auch der jüngste Krieg mit Frankreich hatte mehr zum Zwecke, die revolutionären Volkselemente in Frankreich zu züchtigen und zu demüthigen, als die kaiserliche Dynastie. Man wird letztere preußischerseits eher wieder mit Gewalt ein- oder durch eine ähnliche zu ersetzen suchen, als daß man die Republik fortbestehen läßt.

An sich hat allerdings die Staats*form* als solche nicht eine maßgebende Bedeutung. Es ließe sich eine demokratische Wahlmonarchie denken, die so gut wäre, wie manche aristokratische Republik. Allein die Erbmonarchieen geben ihre Traditionen nie auf. Sie können das Spiel mit Menschenleben und ihre Willens-Unumschränktheit nicht fahren lassen, und darum wird es keinen wahren Frieden auf Erden geben, so lange es solche „angestammte" Monarchen nebst unverantwortlichen Ministern gibt. Der Frieden, den diese begründen, ist absichtlich stets so angelegt, daß jeden Augenblick dessen Störung möglich ist, damit das Volk eben stets am Gängelbande gehalten werden kann. – Um nun diese barbarische, aller Kultur und Menschenwürde Hohn sprechende *äußere* Politik in Europa immer fester einzubürgern, befolgt Preußen *resp.* seine leitenden Staatsmänner auch eine *ächt jesuitische Politik im Innern.* Versuchen wir in Folgendem dieselbe in ihren Hauptzügen zu skizziren.

II.
Der Drill-Apparat

> Jahre lang mag, Jahrhunderte lang die Mumie dauern, / Mag das trügende Bild lebender Fülle besteh'n, / Bis die Natur erwacht und mit schweren, ehernen Händen / An das hohle Gebäu rühret die Noth und die Zeit, / Einer Tigerin gleich, die das eherne Gitter durchbrochen, / Und des numidischen Wald's plötzlich und schrecklich gedenkt.
> *Schiller.*

Im Innern ist die preußische Politik, wie sie in Graf Bismarck verkörpert ist, darauf gerichtet, „die Welt als Wille und Vorstellung", um mit Schopenhauer zu sprechen, in der Person des Gottesgnadenkönigs, welcher den chinesischen Taikun und Mikado in einer Person vereinigt, aufgehen zu lassen. Eine Emanation, ein Ausfluß dieses Gottesgnadenkönigs und zugleich sein Vermittler mit der unreinen bürgerlichen Welt ist der Premier-Minister, zur Zeit der Bundes- oder Reichskanzler. Außerdem hält der Gottesgnadenkönig noch vier sehr wichtige Minister: den Minister der gesammten inneren Angelegenheiten, den Minister des Bet-Cultus, den Minister des Mord-Cultus (*vulgo* Kriegsminister) und den Minister des Groß- und Kleingeld-Cultus (*vulgo* Finanzminister), der zugleich beim „Tanz um das gold'ne Kalb" den *maitre de plaisir* spielt. – Der Justizminister spielt keine besondere Rolle. Er empfängt seine Ordres meist von den anderen Ministern oder aus dem Kabinet.

Daß der Gottesgnadenkönig entheiligt wird, wenn er direkt mit dem Volke verkehrt, ist ein feststehender Glaubenssatz im Bereiche der Berliner Kurfürstenbrücke. Darum richtete Wilhelm, der Leichenbeschauer, alias Heldengreis, seine Mordcultus-Telegramme von den französischen Schlachtfeldern nicht an den Bürgermeister von Berlin, ja nicht einmal an den Polizeipräsidenten, sondern nur an seine ihm sonst höchst gleichgiltige Ehehälfte, und die ganze deutsche Nation mußte diese Blutpillen stets durch die Apotheke der heiligen Augusta in Empfang nehmen. Eine profane Augusta hätte wohl kaum ihre Firma für diese kannibalischen Schlachtbankberichte hergegeben: „Dank der Vorsehung" 20.000 Menschenleben vernichtet, – „Gott möge weiter helfen!" Dreitägiges Schlachten und

Gefangennahme meines „guten Bruders“ Louis, – welche Wendung durch Gottes Fügung.“ – Die Proklamirung der Republik in Paris hat der Gottesgnadenkönig nicht an seine Augusta telegraphirt, denn da hätte er anfügen müssen: Welche Wendung durch des Teufels Fügung!

Doch lassen wir uns von der Gegenwart nicht zu sehr hinreißen, um den ganzen preußischen Volksdrill-Apparat mit der nöthigen Unbefangenheit zu besichtigen und inspiziren wir ihn in seinen einzelnen Bestandtheilen.

In das Ressort des Ministers des Innern fällt das ganze *Verwaltungswesen,* die Regelung der Beziehungen des Staates zur *Gemeinde* und zu den *einzelnen* „Unterthanen“, die *Polizei,* die *Presse,* das *Vereinswesen* und die *Socialpolitik* im Großen.

Was das *Gemeindewesen* betrifft, so hat die Regierung in Preußen in dem *Bestätigungsrecht* gegenüber den Wahlen von Magistratsmitgliedern sich ein Mittel bewahrt, welches auch der communalen Freiheit einen Riegel vorschiebt und Leute in den Magistrat bringt, die den Bismarck oder Eulenburg im Kleinen oder doch den obligaten Hemmschuh am Gemeindewagen spielen.

Den Hochdruck *in specie* übt in einem Staate wie Preußen in erster Linie selbstverständlich die *Polizei* aus. Ihre Repräsentanten oder gewöhnlichen Funktionäre heißen euphemistisch *Schutzmänner.* Dieselben funktioniren aber *weniger zum Schutz* als zur *Plage* und zum *Drucke* des Bürgers. – Wo wirklich ihr Schutz am Platze wäre, da sind sie nicht zu finden. Wo es sich um unschuldige bürgerliche Emotionen und nichtssagende Versehen handelt, da zeigen sie die Zähne und die Knute und treten als die Vollstrecker der unheiligen, oft unheilvollen königlichen Hermandad auf. In Wirklichkeit handelt die Polizei des Königthums in wichtigen Dingen nach direkten Winken aus dem Kabinete des Königs, der Königin, der Prinzen und überhaupt des Hofes.

Wie durch nichts Anderes, wird die Freiheit und Menschenwürde des Bürgers vernichtet durch ein dem großen Publikum nicht einmal bekanntes Institut der *Geheimpolizei,* nämlich das Institut der *Personal-Akten,* welche von der Geheimpolizei im norddeutschen Bunde nach preußischem Muster geführt werden.

Diese von der Geheimpolizei eingerichtete Vehme schöpft aus allen beliebigen Quellen, welche in die Kanäle dieser Polizei münden, und die gewöhnlich zu den trübsten gehören. Diese Personalakten folgen dem Unterthanen überall in der Monarchie nach, ohne daß der Hundertste und Tausendste eine Ahnung davon hat, wo das Bleigewicht, das ihn niederdrückt, seinen Sitz hat und wo der Feind ist, der ihn überall am Emporkommen verhindert. Eine Rechtfertigung für den Markirten oder Gravirten ist selbstverständlich nicht möglich, weil er gar keine Kenntniß von seiner Signatur erhält. Was dazu gehört, um gute Personalakten zu besitzen, bedarf wohl keiner näheren Erörterung. Es ist im Allgemeinen die „gute Gesinnung" gegen König, Ministerium und Schutzmann. Das Eingeweihtsein in die Schwächen großer Personen kann gute, aber je nach der Gefährlichkeit des Eingeweihten auch vernichtende Personalakten zur Folge haben.

Commanditen der Geheimpolizei sind in preußisch modulirten Staaten *Post* und *Telegraph.* Sobald preußische Pickelhauben ein Land occupirt haben, folgen sofort die Diener des Herrn *Stieber, Stephan* und *v. Chauvin,* d. h. die politische Geheimpolizei, die Post mit schwarzem Kabinet und der Telegraph mit staatstelegraphischer Censur und Spionage. Dieß sind immer die dunklen Vorboten, wenn die preußische Freiheit ihren Einzug in ein Land hält.

Weiter „unterliegen" – es ist dies der charakteristische offizielle Ausdruck – dem Ressort des Ministers des Innern die *Presse,* das *Vereinswesen* und als moderne Zugabe die *sociale Frage,* in die aber auch der Premier-Minister, d. h. der Kanzler dann und wann pfuscht.

Die *Preßleitung* ist in Preußen sehr fein und ökonomisch angelegt. Journalisten, welche Nachrichten aus den Regierungskreisen wünschen, können ohne Schwierigkeiten an der täglichen Verlesung solcher Theil nehmen, so lange sie nicht in den Verdacht kommen, daß sie dieselben im regierungsfeindlichen Sinne verwerthen. An diesen Vorlesungen nehmen aber auch wirklich Leute Theil, die sich in keiner Weise mit der Regierungspolitik befreunden, sondern ganz harmlos die thatsächlichen Notizen für ihre Zeitungscorrespondenzen verwenden. Der größte Theil allerdings färbt die Correspondenzen dann im Sinne der Regierung in Anerkennung der gütigen Gratis-Mittheilung und des „positiven Werthes", den ihre Correspondenzen dadurch erhalten. Man sieht, die Regierung kommt hierbei sehr billig weg. Sie zahlt je einen Verleser für innere und äußere Politik und einen Chef für beide und hält eine Anzahl Zeitungen, aus welchen jene Verleser Extracte für die Regierung zu machen haben, theils zur Orientirung über neue Phänomene der öffentlichen Meinung, theils zu denunciatorischen Zwecken. Die Correspondenten aber kosten nicht nur nichts, sondern sind noch zu Dank verpflichtet, daß man ihnen Neuigkeiten mittheilt. Je nach der tendenziösen Färbung der Correspondenzen giebt es allerdings auch noch spezielle Begünstigungen für die betreffenden Journalisten. Auf diese Weise influirt das Preßbureau eine große Anzahl Zeitungen, ohne daß deren Eigenthümer und Redacteure selbst oft nur eine Ahnung, geschweige denn einen Geldvortheil davon haben.

Allerdings kommt es dann auch vor, daß an Plätzen, wo eine Zeitung im preußischen Sinne gar nicht zu entdecken ist und doch von Werth wäre, eine Summe Geldes daran gesetzt wird, um den Verleger oder Redacteur zu gewinnen.

Was den Geist dieser Presse betrifft, so ist dieser allerdings nicht weit her. Die Leiter mögen schon ihr Amt verstehen, aber die Missionäre derselben sind gewöhnlich unfähige Nachbeter. *Selbstständige Geister* können natürlich in einem derartigen *Maschinen-Federapparate weder gebraucht werden, noch selbst gedeihen.*

Bezüglich des *Vereinswesens* liegt es auf der Hand, daß dasselbe eine ganz directe Handhabe abgiebt, um reichen Stoff für obenbesagte Personalacten zu gewinnen. Denn in Vereinen und Versammlungen sortiren sich die Gesinnungen ganz von selbst. In ihnen *spielt* sich auch vorzüglich die sog. *sociale Frage* ab. Der politische Kern dieser Frage liegt darin, daß die arbeitenden Classen und die sog. besitzenden Classen von dem Absolutismus nach dem bekannten Grundsatze des *duobus litigantibus tertius gaudet* (wenn Zweie mit einander streiten, so freut sich darüber der Dritte) künstlich gegen einander aufgehetzt werden. Den besitzenden Classen wird vordemonstrirt, daß das *rothe Gespenst der Socialdemokratie* eines schönen Tages auf die Bühne treten und den Communismus zum Gesetze erheben werde, wenn nicht eine starke Heeresmacht, ein stehendes Heer in Friedenszeiten diese Geister in Schach halte, *resp.* letztere selbst in bedrohlichen Zeiten in's Heer gesteckt werden. Unter solchen Umständen zahlen die Besitzenden gerne Steuern über Steuern *für* Militärzwecke und selbst für einen Krieg, der den Zweck hat, den Militarismus noch mehr zu befestigen. Um den besitzenden Classen dies noch plausibler zu machen, ermuntert man die Socialdemokratie wirklich zu extravaganten Manifestationen aller Art. Daß man sich nicht fürchten muß, dafür sorgt ja dann wirklich das stehende Heer. Die besitzenden Classen aber oder die sog. Bourgeoisie betrachten letzteres als eine Art Versicherungsanstalt für ihr Eigenthum und die Steuern als Assekuranzprämie. Daß Bourgeoisie und Socialdemokratie beiderseits die Betrogenen, die Opfer der Militärmachtspolitik sind, daran denken sie nicht. Und doch könnte sie ein Blick auf die Schweizer Republik oder auf die der nordamerikanischen Union eines Bessern belehren. Dort giebt es keine stehenden Heere und doch ist das Eigenthum noch gesicherter als in den Militärstaaten, denn es wird von den republikanischen Regierungen nicht willkürlich gebrandschatzt, wie es in Militärstaaten vorkommt, und was das Verhältniß der besitzenden zu der arbeitenden Classe betrifft, so regulirt sich dasselbe im Freistaate in ganz natürlicher Weise. Der Arbeiter steht dem Unternehmer als freier Bürger gleich. Es hemmt ihn nichts in Begründung seiner Selbstständigkeit für sich oder im Wege der Produktivgenossenschaft. Aber auch als Arbeiter steht er unter keinem andern Drucke, als dem der *Leistung* und *Gegenleistung,* der das natürliche Motiv alles Verkehrslebens ist.

Die sociale Frage würde aber als solche im Sinne eines acuten Übels in den großen Militärstaaten aufhören zu existiren, wenn die besitzenden Classen sich nicht durch den Popanz des rothen Gespenstes in das Bockshorn des Militarismus treiben und andererseits die *Socialdemokratie mit der Bourgeoisie gemeinsam gegen das System des Militär-Absolutismus* und besonders der *stehenden Heere Front machen* würde, *statt daß sich* beide zum *Gaudium der Royalisten und Junker in den Haaren liegen* und damit gerade einen Anlaß und Stoff zum Halten der stehenden Heere liefern. Wir konnten nicht umhin, gleich hier unsere Meinung bezüglich dieser Frage vollständig auszusprechen. Nun aber wieder zurück zum königlich preußischen Drill-System, *in specie* zum Ressort des *Ministeriums des Bet-Cultus.*

Sein offizieller Name ist in Preußen: „Ministerium des Cultus und der Medicinal-Angelegenheiten". Nach diesem Titel sollte man sich unter dem Cultus, der mit den Medicinal-Angelegenheiten zusammenhängt etwas Anderes denken, als den Cultus des Muckerthums und Pharisäerthums, welchen in Preußen *Hr. v. Mühler* seit Jahren vertritt. Derselbe hat die wichtige Aufgabe, das Volk *in Kirche und Schule* so zurechtkneten zu lassen, daß es an nichts anderes glaubt, als an den Gott der Hohenzollern, an diese selbst, als die Stellvertreter und allein bevollmächtigten Geschäftsträger der Vorsehung und an die Identität des preußischen Vaterlandes mit dem jeweiligen Träger der preußischen Krone aus dem Hause Hohenzollern. Jeder andere Glaube und jedes Grübeln über die Berechtigung dieses preußischen Katechismus ist *Ketzerei.* Denn wer nicht blind an diesen *Gott glaubt, gehorcht* auch dem König nicht *blind* und wer nicht blind dem König gehorcht, der könnte am Ende auch nicht *blindlings Steuern bezahlen* oder gar dem Ruf des Königs auf die *Schlachtbank* folgen. Auch wer nicht an die *Unsterblichkeit* der Seele glaubt, könnte in letzterer Folgeleistung etwas Unpraktisches erblicken und auf den Gedanken kommen, daß es *süßer ist, für's Vaterland zu leben,* als für hohenzollernsche und sonstige *Menschenjagdgelüste zu sterben.* Entsprechend der Kirche wird natürlich auch das *Schulwesen* nach dem Mühler'schen Systeme gehandhabt. Auch hier ist es wieder die Dreifaltigkeit und *Dreieinigkeit* von „Gott, König und Vaterland", welche sich durch den ganzen Unterricht wie ein schwarzweißer Faden hindurchzieht. Der *Religionsunterricht* erstreckt sich auf jenen Glauben, der *Leseunterricht* darauf, daß man eine Polizei-Citation oder einen Steuerzettel lesen kann, der *Schreibunterricht* darauf, daß der Unterthan bei Zeiten seinen Paß u. dgl. Dinge unterschreiben lernt. Der Unterricht in der *Geographie* beschränkt sich darauf, daß die Jugend diejenigen Länder kennen lernt, die Preußen schon in sein Joch gespannt hat, und diejenigen, welche es noch rauben und unterjochen will. Alles Übrige ist ohne Bedeutung für den preußischen Unterthan und ist aus dem „Kladderadatsch" zu ersehen. — Der *Geschichtsunterricht* erfreut sich in Preußen einer besonderen Pflege. Denn in den blutigen Ereignissen aller Jahrhunderte, welche man Welt- und Menschengeschichte nennt, soll der Pickelhauben-Candidat seine Nerven zu ähnlichen Blutthaten stärken und lernen, wie man dem König zu lieb sich nicht zu scheuen hat, seine eigenen Angehörigen niederzukartätschen, und wie man ein eisernes Kreuz auf die Brust bekommen kann, wenn man auf Königs Commando zu Allem bereit ist, selbst dazu, sich eigenhändig den Bauch aufzuschlitzen. Ob solche Forderungen im neuen Reich der Mitte unter Kaiser Wilhelm, dem Schlachtfeldbereiter und Leichenbeschauer, nicht noch auftauchen, wagen wir noch nicht zu entscheiden.

Was die *höheren Lehranstalten* betrifft, so gilt in Preußen alles höhere Wissen, welches sich nicht auf Kriegs- oder Mordhandwerk bezieht, gleich Null. Dichter gelten nur etwas, wenn sie Gott, König und Vaterland oder die Heldenthaten preußischer Kriegshäuptlinge besingen. Denker gelten nur etwas, wenn sie anerkennen, daß die Grenzen des *König- und Junkerthums* mit den *„Grenzen der reinen Vernunft"* gleichbedeutend seien und daß jenseits derselben nur das Gebiet des *„beschränkten Unterthanenverstandes"* liege. Alles, was über die königlich privilegirte Wissenschaft hinausgeht, ist „eitel Narrheit schwärmerischer Ideologen". *Der Mensch ist um so besserer Unterthan, je weniger er weiß.*

Wir haben nun noch vom Ressort des *Kriegs- und Finanzministeriums* zu sprechen.

Das Ministerium des *Kriegs-* oder *Mord-Cultus* hat dem Unterthanen den Glauben beizubringen, daß das *Kasernenleben* mit dem *Zuchthausleben* nicht zu vergleichen sei, daß der Unterthan, sobald er des Königs Rock trägt, nicht mehr sich selbst, sondern mit Leib und Leben dem König gehöre, daß er *nicht mehr selbst denken und wollen,* sondern *nur gehorchen* darf *resp. muß.* „Stramm wie ein Corporal und stumm wie ein Leichnam" ist das erste Gebot für den preußischen Gladiator. Dafür bekommt er auch seine schöne Uniform und „ein Gewehr, das er kann mit Pulver laden und mit einer Kugel schwer". Überlebt er seine Soldatenzeit, so ist in ihm auch ein gehorsamer königstreu dressirter Pudel, wollte sagen Bürger erzogen, der, wenn er im Sinne der Regierung spricht und stimmt, gar noch eine Civilversorgung erlangt, die ihm zu viel zum Sterben und zu wenig zum Leben gewährt.

Was den *Finanz-Minister* (Minister des Groß und Kleingeld-Cultus) betrifft, so hat er für all diese Dinge das nöthige Äquivalent in preußisch Courant zu besorgen und vor Allem die besitzenden Klassen stets um ihren Besitz besorgt zu erhalten, wenn sie ihn nicht in preußischen Staatspapieren anlegen. Thun sie dieß, dann ist auch dafür gesorgt, daß das Volk der Hafer nicht sticht, daß das Geld nicht zu sehr roulirt und daß es dem Bürger nicht zu wohl wird. Die Staatsanleihen zu unproduktiven Zwecken sind ein besonders beliebtes Glied in der Kette dieses Systems.

Sie sind ein herrliches Instrument zum Zwecke mephistophelischer Seelenverschreibung. Mit einem geringen Capitale wird dadurch auch der „kleine Mann" aus dem Mittelstande Gläubiger des Staates, – Besitzer von Staatspapieren und Rentier. Und wie könnte man sein Geld sicherer anlegen? Die politische Speculation aber ist darauf gerichtet, diese Staatsgläubiger zugleich zu Schuldnern und Interessenten der Staatspolitik zu machen. Wer mit seinem Gelde bei den Unternehmungen einer Regierung direkt betheiligt ist, wird gewiß diese Regierung in jeder Hinsicht unterstützen und darin liegt eben die Finesse des ganzen Instituts. Diese Staatsrentner und Geschäftsassocié's der Regierung wollen ihr Geld selbstverständlich auch gut beschützt wissen, und so sind sie die besten Wähler und Abgeordneten, wenn es sich um Erhöhung des Militäretats handelt. Sodann gewöhnen sich die Leute durch solche Anleihebetheiligung überhaupt an die Geldspekulation der *Börse* und damit an die Gier, das Geld ohne persönliche Arbeit gewinnbringend zu machen, dabei aber allen übrigen Dingen ihren beliebigen Lauf zu lassen. Sie gewöhnen sich daran, zu Allem, was die Regierung thut, ja zu sagen, wenn gleich die Menschenwohlfahrt und Menschenwürde im Ganzen und Einzelnen darunter leidet, sie gewöhnen sich daran, die öffentliche und Privatmoral zu desavouiren und das „goldne Kalb" zum einzigen Gegenstand ihrer Verehrung zu machen, also bloß nach Geld und Genuß zu haschen.

Dieß führt uns auf eine neue Consequenz jenes systematischen Staatsanleihewesens in den Monarchieen. Indem das *Nationalvermögen* nur dem Staate zufließt, wird es aus dem *Fleisch und Blut der Gesellschaft* selbst *abgeleitet* und der *Industrie- und Arbeitswelt entzogen*. Dadurch sinkt die Arbeit im Werthe und auch die *unteren Klassen* werden in Folge dessen zum Tanz um das *goldene Kalb*, zum Molochdienste *hingetrieben* und damit der *Demoralisation* preisgegeben, – oder aber zum *Widerstande* gegen jenes Treiben *aufgestachelt*.

Aber auch dieß weiß der absolutistische Staat jesuitisch auszubeuten. Er führt daraus dem Staatsrentner den Beweis für die Güte seiner Geldanlage, – für die Nothwendigkeit und die Vortheile der Unterstützung des Militärstaates, um dadurch die unteren Klassen durch die stehenden Heere in Schach zu halten.

In dieser Weise hat sich auch Napoleon III. seine Plebiscit-Jasager herangezogen und – Frankreich in's Unglück gestürzt.

Das im Entstehen begriffene preußisch-deutsche Kaiserreich fängt in dieser Hinsicht genau so an, wie das französische aufgehört hat, nämlich mit einer Anleihe von 100 Millionen Thalern zu Kriegszwecken. Auch die *englische* Börsenwelt will man an das preußische Interesse ketten, indem man 3 Millionen Pfund Sterling in London zur Subscription auflegt. – In *Stuttgart* hat diese Anleihe schon in obigem Sinne gewirkt, indem beim Bekanntwerden des Eintritts Württembergs in den Nordbund die dortigen Bankiers und Rentiers, aber auch nur diese, flaggten.

III.
Der Weg zur europäischen Föderativ-Republik der Zukunft

> „Laß dich nicht vom Vorurtheil verblenden, Wirke für die Wahrheit, für das Recht: Was Du dann auch selbst nicht magst vollenden, Thut einst ein begünstigter Geschlecht."

Aus dem Bisherigen wird die Absichtlichkeit des großen Frevels gegen die Menschheit, wie er in dem preußischen Völker-Dressur-System angelegt ist, kaum mehr einem Zweifel unterliegen. Die Frömmigkeit in dem System ist nichts, als pharisäische Heuchelei und Mittel zum Zweck. Denn der Moral selbst wird in jeder Hinsicht in's Gesicht geschlagen. Lug und Trug werden für Bismarck zu ganz normalen und legalen Maximen der Gewaltpolitik. Heute spricht und verspricht er alles Mögliche, was er in 14 Tagen schlechtweg desavouirt oder verdreht. *Ehrlichkeit* ist in seinen Augen *nur* ein Attribut für die *Canaille*. Für den *Politiker* und *Junker* ist dieselbe eine pure Schrulle, eine *unnoble Passion*. So hat Preußen auch keine befreundete Macht in Europa aufzuweisen, außer *Rußland*, das Land der politischen Leibeigenschaft und des cäsaristischen Selbherrscherthums κατ ' ἐξοχὴν. Von jeher schon machte sich die Wahlverwandtschaft zwischen dem Russen- und Borussenthum geltend. Die Politik beider ist darauf gerichtet, die revolutionären oder republikanischen Elemente in Europa für immer unschädlich zu machen und das monarchische Prinzip, das Czarenthum und den Militarismus auf unerschütterlicher Grundlage auf die Dauer zu etabliren, den krassesten Materialismus auf den Thron zu erheben und alle geistigen und ethischen Elemente im Entwicklungsgang der Menschheit auszurotten. Zu diesem Ende werden die verfehlten,

d. h. kleinen monarchischen Existenzen eben so gut wie die bestehenden Republiken nach und nach beseitigt und auf der andern Seite die internationalen Empfindlichkeiten oder der Rassenhaß von Zeit zu Zeit aufgefrischt, damit die Idee der Verbrüderung und Selbstregierung der Völker stets im Keime erstickt und zur rechten Zeit immer wieder ein Anlaß zu einem internationalen Treibjagen oder Kriege und *eo ipso* zur Weitererhaltung der gegen das Volk selbst organisirten stehenden Heere beschafft werde. Wenn die Vernunft (*prima ratio*) zu laut wird, muß sie durch Kanonen (*ultima ratio)* dann und wann übertäubt werden. Darin liegt die Pointe der *preußisch-russischen Verschwörung gegen die europäische Völkerfreiheit* und zu Gunsten der *Rückkehr* in die Zustände des *Mittelalters.*

Wie ist nun aber *dieser* preußisch-russischen *Verschwörung mit Erfolg entgegen zu arbeiten? Wer soll diesen furchtbaren Mächten den Todesstoß versetzen*? – Das sind die gewichtigen Fragen, die uns von allen Seiten stets entgegenhallen.

Ein Einzelner kann allerdings dieses Werk der Erlösung von allem Übel und der Befreiung der Menschheit vom Joche ihrer Tyrannen nicht vollbringen. Aber kinderleicht wird das Werk werden, wenn die Völker der *alten* und *neuen Welt* zu einem vollen Einverständniß in dieser Hinsicht gelangen, wenn sie Angesichts der durch den modernen *Verkehr so nah zusammengerückten Menschheit* die *Solidarität* oder *Gemeinschaftlichkeit ihrer Interessen* constatiren, und demgemäß *gemeinsam Front* gegen den *Militarismus* überhaupt und speciell gegen das Institut der *stehenden Heere* machen.

Jeder *nationale Partikularismus* muß als *engherzig* beiseitegesetzt werden. In Wirklichkeit lassen sich die Geschicke der Völker auch gar nicht mehr von einander trennen. Siegt der Cäsarismus in Deutschland, so erleidet auch in der *Schweiz* das republikanische Prinzip einen Stoß, siegt der Cäsarismus in Europa, so wird auch das Gewicht der republikanischen Sache in Nordamerika verringert. Dagegen hilft keine Monroetheorie und kein Neutralitätsvertrag. In dem Riesenkampf gegen den Drachen des Militarismus und des preußisch-russischen Czarenthums ist keine Sonderstellung mehr möglich. Wer sich bei solchem Kampfe in *zweideutiger* Weise zurückhalten will, verdirbt es mit beiden Parteien und wird in Zeiten eigener Noth auf keinerlei Hülfe rechnen, wird vielmehr nach der bekannten Fabel von jenen verschlungen werden. Darüber gebe man sich in den sog. neutralen Freistaaten keiner Illusion anheim!

Allein, wie gesagt, wenn die *Völker gemeinsam* ihre Stimme gegen die Machinationen des preußisch-russischen Czarenthums und das System des Militarismus erheben, so kostet der Kampf gegen letzteren keinen Tropfen Blutes und wird sicher zum Ziele führen. Wie unblutig sind solche Erhebungen in Rumänien, in Griechenland und in Spanien vor sich gegangen, bloß weil die öffentliche Meinung *unisono* ihre Stimme gegen die betr. Monarchen erhoben hat! Auch in Frankreich ist der Sinn für unsere Völkerverbrüderungswünsche gerade durch den jetzigen Krieg mehr denn je geweckt worden. Wir citiren zum Beleg hiefür folgenden, von *Tours* und *Paris* aus ergangenen *Aufruf der Franzosen an die Deutschen:*

> „Ihr habt uns von Bonaparte befreit, wir danken Euch; und da wir frei sind, so möget Ihr auch die Worte freier Männer vernehmen. – Deutsche! Brüder! Euere Könige konnten Euch sagen, daß wir Euch hassen – die Könige haben Euch angelogen – wir hassen nur zwei Dinge: den Krieg und die Tyrannei. Der Krieg tödtet die Menschen, die Tyrannei unterdrückt sie. Gegen Euch, Deutsche, haben wir weder Haß noch Zorn gehegt. Die Blutlache, welche entstanden, sie ist nicht Euer und nicht unser Werk. Sie ist die Folge eines schrecklichen Mißverständnisses, das durch die Spitzbüberei der Fürsten geschaffen wurde.
>
> Man hat Euch gesagt, daß wir einen Theil Eures Gebietes bedrohten; wir protestiren gegen diese Behauptung; wenn, was sich mit Recht vermuthen läßt, in dem Usurpator vom 2. Dezember solche Gefühle des Neides aufgestiegen sind, so wurden dieselben jedesmal durch die französische Nation zurückgewiesen, und jetzt einigt die Republik uns Alle in dem Gefühl der Mißbilligung gegen die Rohheit und die Annexionen. *Zu was brauchen wir Eroberungen? Uns Republikanern ist die ganze Welt dąs Vaterland, die Menschlichkeit Gemeingut* und alle Menschen unsere Brüder. Auch Du, deutsches Volk, – wir sagen es ohne Hintergedanken, Du hast Besseres zu thun, als Dich gegen uns zu schlagen, als einen Herd der Freiheit und Civilisation, wie Paris, zu belagern. Statt einen unseligen Krieg zu führen, *wirf das Joch ab,* das Dich drückt; ziehe die Tyrannen zur Rechenschaft und bestrafe sie, die Dich täuschen und *Dich unvermerkt erwürgen.*

Im Namen der Menschlichkeit und der Gerechtigkeit schlage die elenden Urheber dieser schrecklichen Schlächtereien ohne Mitleid nieder, jetzt, da Du sie unter Deinen Händen hast: Napoleon, Bismarck und Wilhelm, und ihre ganze scheußliche Sippschaft, sie seien der Gerechtigkeit, der Strafe verfallen; sobald Du, deutsches Volk, dieses Recht verschaffst, nimm unsere dargebotene Hand, wir wollen uns umarmen unter dem Beifall der ganzen Welt.

Diese Worte sind nicht unter dem Einflusse der Furcht geschrieben, das müssen wir Euch Deutschen noch sagen. Auf den Schlachtfeldern habt Ihr unsere Tapferkeit erproben können, da, wo das Schicksal uns ungünstig war und der Verrath uns umgab. Glaubet, daß Diejenigen, welche unter dem Despotismus tapfer kämpften, unter der Freiheit zu Helden geworden sind, und daß, wenn Ihr durch ein blindes Verhängniß und trotz unserem brüderlichen Aufruf von Euren blutdürstigen Führern dazu angetrieben werdet, einen unbegründeten Kampf fortzusetzen und unsere große Hauptstadt zu schädigen, wir nie zu Verräthern des Rechts und der guten Sache unsers Vaterlandes werden. Mit einem unendlichen Schmerz, aber mit einer unnennbaren Energie, mit Muth werden wir unser Frankreich und unsere Freiheit vertheidigen.

Brüder! Deutsche! Vor 22 Jahren ist von Frankreich aus ein Ruf ergangen, der die Throne bei Euch erzittern machte, hört Ihr nicht den gleichen Ruf? Erkennet Ihr ihn nicht? Es ist das Zeichen zur *Freiheit und Selbständigkeit der Völker.*

Das wiederhergestellte Frankreich wird vereint mit Euch rufen: Es lebe die Verbrüderung der Völker, es lebe die Universalrepublik, es lebe die europäische Union!"

Aus diesem Aufruf wird ersichtlich, daß das *Einverständniß der Völker* bezüglich *ihrer Selbstbefreiung* bloß zum *vollen Bewußtsein* gebracht zu werden braucht, um sofort auch zum gemeinsamen bewußten *Willen* zu werden. Und schon dem *gemeinsamen Ausspruch* dieses allgemeinen Willens, des allgemeinen *Verlangens* der Völkerverbrüderung und Befreiung von seinen frevlerischen Machthabern, die nur durch Blut und Eisen die Ordnung, *resp.* sich am Ruder zu erhalten vermögen, – schon dem *gemeinsamen Ausspruch dieses*

Verlangens wird keine Macht der Welt widerstehen können. Dieser *gemeinsame Ausspruch* selbst wird zur That, – kein Schwertstreich ist dazu nöthig, kein Tropfen Blutes braucht vergossen zu werden, um den wahren Frieden für Europa und die Menschheit zu begründen.

Die Militärdespotieen machen ihre auf die „Ewigkeit" lautenden Friedensverträge bloß um der salvatorischen Kriegsklausel willen, die sie schon für die nächste Zukunft enthalten. All' diese Friedensverträge müssen zerrissen werden, wenn wir den wahren Frieden begründen wollen, den sich die Völker selbst garantiren.

Um aber jenes volle Einverständniß der Völker bezüglich ihrer Selbstbefreiung zu erzielen und zum gemeinsamen Ausdruck gelangen zu lassen, muß auch *volle Eintracht* unter den einzelnen großen *Volksklassen* herrschen. Die von den *Despoten,* wie schon oben gezeigt, *künstlich genährte Feindschaft* und Antagonie zwischen den sog. *besitzenden* und den *arbeitenden* Klassen muß vor Allem beseitigt werden. Denn auf der Grundlage des *Klassenhasses* wird eben auch der *Rassenhaß* von den absolutistischen Herrschern fabrizirt.

Die *arbeitenden* Klassen müssen vor Allem *gegen den Militarismus,* gegen das Institut der *stehenden Heere* ihren Widerstand richten. Denn der Militarismus ist es allein, der bevorzugte Klassen schafft, der den Werth der Arbeit untergräbt, der das Geld der Industrie entzieht und in den Staatsschatz oder in die Kassen einzelner Bevorzugter leitet, der Militarismus und das Institut der stehenden Heere sind es, welchen die *sociale Frage* der Gegenwart ihre eigentliche Entstehung verdankt. Also nur gegen dieses fluchbelastete Militärsystem habt Ihr zu protestiren, wenn Ihr die Arbeit zu voller Ehre und materieller Geltung bringen wollt.

Die sog. *besitzenden Klassen* aber dürfen sich nicht mehr in den Wahn einlullen lassen, als ob sie ohne den Militärapparat und die stehenden Heere ihres Lebens und Eigenthums nicht sicher wären. Die Opfer, die sie für die Zwecke des Militarismus bringen, mögen sie den Zwecken der Beseitigung des letzteren, also der Friedenspropaganda widmen, dann sorgen sie besser für das Aufblühen und die Sicherung ihres Wohlstandes. Der jüngste Krieg hat ihnen eine neue Lehre in dieser Hinsicht geboten. Die *Revolution,* die sie fürchten, führen sie selbst herbei, indem sie den Militarismus unterstützen. Denn *wahrhaft konservativ ist nur eine wahrhafte Friedenspolitik.*

Eine wahrhafte Friedenspolitik ist aber *nur die,* welche den *Frieden nicht aus Krieg und Streit,* sondern aus *Eintracht und Versöhnung* hervorgehen läßt. Ein Frieden, der durch *Gewalt herbeigeführt* ist, wird durch die *entgegengesetzte Gewalt immer wieder gebrochen* werden. Ein Frieden aber, der durch den *gemeinsamen Willensausdruck aller Völker* garantirt ist, – wer möchte sich unterfangen, diesen zu *brechen!*

Was wir also vor Allem anzustreben haben, ist *Klassenversöhnung* und *Rassenversöhnung*! Haben wir diese erreicht, dann wird der gemeinsame Ruf nach einem *europäischen Freistaatenbunde* wie von selbst ertönen und der so gefürchtete und wirklich furchtbare Drache des Militärdespotismus wird ohne Attentat und ohne Schwertstreich als faule Frucht vom Baume der Erkenntniß fallen!

Um jedoch ein so hohes Ziel möglichst bald zu erreichen, muß man auch rührig und energisch Hand an's Werk legen. Ohne Arbeit kein Lohn!

Worin soll aber diese Arbeit bestehen? frägt uns der Unterthan, der nur auf Commando oder mit allerhöchstem Privilegio zu handeln gewohnt ist. Die Antwort ist sehr einfach. Ein Jeder arbeite darauf hin, daß die in dieser Schrift niedergelegten Ideen in allen Kreisen, in denen er verkehrt, bekannt werden und Eingang finden; die Freundschaft wird diesen Ideen kein auf Bildung Anspruch machender Mensch versagen! Wer noch etwas mehr Interesse für die Sache des Friedens und wahrer Civilisation in sich trägt, nun der trete dem *Vereine* bei, welcher speziell die *Anbahnung eines europäischen Freistaatenbundes* zum Zwecke hat: dem europäischen Unions-Verein, dessen *Statut* wir hier folgen lassen.

§ 1. Der *europäische Unions – Verein* hat zum Zwecke die Anbahnung eines *europäischen Freistaaten-Bundes, eo ipso* die *Überflüssigmachung* der stehenden Heere und die Einsetzung eines Bundesschiedsgerichts zur Schlichtung etwaiger Differenzen.

§ 2. Zur Erreichung dieses Zweckes veröffentlicht der Verein *Flugschriften,* die massenhaft verbreitet werden sollen, macht Propaganda durch ein *eigenes Organ,* die „Freiheitswacht", und läßt entsprechende *Artikel,* sobald es seine Mittel erlauben, gegen Zahlung als *„Eingesandte"* auch in sonstige *große Journele* aufnehmen, die den Standpunkt des Vereines redactionell noch nicht einnehmen. Sodann sollen an *alle europäischen Volksvertretungen* wiederholt *Anträge* im Sinne des Vereines gestellt und auch eine *persönliche Agitation* s. Z. in's Werk gesetzt werden.

§ 3. Die Leitung des Vereines behält sich der Gründer[2] für die ersten fünf Jahre seines Bestehens vom September 1869 an gerechnet vor, desgleichen das Recht, sich Vorstandsmitglieder während dieser Zeit zu cooptiren.

§ 4. Mitglied des Vereines kann Jedermann werden, der das 20. Lebensjahr erreicht hat, ohne Unterschied des Geschlechtes.

§ 5. Jedes Mitglied hat monatlich 30 Centimes (= 2 ½ Ngr. = 8 Krz.), also jährlich 1 Thlr. oder 3 Fr. 75 Cts. oder 1 fl. 45 kr. an die Kasse des Vereines zu entrichten.

§ 6. Der Vereinsvorstand hat jährlich einen *Rechenschaftsbericht* über den *Empfang* und die *Verwendung* der Mitglieder-Beiträge zu veröffentlichen.

§ 7. Der Verein hat seinen Sitz am Wohnort des Vorsitzenden, also jetzt in *Zürich.*

Je größer und bemittelter dieser Verein wird, desto rascher nähern wir uns seinem Ziele:
der europäischen Föderativ – Republik.

---

[2] Der Herausgeber dieser Schrift.

Als Anhang lassen wir hier noch
folgende zwei Aktenstücke folgen:

An die deutsche Nation !

Deutsche Brüder! Der Feind, gegen den ihr in den Kampf geführt worden seid, das französische Kaiserreich, ist vernichtet. Indem Ihr den Kampf fortsetzet, steht Ihr nicht mehr Euren Feinden gegenüber, sondern Ihr *kämpfet jetzt* für *Euere Feinde,* – für Euere größten *Erbfeinde*: den Militarismus und Cäsarismus. Um diese Euere Erbfeinde, welche zugleich die Erbfeinde *aller* Völker sind, auf Jahre hinaus wieder zu kräftigen, soll die *nähere Befreundung und Verbindung* zweier gebildeter Nationen, wie die deutsche und französische, *verhindert* und im Gegentheil eine Saat giftigen, blutigen Hasses zwischen beiden gesäet werden. Drum sollt Ihr auf Eurer Fürsten Commando noch größere Gut- und Blutopfer bringen, sollt noch tiefer in's Elend gerathen und gedemüthigt werden, als es schon der Fall ist und sollt durch Eueren erneuten Haß gegen die Franzosen den Anlaß zur noch größeren Ausdehnung des Militärdespotismus und der stehenden Heere geben.

Es fängt aber nachgerade an, schimpflich für Euch zu werden, wenn Ihr fortfahret, in dieser Weise die Werkzeuge für die Unterdrückung Eurer eigenen und der Freiheit der Völker überhaupt abzugeben.

Ihr entgegnet, „Eure Fürsten haben die Gewalt und Ihr könnet dieß nicht ändern." Eure Fürsten haben aber nur die Gewalt, so lange Ihr Eueren *eigenen Willen* nicht zur Geltung bringen wollt. – Ihr entgegnet, „daß es Euch *nicht möglich* sei, Eueren Willen den Machthabern gegenüber zur Geltung zu bringen." Das ist nichts als Selbsttäuschung. Euer *Wille* wird zum *Gesetz,* sobald Ihr ihn in der richtigen Weise zur Geltung bringt. Dazu aber gehört durchaus *keine Gewalt.* Denn diese ruft *immer wieder Gewalt hervor* und schafft *keine dauernd befriedigenden* Zustände, also auch keinen dauernden Frieden.

In menschenwürdiger Weise müßt Ihr Eueren Willen zur *Geltung* bringen, und um dieß zu erreichen, braucht Ihr ihn *bloß in pleno* auszusprechen.

Ziehet ohne Waffen, aber *allesammt, Mann und Weib, Greise und Kinder,* – ziehet zu Hauf, ziehet in ganz Deutschland vor Euere Behörden und fordert *einstimmig,* ohne Gewaltandrohung, aber *bestimmt* und *unzweideutig,* die *Einstellung* des blutigen Kampfes gegen Euere *Menschenbrüder* in Frankreich, fordert einstimmig für *Elsaß* und *Lothringen* das Recht der Selbstbestimmung, wie Ihr es für Euch selbst wünschen müßtet! Fordert die Abschaffung des militärischen Höllenapparates, die Abschaffung der stehenden Heere und die Herstellung eines europäischen Staatenbundes mit einem Oberschiedsgericht für internationale Interessenwahrung. Fordert all' dieß als Preis für die gebrachten Opfer. Aber *gemeinsam „wie Donnerschall und Wogenprall"* muß Euer Ruf zu den *Palästen der Machthaber* hinaufdringen, unwiderstehlich, wenn auch oder *weil* ohne „Schwertgeklirr"! Euer Ruf wird bei allen Völkern Europa's milliardenstimmig widerhallen und wird in eine Völkerharmonie übergehen, welche nach solchem Mündigkeitsakte kein Einzelner mehr zu stören sich unterfangen wird. – Also auf, schreitet ohne Zögern zu dieser Massenerhebung für die Humanität und Wohlfahrt der Völker – es kann Euch nichts in den Weg gelegt werden, es kann *kein Hochverrath* darin gefunden werden, wenn Ihr in dieser Weise Eueren Willen zum Ausdruck und zur Geltung bringt. *Hochverrath* aber ist's *gegen Euch selbst,* wie gegen das *Wohl* und die *Würde der Menschheit,* wenn Ihr länger zögert, Euere Stimme in der angegebenen Weise zu erheben, – *Hochverrath* ist's, wenn Ihr länger duldet und stumpfsinnig mit ansehet, wie man Eure Männer, Söhne und Brüder zu Hunderttausenden dem Schlachtentod preisgiebt und Euer Glück auf Jahre hinaus hinmordet, – *Hochverrath* ist in einer Zeit so blutiger Ereignisse der sklavische Gehorsam, ja schon das *sklavische Schweigen*! Also *handelt,* wo das *gemeinsame Aussprechen* schon *zur That* wird! Macht den Anfang mit Massenversammlungen, mit Massenaufzügen, immer ohne Waffen und vor Gewaltabsichten Euch verwahrend, und bald wird der Protest der ganzen Nation wie Gewittersturm an die Ohren der Fürsten brausen, und zur Friedensoffenbarung für alle Nationen werden!

Zürich.
Das Präsidium
des europäischen Unions-Vereins.

Amerikanischer Protest gegen den Krieg

In New York hat ein Komite sämmtlicher Arbeitergesellschaften und radikalen Vereine eine Massen-Versammlung gegen den preußisch-französischen Krieg ausgeschrieben. Dieses Massen-Meeting hat am 19. November im Cooper-Institute stattgefunden und folgende Resolution gefaßt:

„Wir, Bürger der Vereinigten Staaten von Amerika, in Masse versammelt zu dem Zwecke, unsere Meinung über den gegenwärtigen Krieg in Europa kund zu thun, erklären hiermit, was folgt:

1. In Erwägung, daß der dem deutschen Volke von Louis Napoleon aufgedrungene Krieg, mit der Gefangennahme seines Urhebers bei Sedan und der darauf erfolgten Proklamirung der Republik in Frankreich aufgehört hat, ein Vertheidigungskrieg und deßhalb ein gerechter zu sein;
2. In Erwägung, daß derselbe durch seine brutale Fortsetzung ausgeartet ist in einen Kampf der Aristokratie gegen die Demokratie, des Despotismus gegen den Republikanismus, und insbesondere gegen die gegenwärtige Republik in Frankreich;
3. In Erwägung, daß die Einverleibung eines Landestheiles, ohne die Zustimmung seiner Bevölkerung, ein Verbrechen gegen die Menschenrechte und ein Hohn auf die Civilisation unseres Jahrhunderts ist;
4. In Erwägung, daß es die Pflicht der Vereinigten Staaten ist, ihre moralische Hülfe jedem Volke zuzuwenden, das für seine Freiheit kämpft, wie diese Pflicht auch aus der amerikanischen Unabhängigkeits-Erklärung hervorgeht;
5. In Erwägung, daß das namenlose Elend, welches der Krieg über die beiden Länder schon gebracht hat, eine sofortige Beendigung desselben dringend erheischt;
6. In Erwägung, daß der Krieg zwischen Nationen, welcher durch das gegenwärtige Völkerrecht als berechtigt erscheint, ebenso unvernünftig als unmoralisch ist, als der Zweikampf zwischen einzelnen Personen;

7. In Erwägung, daß die gänzliche Beseitigung des Krieges nur durch die Einrichtung von wahrhaft demokratischen Gemeinwesen, gegründet auf der Solidarität aller Nationen, erreicht werden kann;

Aus diesen Gründen wird beschlossen:

1. Daß wir die Fortführung des Krieges gegen die französische Republik verurtheilen als höchst ungerecht und nur die Interessen des Despotismus und des Gottesgnadenthums fördernd;
2. Daß wir unsere innigste Sympathie unsern unglücklichen Brüdern und Schwestern in Frankreich und Deutschland aussprechen, die in gleichem Maße unter den Gräueln dieses ungerechten Krieges leiden, der nur im Sonderinteresse von despotischen Herrschern geführt wird;
3. Daß wir die gewaltsame Einverleibung von Elsaß und Lothringen als einen Akt mittelalterlicher und tyrannischer Willkür brandmarken;
4. und 5. Daß wir alle gutgesinnten Bürger auffordern, von der Regierung der Vereinigten Staaten zu verlangen, daß sie ihren ganzen Einfluß zu Gunsten der französischen Republik anstrengen soll, daß sie nach dem Geiste der amerikanischen Unabhängigkeits-Erklärung handeln und so dazu beitragen soll, diesem Kriege ein Ende zu setzen;
5. Daß wir von der Regierung der Vereinigten Staaten verlangen, den europäischen Mächten vorzuschlagen und diesen Vorschlag nachdrücklich zu unterstützen, daß die stehenden Heere abgeschafft, und ein permanentes internationales Völkerschiedsgericht hergestellt wird;
6. Daß wir Alle, denen Freiheit und ewiger Friede am Herzen liegt, dringend einladen, sich zu einer Gemeinschaft zu vereinigen, welche allen Völkern eine wirkliche Selbstregierung sichern möge, damit sie nicht länger die Herrschaft von einigen wenigen Monopolisten und Spekulanten ertragen, welche die Stützen des Despotismus sind.

Ferner wird beschlossen:

Daß wir alle wahrhaften Bürger der Vereinigten Staaten auffordern, in Massen-Versammlungen diesen oder ähnlichen Beschlüssen ihre Zustimmung zu geben, und daß eine Abschrift derselben dem Congreß der Vereinigten Staaten und den gesetzgebenden Körpern aller Nationen eingesandt werden soll.

Grundzüge zur Reform und Codification des Völkerrechts.

Von Dr. Eduard Loewenthal,
Verf. der Schriften „System und Geschichte des Naturalismus",
„Das Gesetz der sphär. Molecularbewegung" etc.
1874[1]

Gesetzlose Gewalt ist die furchtbarste Schwäche.
H e r d e r.

Power without right is the most detestable object
that can be offered to the human imagination.
C h a t h a m.

EINLEITUNG

Exstinguere hostem maxima est virtus ducis, servare cives major est patriae patri. (Den Feind zu vernichten, gilt als höchstes Verdienst eines Feldherrn, das Leben der Bürger zu erhalten, gilt als noch höheres Verdienst dem Vater des Vaterlandes.)
S e n e c a.

Deutschland hat neuerdings den zweifelhaften Ruhm erlangt, die fanatischsten Kriegsverherrlicher zu besitzen und zwar in Männern wie *Dr. Lasson* (Verf. der Schrift „Das Culturideal und der Krieg"), Prof. v. *Treitschke* (Geschichtsprofessor an der Berliner Universität), Professor *Gustav Jäger* (Naturforscher in Stuttgart) etc. – Zu den Vertretern der internationalen Friedenspropaganda in Deutschland werden im Ausland gewöhnlich einige unserer Staatsrechtslehrer gezählt, besonders die Prof. *Bluntschli, Heffter* und v. *Holtzendorff.* In Wirklichkeit finden wir aber, daß diese drei Autoren in ihren betreffenden Schriften die auf *Codification* des *Völkerrechts* und Einführung

[1] Textquelle | Eduard LOEWENTHAL: Grundzüge zur Reform und Codification des Völkerrechts. Zweite Auflage. Berlin: Deutscher Flugschriften-Verlag 1874. [12 Seiten].

eines internationalen Schiedsgerichts gerichteten Bestrebungen zwar nicht ignorirt haben, daß sie aber dem Schiedsgerichtsprincip zur Schlichtung ernster Conflicte keineswegs eine reale Bedeutung beimessen, geschweige denn zu einer wirklich ersprießlichen Codification und Neugestaltung des Völkerrechts bis jetzt etwas Wesentliches beigetragen haben. – Herr v. *Holtzendorff* sagt: „Gegenwärtig ist ein solches Werk (d. h. eine Codification des Völkerrechts) in so großer Ausdehnung *nicht nur unmöglich,* sondern sogar, wenn erreichbar, auch *nachtheilig.*" Er meint die Codification des Völkerrechts und *eo ipso* die Praxis der *Schiedsgerichte* sei *bloß* bezüglich des internationalen Privatrechts möglich und statthaft. Er denkt also nur an einen Codex für Regelung der Seepolizei, des Häringsfangs und dgl.

Prof. *Bluntschli* sagt in seinem „Modernen Völkerrecht der *civilisirten* Staaten, als Rechtsbuch dargestellt": – „das bleibt wahr: Indem der Krieg die Kräfte der Völker und die Macht der Verhältnisse im Großen offenbart und zur Geltung bringt, bewährt er sich als eine *Rechtbildende Autorität.* Er ist nicht eine reine Form, aber er ist eine wirksame Form der Rechtsbildung.[2] Er ist nicht das *Ideal* der Menschheit, aber er ist *heute noch* ein *unentbehrliches Mittel für den nothwendigen Fortschritt der Menschheit."* – Man sieht, von *Holtzendorff* und *Bluntschli* zu *Lasson* und *Treitschke* ist – „nur ein Schritt" und wenn *Bluntschli* in dem angeführten „Rechtsbuch" nebenbei das schiedsrichterliche Verfahren für Bagatellsachen systematisch behandelt und über Friedenspolitik sich in „meritorischer" Weise ausspricht, so betrachtet er den Weltfrieden doch nur als frommen Wunsch, den bloß der Gott des Krieges erfüllen kann. Die Basis seines *Völkerrechtsbuchs* ist nach wie vor das *internationale Faustrecht alias Kriegsrecht* und der *Völker-Duell-Comment.* Das Kriegsrecht aber beruht eben auf der *Aufhebung jedes Rechtszustandes* und dessen Ersetzung durch die Herrschaft der rohen Gewalt. Das finden aber, wie wir eben gezeigt haben, unsere deutschen (national-liberalen) Völkerrechts-Doctrinäre ganz in Ordnung.

Und doch ist es anderseits gerade Deutschland, welches in der *Austrägalordnung* des weiland deutschen Bundestags schon eine *historische Institution* zur schiedsrichterlichen Schlichtung von Streitig-

[2] Dr. BLUNTSCHLI hat offenbar nur das *Recht des Stärkeren* im Auge.

keiten zwischen einzelnen Staaten aufzuweisen hat. Gerade Deutschland scheint daher berufen zu sein, bezüglich der Codification des Völkerrechts und der obligatorischen Einführung der Schiedsgerichtsbarkeit in dasselbe thatsächlich voranzugehen. Als erstes Scherflein zu dieser Initiative möge der nachfolgende Grundriß angesehen werden. –

BEGRIFF DES VÖLKERRECHTS

§ 1. Ein *normales Völkerrecht* kann nichts Anderes sein, als der *Inbegriff* der durch eine *vertragsmäßig anerkannte internationale Legislative* festgestellten *Grundsätze zur Regelung der gegenseitigen Rechtsverhältnisse* der einzelnen *civilisirten Staaten unter einander* und *in ihrer Gesammtheit.* – Der Maßstab und das *Kriterium* für jene Grundsätze ist das *allgemeine Rechtsbewußtsein* und die *Interessengemeinschaft der Völker.*[3]

GELTUNG DES VÖLKERRECHTS

§ 2. Das in bezeichneter Weise zu Stande gekommene *positive Völkerrecht* wird zum *internationalen Gesetz,* indem es auf Grund jener contractlichen Anerkennung durch *Zwang* und *Strafe* seitens der

---

[3] Nach BLUNTSCHLI ist „das Völkerrecht die *anerkannte* Weltordnung, welche die verschiedenen Staaten zu einer menschlichen Rechtsgenossenschaft verbindet und auch den Angehörigen der verschiedenen Staaten einen gemeinsamen Rechtsschutz gewährt für ihre allgemein menschlichen und internationalen Rechte". – Unsere Staaten erkennen bekanntlich diese „Weltordnung" an, sofern und *solange es ihnen vortheilhaft* dünkt, lehnen sich aber auch dagegen gewalthsam auf, wenn es ihnen als „opportun" erscheint. Was sodann den *gemeinsamen Rechtsschutz* der Staatsangehörigen betrifft, so besteht derselbe darin, dass sie in Friedenszeiten ungestört leben, arbeiten, essen, trinken und Processe führen dürfen, soweit es ihre Mittel erlauben. Bricht ein *Krieg* aus, dann wird *all dies* für alle Angehörigen der kriegführenden Staaten *sofort in Frage gestellt.* – Wenn BLUNTSCHLI fernerhin sagt: „Es hängt *nicht von der Willkür* eines Staates ab das *Völkerrecht* zu achten oder zu *verwerfen*" und „das *Völkerrecht* ist eine *der edelsten Früchte der Civilisation*", so kann das nur Ironie sein , was nicht wohl anzunehmen, oder BLUNTSCHLI denkt dabei *jedenfalls nicht an das,* was bis jetzt *Völkerrecht* genannt wird.

Organe der *internationalen Justiz* zur Geltung gebracht und *gegen Verlegung geschützt* wird.

Völkerrechtliche Organe

§ 3. Die Organe des Völkerrechts sind:
a. *Der Convent der Staatsoberhäupter,* welche das codificirte Völkerrecht *sanctionirt* haben.
b. Der *internationale Gesetzgebungs-Convent,* bestehend aus Delegirten der einzelnen National-Parlamente.
c. Die *Botschafter, Gesandten* und *Consuln.*
d. *Das internationale Schiedsgericht,* bestehend aus den *Präsidenten der obersten Gerichtshöfe* der einzelnen Nationen.

Internationales Repräsentativrecht

§ 4. Was die Vertretung der einzelnen Staaten bei der internationalen Legislative und dem internationalen Schiedsgericht betrifft, so sind die einzelnen Glieder eines Bundesstaates (wie z. B. die Particularstaaten im Deutschen Reich) nicht zur Specialvertretung bei jenen internationalen Körperschaften berechtigt.

Hauptgrundsätze des Völkerrechts

§ 5. Das *Gleichgewicht* unter den Staaten ist das *friedliche Nebeneinander* unter denselben. Ein solches ist aber *für die Dauer bloß denkbar* auf Grund eines *codificirten* und von den Hauptmächten der civilisirten Welt *sanctionirten positiven Völkerrechts.*

Bis jetzt konnte von einem auch nur europäischen Gleichgewicht nicht die Rede sein, weil es jeden Augenblick von der Willkür einer einzelnen Macht abhing, dasselbe thatsächlich zu stören und illusorisch zu machen[4]

---

[4] Der *völkerrechtlich nothwendige Verzicht* auf die *Erklärung und Führung von Kriegen* seitens der nach dem codifizierten Völkerrecht verbundenen Staaten ist *nicht mehr,* wie BLUNTSCHLI noch meint, *nationale Selbstentmannung oder Verzicht auf*

§ 6. Da bei dem lebhaften materiellen und geistigen Völkerverkehr der Gegenwart gewisse Vorgänge in dem einen Staate auf die Verhältnisse der andern Staaten nicht ohne Einfluß bleiben können, so sind letztere außer Stande, sich solchen, das *Gesammtinteresse berührenden Vorgängen* gegenüber gleichgültig zu verhalten und die *Intervention* seitens des *Convents der Staatsoberhäupter resp.* des internationalen *Schiedsgerichts* wird zur *internationalen Pflicht,* z. B. beim Ausbruch eines *Bürgerkrieges* in einem der völkerrechtlich verbündeten Staaten, oder gegenüber *gemeingefährlichen Willküracten* einer einzelnen Regierung.[5] Das internationale *laisser faire et laisser aller* ist Angesichts der *immer intensiver werdenden Interessengemeinschaft* der modernen Völker überall *nicht mehr statthaft.*

§ 7. *Einseitige* und *eigenmächtige Interventionen einzelner* Staaten in die Angelegenheiten eines andern Staates sind künftighin *unter keinen Umständen mehr zulässig.* Die Intervention darf vielmehr *nur durch die Organe* der Handhabung *des Völkerrechts* erfolgen, derart, daß der *Convent der Staatsoberhäupter* die betreffenden staatlichen Interessenten unter *provisorischer Sicherung* eines *geordneten status quo* zum *Appell an das internationale Schiedsgericht auffordert* und die Entscheidung des letzteren zur Ausführung und Geltung bringt, oder, wenn es sich um Bestimmung der *Regierungsform* und *Verfassungsconflicte* handelt, ein *Plebiscit* provocirt.

---

selbstständige Existenz, sondern eher das Gegentheil, sobald eben die Staatsregierungen sich auf das codifizirte Völkerrecht verpflichtet haben und demgemäß eventuelle Streitigkeiten durch das ordentliche internationale Schiedsgericht schlichten lassen.

[5] In dieser Hinsicht sagt auch *BLUNTSCHLI*: „Wenn die Zustände eines Staates dem europäischen Frieden Gefahr bringen, oder seine Handlungen die allgemeine Sicherheit der europäischen Staaten bedrohen oder die Leiden seiner Bevölkerung der Civilisation Europa's unwürdig und unerträglich erscheinen, so sind das nicht mehr besondere Angelegenheiten nur dieses Staates, sondern ist die europäische Staatsgenossenschaft *berechtigt, auf Besserung hinzuwirken.*" – In welcher Weise die europäische Staatsgemeinschaft von dieser „Berechtigung" Gebrauch machen soll, das berührt *BLUNTSCHLI* nicht. Nach dem oben Gesagten handelt es sich dabei um eine Verpflichtung, für deren Erfüllung die Organe des künftig codifizirten Völkerrecht Sorge zu tragen haben.

§ 8. Auch die *staatliche Selbsthülfe* in internationalen Fragen auf dem Wege der *Retorsion, Repressalie etc.*[6], ist nach den obigen Ausführungen *in keinem Falle mehr zu gestatten.*

§ 9. Entsprechend den in § 6-8 aufgestellten Maximen, kann und darf auch das *Nationalitätsprincip nicht mehr so einseitig* festgehalten werden, wie bisher. – Vielmehr muß der bisher cultivirte *National-Particularismus* und *Fanatismus* in Bezug auf internationale Angelegenheiten immer mehr dem *Kosmopolitismus* nach Maßgabe des codificirten Völkerrechts das Feld räumen.

Soweit es seine *normale Berechtigung* hat, wird das Nationalitätsprinzip durch *das Völkerrecht* und seine *Organe weit sicherer geschützt,* als durch die *brutalen Excesse* des *National-Fanatismus,* welche die *bisherige Geschichte* der Menschheit nur als eine Geschichte *fortwährender bestialischer Kämpfe* und *Menschenmetzeleien* erscheinen lassen.

Internationale Rechtspflege

§ 10. Das Völkerrecht ist *durchweg öffentliches Recht.* Bezüglich seiner Geltendmachung ist aber zu unterscheiden zwischen internationalem *Civilrecht* und internationalem *Strafrecht.*

A. Civilrechtspflege

§ 11. Die internationale Civilrechtspflege, bei der es sich meist um administrative, commercielle, verkehrs- und sanitätspolizeiliche Angelegenheiten handelt, ist nach den Grundsätzen des gemeinen Rechts zu handhaben.

B. Strafrechtspflege

I. Verletzungen des Völkerrechts

§ 12. Die Verletzungen des Völkerrechts sind theils *possessorischer,* theils *organischer* Art.

---

[6] Die *Retorsion* ist Selbsthilfe gegenüber bloßen Rücksichtslosigkeiten, – die *Repressalie* Selbsthilfe gegenüber wirklichen Widerrechtlichkeiten.

Die Verletzungen *possessorischer* Art bestehen in Vergewaltigungen gegenüber dem *Gebiet und Eigenthum* einer Nation; die Verletzungen *organischer* und *ethischer* Art bestehen in Vergewaltigungen gegenüber den *Angehörigen* oder gegenüber den *staatlichen Organen* einer Nation, oder in *groben Verstößen* gegen *Menschenwürde* und *Cultur* überhaupt, wie Begünstigung oder Duldung der *Sklaverei* oder offenbare *Tyrannei* gegen einzelne *Religionsgenossenschaften etc.*

II. Die Wiederherstellung des verletzten Völkerrechts

§ 13. Die in der Bestrafung bestehende *Wiederherstellung des verletzten Völkerrechts* ist eine *Culturnothwendigkeit,* weil ohne dieselbe die Menschheit *socialer Anarchie* und *Demoralisation* verfallen würde.

§ 14. Die völkerrechtlichen *Strafen* sind
a. Vom internationalen Schiedsgericht aufzuerlegende *Geldstrafen,* und zur *Sicherung* derselben eventuell *Sequestration* von *Grund* und *Boden* oder *Pfändung* von *beweglichem Eigenthum.*
b. *Sistirung aller vertragsmäßigen Leistungen* seitens *aller Verbandsstaaten* gegenüber dem verurtheilten Staat.
c. Internationale *Militär-Execution,* wo es sich um *Unterdrückung gemeingefährlicher Zustände,* oder um *Sicherung des Vollzugs der Urtheile des Convents der Staatsoberhäupter* und der Rechtssprüche des ordentlichen internationalen *Schiedsgerichts* handelt.

§. 15. Das *schiedsrichterliche Verfahren* ist selbstverständlich Prozeßverfahren und nach den Hauptgrundsätzen aller Prozeßordnungen zu reguliren. Eine geschichtliche, wenn auch zu modificirende Unterlage dazu bietet die *Austrägalordnung* des ehemaligen *deutschen Bundes* vom *16. Juni 1817.*[7]

---

[7] Vgl. C. Fr. EICHHORN, de differentia inter Austregas et arbitros commissarios (Göttingen 1802) und v. LEONHARDI, das Austrägalverfahren des deutschen Bundes, 1838.

Ein Welt-Staatenbund

als sicherstes Mittel zur Beseitigung des Krieges[1]
1896

Eduard Loewenthal

Seitdem die Königin der Wissenschaften, die Philosophie, nicht mehr in Ehren steht und selbst das „Volk der Denker" sich von ihr abzuwenden scheint, seitdem macht sich auf allen Gebieten des öffentlichen Lebens und bei Erörterung aller weltbewegenden Fragen eine Unklarheit und Verworrenheit bemerklich, welche nur allzusehr dazu angethan ist, die Lage, in der die moderne Gesellschaft sich befindet, zu erschweren und eine befriedigende Lösung der obwaltenden Schwierigkeiten noch mehr in die Ferne zu rücken.

Auch heute gelten, wenn gleich unter ganz anderen Verhältnissen die Worte, die Thiers am 4. März 1840 im gesetzgebenden Körper von Frankreich aussprach:

> Il ne suffit pas de l'ordre matériel, il faut aussi de l'ordre moral, c'est-à-dire l'union des esprits vers un but comm[u]n; telle est aujourd'hui la mission imposée au gouvernement. L'heure est venue de la comprendre; nous assistons à un renouvelloment."

Auch heute haben wir uns vor Allem klar zu machen, daß wir einer wirthschaftlichen und politischen Neugestaltung entgegengehen, zu deren wünschenswerthem Verlaufe es nöthig wäre, daß alle wohlmeinenden und tiefer blickenden Geister sich über ein bestimmtes Ziel einigen, ebenso wie über die Wege, um dasselbe zu erreichen.

Die Thatsache, daß alle Fortschritte der Technik nur die Maschinenarbeit und das Wohl der Maschinenbesitzer fördern, die menschliche Handarbeit dagegen verdrängen, daß daher trotz aller politischen Freiheit die Existenz der Einzelnen immer mehr in Frage

[1] Textquelle | Eduard LOEWENTHAL: Ein Welt-Staatenbund als sicherstes Mittel zur Beseitigung des Krieges. Berlin: Reform-Verlag 1896. [10 Seiten] [Online-Ausgabe: https://digital.staatsbibliothek-berlin.de]

gestellt wird, – diese Thatsache hat bis jetzt bei den Regierenden und bei den besitzenden Classen durchaus nicht die ihr zukommende Beachtung gefunden.

Das Gesammtheitsbewußtsein und das Bewußtsein der Interessen-Solidarität der ganzen Menschheit ist es, das die letztere als Gesellschaft kennzeichnet. Diese Interessen-Solidarität erfordert, daß jedem Angehörigen der Gesellschaft die Existenz innerhalb dieser ermöglicht bezw. gesichert wird. Wenn die Gesellschaft den Arbeitslosen seinem Schicksal überläßt, so drängt sie ihn einfach auf die Pfade des Anarchismus, d. h. zur Kriegserklärung gegen eine menschliche Gesellschaft ohne Menschlichkeitsgefühl.

Statt dies einzusehen und demgemäß zu handeln, überlassen die besitzenden Klassen die Fürsorge für die Abwehr der von ihnen selbst auf den Kriegspfad gedrängten Arbeitslosen lediglich der Polizei. Diese thut selbstverständlich ihre Pflicht. Aber die Gesellschaft hat damit ihre Pflicht nicht erfüllt. Sie beschwört vielmehr durch dieses herzlose und thörichte Verhalten Gefahren herauf, denen schließlich die Staatsgewalt nicht mehr gewachsen sein dürfte.

Einzelne Regierungen suchen wohl mit allerlei halben Maßregeln und kleinen Mittelchen Abhilfe zu schaffen. Dahin gehört die Alters- und Unfallversicherung, das Gesetz der süßen Sonntagsruhe und dergleichen Einrichtungen, die den Arbeitgeber belasten, ohne dem Arbeiter viel zu helfen, während sie für den Arbeitslosen überhaupt nicht in Betracht kommen.

Nein durch solche kleine Mittelchen wird der Zusammensturz, der die moderne Gesellschaft bedroht, sicher nicht hintangehalten werden. Um gründliche Abhilfe zu schaffen, muß man aufhören, mit den Maschinen und ihren Großbesitzern mehr Rücksicht zu haben, als mit den Millionen, die durch dieselben brodlos werden. Es sei damit nicht gesagt, daß die Maschinen abgeschafft werden sollen. Wohl aber wird man sich dazu entschließen müssen, die Riesenmaschinen der Großindustrie entsprechend zu besteuern, um aus dem Ertrage dieser Steuer Arbeitsgelegenheit für Arbeitslose zu schaffen. Außerdem muß man sich endlich entschließen, daß Recht auf Arbeit schlechtweg anzuerkennen und die „heilige Scheu“, die man vor dieser Anerkennung hat, völlig fahren zu lassen. Nur so wird die Industrie aufhören, der „Saturn“ der Arbeit zu sein, der seine Kinder verschlingt und nur von ihrem Tode lebt.

Auch vor dem Mittel, den Arbeitslosen Grund und Boden und das Nöthige zu ihrer Bebauung zu gewähren, darf man nicht zurückschrecken, wenn es gilt, die Gesellschaft vor einer Krisis zu bewahren, gegen die selbst die Militärgewalt keinen sicheren Schutz mehr gewähren würde.

Louis Napoleon sprach sich seiner Zeit dafür aus, daß man den Arbeiter und sein Interesse mehr an Grund und Boden fesseln sollte. Er that dies mit folgenden Worten:

> „La classe ouvrière ne possède rien, il faut la rendre *propriétaire* ... Elle est comme un peuple d'ilotes au milieu d'un peuple de *sybarites*. Il faut lui donner une place dans la société et attacher ses intérêts à ceux du sol."

Wenn nun auch bei der Organisation der Arbeit und der Besitzverhältnisse für die Arbeitslosen die Grund- und Bodenfrage mit in Betracht kommen dürfte, so ist dies doch nur eine Sonderfrage für die Verwirklichung des Rechtes auf Arbeit. In der Verwirklichung dieses Rechtes ist allein das große Mittel zu erblicken, das endlich zur Lösung der socialen Frage führen wird.[2] Diese Lösung muß aber der Lösung der großen politischen Fragen der Gegenwart unbedingt vorausgehen.

Mit kleinen Mittelchen behilft man sich auch in Betreff der letzteren, während auch hier Alles zu einer umfassenden Neugestaltung drängt, die der modernen Civilisation und dem allgemeinen Friedensbedürfniß der Völker Europa's entspricht. Das System des Militarismus und der einseitigen Selbsthilfe bei internationalen Streitigkeiten, – mit einem Worte die Faustrechts- oder Kriegspraxis muß Seitens der civilisirten Staaten endlich aufgegeben werden. Die verschiedenen Friedensgesellschaften verfolgen den löblichen Zweck, dieses Mißverhältnis; dadurch zu beseitigen, daß sie für die Schlichtung internationaler Conflicte durch jeweilig einzusetzende Schiedsgerichte eintreten und die öffentliche Meinung dafür zu erwärmen suchen. Die Anhänger des Militarismus machen dem gegenüber geltend, daß keine Großmacht die Entscheidung über ihre eigenen Interessen, soweit es sich nicht um unbedeutende Dinge

[2] Vgl. auch meine Schrift *„Der Anarchismus und das Recht der Schwachen oder: Die drei Grundübel unserer Zeit"*.

handelt, aus den Händen geben oder den jeweiligen zu ernennenden Schiedsrichtern überlasten könne. In der That wird auch durch ein bloßes Schiedsgerichtssystem, dessen Annahme dem Belieben der einzelnen Mächte überlassen bleibt, der Krieg nicht aus der Welt geschafft werden. Dieses Ziel ist vielmehr nur durch eine völkerrechtlich zu sanctionirende, allgemein verbindliche und regelmäßige internationale Gerichtsbarkeit zu erreichen. Das Rechtsprincip muß endlich auch in der *Politik* seine zwingende Geltung erlangen. Die Gründung einer *völkerrechtlichen Welt-Union* auf dieser Grundlage – das ist die große That, die erforderlich ist, um der Barbarei des Krieges unter den civilisirten Völkern für immer ein Ende zu machen und mit dem *Weltfrieden* der *Weltwohlfahrt* die Wege zu ebnen. Indem der in Antwerpen vom 29. August bis 1. September vorigen Jahres abgehaltene Friedenscongreß sich immer wieder für das bloße Schiedsgerichtssystem aussprach, hat er der Sache des Friedens thatsächlich so wenig Vorschub geleistet, wie seine Vorgänger. Ebenso ungenügend ist das „Mittelchen", das in Gestalt eines *Waffenstillstandsvertrages* auf längere Zeit auf's Tapet gebracht wurde.

Nimmt man an, daß infolge der *allgemeinen Wehrpflicht* die *Völker* selbst friedliebender, denn je geworden sind und daß auch die *Staatsoberhäupter* die *Verantwortung* für einen Krieg mit seinen furchtbaren Folgen nicht mehr leichten Herzens zu übernehmen geneigt sind, wie wir aus jeder Thronrede und Präsidenten-Botschaft ersehen, – nimmt man ferner an, daß z. B. Frankreich trotz seiner glänzenden Armee-Reorganisation 25 Jahre verstreichen ließ, ohne seiner Revanchelust Folge zu geben, so darf man füglich behaupten, daß es nur der *Initiative* einer Großmacht bedürfte, um zu einer *Reform und Codification des Völkerrechts* zu gelangen, wie ich sie schon im Jahre 1872 in meiner Schrift „Grundzüge zur Reform und Codification des Völkerrechts" vorgeschlagen habe.[3] Die bezügliche Initiative würde um so sicherer von Erfolg begleitet sein, als die ganze politische Weltlage darthut, daß der Schwerpunkt der auswärtigen Politik für die europäischen Großmächte jetzt fast ausschließlich in den Colonialfragen oder wenigstens in außereuropäischen Fragen

---

[3] Eine vollständige Uebersetzung der hier citirten Schrift er schien in den *„Etats-Unis d'Europe"* (Genf), im *„Bulletin de la Société des amis de la paix"* (Paris) und im *„Harald of Peace"* (London).

liegt und daß in all diesen Fragen ein Zusammengehen aller civilisirten Nationen den Interessen der Einzelnen derselben, wie der Gesammtheit am Förderlichsten sein dürfte.

Wenn die Regierungen aus eigenem Antriebe sich nicht so leicht von der hergebrachten militaristischen Selbsthilfe- und Faustrechtspolitik trennen können, so werden die Völker selbst endlich den Ruf nach Errichtung eines *Welt-Staatenbundes* erheben müssen, – nach einem Welt-Staatenbunde, innerhalb dessen die eigenmächtige Selbsthilfe auf dem Wege des Krieges unbedingt ausgeschlossen und durch eine obligatorische ordentliche Friedensgerichtsbarkeit ersetzt würde. Erst wenn dieser Gedanke seine Verwirklichung gefunden haben wird, werden wir aus der Praxis der Nothbehelfe und der kleinen Mittel zur Beseitigung der Wirrnisse und Nothlage, unter denen die Gesellschaft leidet, herauskommen, – erst dann wird die gesammte Menschheit erleichtert aufathmen, um mit vereinter ungeahnter Kraft unter dem Banner des Welt-Staatenbundes fortan ungestört ihren höchsten Zielen zuzustreben. Dann erst wird der Weltfrieden dauernd begründet sein und zur wahren Welt-Wohlfahrt führen.

An realpolitischen Anknüpfungspunkten zur Verwirklichung des Welt-Staatenbundes fehlt es schon heute keineswegs. Die verschiedenen Bündnisse, denen wir gegenwärtig in Europa begegnen, wie der deutsch-italienisch-österreichische Dreibund, das Bündniß zwischen Frankreich, Rußland und Deutschland in Betreff der ostasiatischen Angelegenheiten und das englisch-französisch-russische Bündniß in Betreff der armenischen Frage – all diese Bündnisse können als Vorstufen für den Welt-Staatenbund angesehen werden und es bedürfte nur der Initiative Rußlands, Frankreichs und Deutschlands, um diese Bündnisse unter Beitritt der amerikanischen Staaten, sowie Japans und Chinas zu dem Welt-Staatenbund zu erweitern. Kein Staat hätte Anlaß, sich gegen den Beitritt zu sträuben, denn jeder von ihnen würde seinen höchsten Vortheil dabei finden. Es würde dann keine anderen Machtfragen mehr geben, als die wirthschaftlichcn und intellectuellen. Von größter Wichtigkeit ist es übrigens, daß das Zustandekommen des Welt-Staatenbundes möglichst bald bewerkstelligt werde. Denn wenn erst China nach dem Muster Japans sich militärisch organisirt haben wird und diese beiden Reiche mit ihren 4 – 500 Millionen Einwohnern ganz

Europa bedrohen können, dann ist eher ein Weltkrieg, als ein Welt-Staatenbund zu erwarten, – ein Weltkrieg, wie ihn die Welt noch nicht gesehen hat. Darum Hand an's Werk, damit es unserer Generation vergönnt sein möge, mit der Gründung des Welt-Staatenbundes das erste Fest des bleibenden Friedens, d. h. den endgiltigen Sieg der Cultur über die Barbarei in allen Ländern der Erde noch vor Schluß des jetzigen Jahrhunderts zu feiern.

———

FRÜHER ERSCHIENENE SCHRIFTEN
VON DEMSELBEN VERFASSER:

System und Geschichte des Naturalismus. (Leipzig, fünf Auflagen.)
Auch in englischer Übersetzung erschienen.
Der Kampf um die europäische Suprematie. (Berlin, Carl Siegismund 1890.)
Die Weltgeschichte für Jedermann. (Berlin, Reform-Verlag.)
Ein französisch-deutscher Ausgleich. (Berlin, Reform-Verlag.)
Der Staat Bellamy's und seine Nachfolge. (Berlin, Reform-Verlag.)
Das Cogitantenthum als Staats- und Weltreligion. (Berlin, Carl Siegismund 1893.)
Die wahren Motive des Strafrechts. (Berlin, Reform-Verlag.)
Internationales Säcular-Album. I. Band. (Berlin, Carl Siegismund.)

Obligatorische Friedensjustiz, nicht Schiedsgericht

Ein Beitrag zur Geschichte der Friedensbewegung und meine Stellung zu derselben[1]

Von Dr. phil. Eduard Loewenthal
1897

Von den früheren Versuchen Einzelner und der sog. Ölblattvereine auf Begründung eines bleibenden Friedens hinzuwirken abgesehen, war es zunächst die Friedens- und Freiheitsliga in Genf, die besagtem Ziele agitatorisch näher trat und vom 9.-12. September 1867 in Genf einen ersten Congress ihrer Anhänger veranstaltete. Die Liga stellte ein Programm auf, das auf die Gründung einer *europäischen Republik* unter dem Namen „Vereinigte Staaten von Europa" gerichtet war. Infolge dieser Verquickung des Staatsform-Problemes mit der Friedensfrage konnte die Friedens- und Freiheitsliga in den monarchischen Staaten Europa's keinen fruchtbaren Boden finden. – Diesen Umstand erfassend, gründete ich im Jahre 1868 in Dresden einen *Europäischen Unionsverein,* welcher im *Gegensatz* zu der genannten *Friedens* und *Freiheitsliga* die Gründung eines den Krieg ausschliessenden *europäischen Staatenbundes unter dem Régime der bestehenden Regierungen* zum Ziel seines Strebens machte.

Schon im Jahre 1860 hatte ich in Frankfurt a. M. (bei H. Bechhold) eine Schrift unter dem Titel *„Die sociale und geistige Reformation des 19. Jahrhunderts"* veröffentlicht, in der ich bezüglich des Krieges *u.A.* bemerkte: „In der Regel wird der Krieg in die Zahl der sog. *nothwendigen Übel* eingereiht. Solche ‚nothwendige Übel' anzunehmen, ist an sich schon vom grössten Übel. Es giebt kein nothwendiges Übel, und wer ein solches anerkennt, giebt sich damit bloss das Zeugniss, dass er sich zu schwach fühle, dem Vorurtheile, das jenes Übel zu

[1] Eduard LOEWENTHAL: Obligatorische Friedensjustiz, nicht Schiedsgericht. Ein Beitrag zur Geschichte der Friedensbewegung und meine Stellung zu derselbigen. Berlin: Hannemann's Buchhandlung 1897. [16 Seiten].

einem nothwendigen stempelt, energisch entgegenzutreten. Solche ‚nothwendige Übel' sind daher nur *tief eingewurzelte* Übel. Der Krieg aber ist das beklagenswertheste von allen, die hierher zählen. Eine *völkerrechtliche Austrägalordnung* (nicht ein Schiedsgericht!) *würde jeden Krieg mit einem Male überflüssig und unmöglich machen.* – Kann doch zwischen den 34 deutschen Staaten kein Krieg stattfinden (solange der deutsche Bund besteht) zufolge einer solchen Austrägalordnung! Warum sollen nicht noch ebensoviele andere Staaten unter dieselbe vereinigt werden, so dass jeder kriegsgefährliche Conflict durch jene internationale Instanz ausgetragen würde? Das Mittel ist zu einfach und liegt zu nahe, um weiterer Begründung zu bedürfen. Nur ein *gutwilliges Entgegenkommen der europäischen Grossmächte unter einander* wäre vonnöthen und dieser *unerlässliche Schritt für sociale Civilisation* wäre gethan." – Wenn die Austrägalordnung des Deutschen Bundes im Jahre 1866 versagt hat, so liegt dies daran, dass dieselbe nicht den unbedingten Verzicht auf eigenmächtige Selbsthilfe Seitens der Mitglieder des Deutschen Bundes enthalten hat und dass ein solcher Verzicht auch nicht völkerrechtlich unter den Regierungen aller civilisirten Völker stipulirt war.

Im Jahre 1870 – einige Monate vor Ausbruch des deutsch-französischen Krieges und etwa ein halbes Jahr nach Gründung des *europäischen Unionsvereins* in Dresden veröffentlichte ich dort eine Schrift unter dem Titel *„Der Militarismus und die europäische Union.* Ein Mahnruf an alle Freunde bleibenden Friedens und Wohlstandes". Diese Schrift wurde bald nach ihrem Erscheinen in dem *„Bulletin de la Société des amis de la paix"* zu Paris in französischer Übersetzung veröffentlicht.

Im Jahre 1872 erschienen meine *„Grundzüge zur Reform und Codification des Völkerrechts"*, die s. Z. in verschiedenen französischen und englischen Übersetzungen veröffentlicht wurden.

Zwei Jahre später (1874) gründete ich in Berlin den *„Deutschen Verein für internationale Friedenspropaganda"* und veröffentlichte eine Flugschrift „Zur internationalen Friedenspropaganda".

Im gleichen Jahre hat der *„Deutsche Verein für internationale Friedenspropaganda"* auch ein *Circular an alle Friedensgesellschaften des Auslandes* versandt, um sie für eine *einheitliche Organisation* aller bezüglichen Gesellschaften zu interessiren und ihre Meinung darüber zu hören. Die meisten derselben waren im Principe geneigt, auf diesen Vorschlag einzugehen.

Charles Lemonnier in Paris, der damalige Präsident der *„Ligue de la paix et de la liberté"* antwortete auf mein Rundschreiben Folgendes:

> *Cher Monsieur,*
> *Nous avons pris connaissance, mes amis de la ligue et moi, de la circulaire en date du 18 septembre dernier que vous m'avez tout récemment envoyée. Nous verrions un grand avantage à réunir ainsi que vous le proposez les représentants de toutes les sociétés de la paix sans exception, ne fut-ce qu'afin de leur donner l'occasion de se voir et de s'apprécier. Vous nous trouverez donc toujours, en ce qui nous concerne, prêts à repondre à un tel appel.*
> *Veuillez, cher Monsieur, recevoir l'assurance de mes sentiments de profonde considération.*
> *Ch. Lemonnier.*

Im Jahre 1875 machte in der That die französische *Ligue de la Paix Européenne* meinen Vorschlag zu dem ihrigen und schrieb eine Conferenz aller Friedensgesellschaften nach Paris aus, um die Idee einer einheitlichen Organisation derselben zu verwirklichen. Die Conferenz war von auswärts zu schwach besucht, um alsbald ein Resultat zu erzielen. Im Jahre 1878 aber trat in Paris eine zweite Conferenz zu diesem Zwecke zusammen und bald darauf wurde jene *einheitliche Organisation zur Thatsache,* indem ein *Internationales Friedensbureau in Bern* errichtet wurde, welches als *Centralstelle* aller Friedensgesellschaften fungirt und in einem Centralorgan über die Thätigkeit aller dieser Gesellschaften regelmässig Bericht erstattet.

Auch die von mir im Jahre 1869 schon angeregte und in vorgenannter Flugschrift von 1874 auf's neue betonte Idee eines *internationalen Deputirten-Vereins*[2] hat inzwischen ihre *Verwirklichung* gefun-

[2] Der Londoner *„Herald of Peace"* bemerkte bezüglich dieses Vorschlages in seiner No. vom 1. April 1874: „An excellent suggestion is proposed by Dr. Edward Loewenthal in his recent ‚Flugschrift' to the effect, that the members of the various European and American Legislatures who are favourable to Peace and Disarmement, should form an organised league or union, to consist wholly of national Deputies and Members of Parliament. The union would be for the object of devising and carrying into effect endeavours to form in every legislative body an

den, indem in Bern vor einigen Jahren auch ein *interparlamentarisches Friedensbureau* errichtet worden ist, welches jedes Jahr eine *interparlamentarische Conferenz* veranstaltet. Die letzte fand im August 1895 in *Brüssel* statt. Sie tagte im belgischen Abgeordnetenhause unter Betheiligung einzelner Minister. Auch König Leopold gab der interparlamentarischen Friedens-Conferenz in Brüssel seine Sympathieen zu erkennen.

Im Jahre 1874 wegen eines die Camphausen'sche Finanzpolitik und speciell den *übergrossen Aufwand für Militairzwecke* kritisirenden Artikels in der „Neuen freien Zeitung" zu einer Gefängnissstrafe von 2 Monaten und wegen angeblicher Majestätsbeleidigung zu einer solchen von 3 Monaten verurtheilt, begab ich mich in's Ausland, um meine auf Begründung eines bleibenden Friedens gerichteten Bestrebungen in Belgien, England und Frankreich fortzusetzen.

Der „Deutsche Verein für internationale Friedenspropaganda" in Berlin hat, nachdem ich mich in's Ausland begeben hatte, seine Thätigkeit bald wieder eingestellt. Ich selbst aber wirkte in Brüssel, London und besonders während meines 11-jährigen Aufenthaltes in Paris nach wie vor für die Verwirklichung des Friedensideales. Dort waren es die Herren *Frédéric Passy, Edmond Thiaudière, Edmond Potonié-Pierre, Ad. Franck, Auguste Desmoulins,* der Italiener *Raqueni u. A.*, welche die Fahne des Kampfes für den bleibenden Frieden unermüdlich aufrecht hielten, bezw. noch aufrecht halten.

Inzwischen sind auch in Deutschland, Österreich, der Schweiz, Italien u. anderen Ländern viele neue Friedensgesellschaften aufgetaucht und die, wie schon bemerkt, im Jahre 1874 von mir angeregte und inzwischen verwirklichte Centralisation derselben in dem Berner Bureau hat sich praktisch sehr gut bewährt. Wenn die Friedensvereine trotz ihrer numerischen Zunahme bis jetzt keinerlei Fortschritte und Ergebnisse in der Sache selbst aufzuweisen haben, so liegt dies daran, dass sie die Erreichung des Zieles, d. h. die Beseitigung des Krieges von dem *Schiedsgerichtsprincip* erwarten. Damit befinden sie sich aber vollständig auf einem Irrwege, denn die *Annahme des schiedsgerichtlichen Verfahrens liegt stets im Belieben* der

increasing nucleus of members willing to cooperate for peace and against war. ... If such a union can be formed, it will be a most important movement in the direction of permanent and universal peace and it may well claim the consideration of the best friends of the cause in every country".

streitenden Parteien und diese werden höchstens in untergeordneten Fragen ein solches Verfahren annehmen. Für die Geltendmachung des Schiedsgerichtsprincips agitiren heisst demnach lediglich *leeres Stroh dreschen.* Wer dies noch bezweifelte, den wird das neuerliche *klägliche Fiasko* des *englisch-amerikanischen Schiedsgerichts-Projectes* eines Besseren belehrt haben.

Die Begründung eines bleibenden, unbedingt gesicherten Friedens und demgemäss die völlige Beseitigung des Krieges lässt sich nur durch ein völkerrechtliches Übereinkommen unter den civilisirten Nationen erreichen, wonach deren Regierungen sich verpflichten, unter unbedingtem Verzicht auf eigenmächtige Selbsthilfe sich den Urtheilen der zu errichtenden obligatorischen internationalen Friedensjustiz zu unterwerfen. Für die Einführung einer *obligatorischen Friedensjustiz* habe ich schon im Jahre 1884 im Pariser „Etendard" unter der Überschrift *„A bas les armes!"* (Nieder mit den Waffen!) das Wort ergriffen, und seither haben manche andere Schriftsteller und Publicisten mir beigepflichtet. Im Jahre 1892 richtete ich Namens der Cogitanten Allianz folgendes Schreiben an den Friedenscongress, der damals in Bern tagte:

> „An das Präsidium des Friedenscongresses in Bern!
> In der Überzeugung, dass die periodische Feststellung der Wünsche der europäischen Friedensfreunde die Sache des Friedens um keinen Schritt vorwärts bringt, ersucht der unterzeichnete Präsident der Cogitanten-Allianz den in Bern tagenden Friedenscongress sich dafür auszusprechen, dass man endlich eine wirksamere und praktischere Agitation im Sinne der Begründung eines dauernden Friedens unter den civilisirten Nationen in Angriff nehme und nicht nur das Ziel fixire und in's Auge fasse, sondern auch das *beste Mittel* zur Erreichung dieses Zieles zu finden und anzuwenden trachte.
> Nach Dafürhalten des Unterzeichneten ist das sicherste Mittel zu diesem Zwecke eine energische und umfassende Agitation für die Constituirung einer Europäischen Union unter dem Régime der bestehenden Regierungen und mit einer *regelmässigen Internationalen Friedensgerichtsbarkeit* nach dem Vorbilde der Austrägal-Instanz des ehemaligen Deutschen Bundestages ausgestattet.

Schliesslich sei auf die von dem Unterzeichneten im Jahre 1872 veröffentlichte Schrift „Grundzüge zur Reform und Codification des Völkerrechts“ verwiesen, deren Inhalt als Basis für die Constituirung der Europäischen Union dienen kann.
Einer entsprechenden Berücksichtigung des Vorstehenden entgegensehend, zeichnet mit besten Wünschen für einen guten Erfolg des Berner Congresses etc. etc.“

Gleichfalls Namens der Cogitanten-Allianz richtete ich im Mai 1893 nachstehenden „Offenen Brief“ an die Gemeindebehörden der europäischen Grossstädte:

Monsieur le maire (président du conseil municipal)!
Le soussigné a l'honneur de soumettre par votre bonne entremise au conseil municipal de … la proposition que voici:
Considérant que les armements toujours croissants menacent sans cesse la paix européenne au lieu de l'assurer, – considérant que les gouvernements de l'Europe ne trouvent pas la formule délivrante pour mettre fin au système de la force primant le droit, – considérant enfin que les ligues et sociétés de la paix ne produisent que des fruits rhétoriques, – le soussigné, au nom de l'alliance des Cogitants, se permet de vous inviter, ainsi que toutes les autorités communales des villes et villages de l'Europe, à vouloir bien entamer et faire exécuter dans votre commune un plébiscite sur les questions que voici:
1º. Est-il désirable que les Etats européens se constituent une confédération intitulée L'Union Européenne et cela sans porter préjudice au régime des gouvernements existants, – oui ou non?
2º. Est-il désirable relativement aux différends entre des Etats particuliers, que le recours arbitraire de l'un ou de l'autre Etat à la force militaire soit remplacé par une juridiction régulière internationale – oui ou non ?
3 º. Est-il désirable de convoquer un Parlement européen, composé des maires ou des présidents des conseils municipaux de toutes les villes de l'Europe, comptant plus de 100.000 habitants avec la mission de réformer et de codifier le droit des gens selon les principes de la raison, du droit et de la civilisation moderne, et pour voter une loi de procédure judiciaire conformément à ce nouveau code de droit des gens – oui ou non?

Le Parlement européen choisira alors les membres du tribunal de paix international de son propre milieu et soumettra les résultats de ses travaux et de ses créations, basées sur la volonté des nations européennes, à la sanction du Congrès des régents de l'Union Européenne, qui ne pourront bien s'opposer à la volonté unanime des peuples de notre continent.

En recommandant cette proposition à votre bon accueil et en vous priant, Monsieur, de lui donner suite le plutôt possible et de m'informer de ce que vous allez faire dans ce sens, j'ai l'honneur de vous présenter l'expression de ma très haute considération.

Le Président de la Cogitanten-Allianz
Edouard Loewenthal.

Am 24. Oktober 1895 habe ich den im Jahre 1874 von mir begründeten *„Deutschen Verein für internationale Friedenspropaganda"* auf's Neue in's Leben gerufen. Schon 3 Monate nach der Neuconstituirung dieses Vereins konnte die „Welt am Montag" (vom 20. Januar 1896) Folgendes über dessen Wirksamkeit berichten:

> „Eine *neue Richtung* in der modernen *Friedensbewegung* vertritt der im Jahre 1874 von *Dr. Eduard Loewenthal* begründete und im vorigen Jahre von ihm rekonstituirte ‚Deutsche Verein für internationale Friedenspropaganda'. Während die übrigen Friedensgesellschaften des In- und Auslandes von dem *Schiedsgerichtssystem* die Begründung eines bleibenden Friedens erwarten, erklärt der Begründer und Vorsitzende des genannten Vereines jenes System für ein ganz *verfehltes,* sofern dessen Annahme in jedem einzelnem Falle vom *Belieben* der einzelnen Mächte abhängig ist. Zur sicheren Begründung eines bleibenden Friedens hält der genannte Verein bezw. sein Begründer ein *völkerrechtliches Übereinkommen* unter den Regierungen aller civilisirten Völker für nöthig, worin erstere sich zum *unbedingten Verzicht auf eigenmächtige Selbsthilfe* und zur *Unterwerfung* unter die *Urtheile* des einzusetzenden *obligatorischen internationalen Friedensgerichts* verpflichten. Der „Deutsche Verein für internationale Friedenspropaganda" hat es sich zur Aufgabe gemacht, eine auf den Abschluss eines solchen völkerrechtlichen Übereinkommens ge-

richtete Bewegung in ganz Europa in Fluss zu bringen. Als Einleitung zu der betr. Agitation hat der Vorstand des Vereins an den *deutschen Reichstag* eine Petition in obigem Sinne gerichtet, speziell dahingehend, der Reichstag möge die Reichsregierung veranlassen, sich denjenigen Regierungen anzuschliessen, welche geneigt sind, in Unterhandlungen wegen Abschlusses eines die eigenmächtige Selbsthilfe in politischen Streitfragen ausschliessenden völkerrechtlichen Übereinkommens und Einsetzung eines *obligatorischen internationalen Friedensgerichtes* einzutreten."

An die *hiesigen Vertreter der europäischen Grossmächte*, sowie des Kaiserreichs *Japan* und der *nordamerikanischen Union* hat der Vorstand des „Deutschen Vereins für internationale Friedenspropaganda" in französischer Sprache ein Schreiben gerichtet, worin die Ziele des Vereins angegeben und die Anfrage an sie gerichtet wird, ob ihre bezw. Regierungen erbötig wären, in Unterhandlungen zu dem bezeichneten Zwecke einzutreten. Einige der Botschafter und Gesandten erklärten sich für inkompetent zur Beantwortung der betr. Anfrage. Andere nahmen sie *ad referendum*. Besonders bemerkenswerth ist die Antwort, welche der *japanische* Gesandte auf die besagte Anfrage ertheilt hat. Sie lautet wie folgt:

Kaiserlich japanische Gesandtschaft.

Berlin, den 3. Dezember 1895.

Ew.Wohlgeboren

gestatte ich mir in höflicher Erwiderung auf Ihre sehr gefälligen an mich unter dem 29. v. M. gerichteten Zeilen hierdurch ergebenst mitzutheilen, dass, obwohl ich die darin zum Ausdruck gebrachten Gründe für die Erhaltung eines dauernden Weltfriedens im Interesse der ganzen Menschheit recht wohl beherzige und anerkenne, dennoch noch nicht die Zeit gekommen zu sein scheint, in der sich eine Verwirklichung dieser Ideen denken lässt; auch würde *Japan* in solchem Falle *schwerlich die letzte Macht sein, die sich einem so humanen Zwecke verschliessen würde.* Zum lebhaften Bedauern kann daher zur Zeit dem in Ihrem Schreiben ausgedrückten Wunsche nicht entsprochen werden.

Genehmigen Ew. Wohlgeboren den Ausdruck und die Versicherung meiner vorzüglichen Hochachtung.

Herrn Dr. Ed. Loewenthal,

Wohlgeboren, hier.

Vicomte Aoki.

Ein *französischer* Diplomat erklärte mir, die französische Regierung würde sich zum Abschluss eines völkerrechtlichen Übereinkommens oben bezeichneter Art sofort bereit finden lassen, falls *Deutschland* sich dazu entschlösse, *Elsass-Lothringen* an Frankreich zurückzugeben. – Da nun nach der principiellen und thatsächlichen Beseitigung des Krieges oder der eigenmächtigen Selbsthilfe unter den civilisirten Staaten *alle Gebietsfragen* selbstverständlich *ihre Bedeutung als Machtfragen* verlieren würden, so würde die veränderte Sachlage Deutschland ohne Zweifel gestatten, das unter den jetzigen Umständen unmögliche Opfer zu bringen und dem Wunsche Frankreichs zu entsprechen. Der bleibende Weltfrieden wäre damit gewiss nicht zu theuer erkauft, und Deutschland hätte das Verdienst, ihn durch ein besonderes Opfer besiegelt zu haben.

Zu Obigem sei noch bemerkt, dass der *deutsche Reichstag* am 4. Dezember 1896 der von mir als Vorsitzendem des genannten Vereins an denselben gerichteten Petition *mit grosser Majorität* seine *Zustimmung* ertheilt und beschlossen hat, sie dem Reichskanzler zur Kenntnissnahme zu überweisen. Diese Petition lautete wörtlich, wie folgt:

„Da der Krieg infolge der ungeheuren Entwickelung der militärischen Zerstörungskunst immer unstatthafter wird und mit den wirthschaftlichen und humanitären Interessen der modernen Gesellschaft sich nicht mehr in Einklang bringen lässt, und da auch die Regierungen selbst nicht mehr leicht sich dazu entschliessen, die Verantwortung für einen solchen auf sich zu nehmen, da endlich nach der völkerrechtlichen Beseitigung der eigenmächtigen Selbsthilfe auf politisch-internationalem Gebiete und der Errichtung eines auf eine obligatorische internationale Friedensgerichts-Gerichtsbarkeit gestützten europäischen und eventuell eines Weltstaatenbundes alle Gebietsfragen keine Bedeutung als Machtfragen mehr haben würden, erlaubt sich der unterzeichnete Vorstand des ‚Deutschen Vereins für internationale Friedenspropaganda', an den deutschen Reichstag das Ersuchen zu richten, die deutsche Reichsregierung aufzufordern, sich denjenigen Regierungen anzuschliessen, die sich geneigt zeigen, in Unterhandlungen zum Zwecke der Verwirklichung dieser grossen politischen und civilisatorischen Reform einzutreten.

Als am *22. Februar 1896* das internationale Friedensbureau in Bern auf Antrag des *Herrn Moscheles* in London eine Kundgebung der Friedensgesellschaften zu Gunsten des Schiedsgerichtssystems behufs Schlichtung internationaler Streitigkeiten veranstaltete, nahm eine öffentliche Versammlung des „Deutschen Vereins für internationale Friedenspropaganda" im Gegensatz zu den anderen Friedensgesellschaften auf meinen Antrag folgende Resolution an:

> „Da das fakultative Schiedsgerichtsprinzip die absolute Beseitigung des Krieges nie zur Folge haben wird, so hält es die heutige öffentliche Versammlung des ‚Deutschen Vereins für internationale Friedenspropaganda' für geboten, dass die gesamten Friedensgesellschaften die einzelnen Regierungen und Parlamente auffordern, eine auf Einsetzung eines obligatorischen internationalen Friedensgerichts hinzielende Reform des Völkerrechts herbeizuführen, derart, dass die Regierungen verpflichtet werden, auf eigenmächtige Selbsthilfe mittelst Krieges künftig zu verzichten und solchermassen die neue Ära des auf die Achtung vor dem Gesetz geschützten Völkerfriedens herbeizuführen."

Das Princip der obligatorischen internationalen Friedensjustiz wurde von dem „Deutschen Verein für internationale Friedenspropaganda" auch auf dem letzten *Friedenscongress in Budapest* (17. – 22. Sept. 1896) zur Geltung gebracht und zwar durch folgenden Antrag:

> „Da das internationale *Schiedsgerichtsystem* infolge seines *ausschliesslich facultativen* Charakters sich nur zur Schlichtung von *Staaten-Conflicten untergeordneter Art* eignet und in solchen Fällen auch schon längst angewandt wird, so ist es als *Selbsttäuschung* anzusehen, wenn man von besagtem System die Abschaffung des Krieges erwartet. Der ‚Deutsche Verein für internationale

Friedenspropaganda' in Berlin fordert daher alle Friedensgesellschaften auf, sich seinem Programme anzuschliessen, welches auf Herbeiführung eines *völkerrechtlichen Übereinkommens* unter den Regierungen der civilisirten Nationen gerichtet ist, worin diese sich *verpflichten,* auf jede *eigenmächtige Selbsthilfe* im Fall von Streitigkeiten mit anderen Staaten *zu verzichten* und sich *unbedingt* den Entscheidungen der zu errichtenden *obligatorischen internationalen Friedensjustiz* zu unterwerfen."

Während des im September 1896 in Berlin tagenden Frauen-Congresses berief ich eine *Frauenversammlung* behufs einer Kundgebung zu Gunsten des von mir und dem „Deutschen Verein für internationale Friedenspropaganda" vertretenen Princips ein. Die Versammlung war von etwa 600 Personen (darunter gegen 400 Frauen) besucht und nahm nach einer glänzenden Rede der *Frau Marie Stritt* auf meinen Antrag folgende Resolution an:

> „Da die Einführung der unbedingten *Herrschaft des Rechtes* auch auf *politischem* Gebiete und damit die Abschaffung des Faustrechtes unter den Völkern eine der dringendsten Forderungen der modernen Civilisation ist, – eine Forderung, deren Verwirklichung besonders auch für die Frauenwelt die grösste Bedeutung hat, so beschliesst die heutige Frauenversammlung im City-Hotel zu Berlin, mit allen Kräften darauf hinzuwirken, dass der von dem ‚Deutschen Verein für internationale Friedenspropaganda' erhobene Ruf nach einer *Reform des Völkerrechtes im Sinne der Einführung einer regelmässigen obligatorischen internationalen Friedensjustiz* zum Ausgleich internationaler Streitigkeiten auch von Seiten der *Frauenwelt* immer *allgemeiner* und *entschiedener* zur Geltung komme und der Barbarei des Krieges damit entgegengewirkt beziehungsweise dessen vollständige Beseitigung angebahnt werde."

Endlich veranstaltete ich Namens des „Deutschen Vereins für internationale Friedenspropaganda" auch eine Versammlung im Hörsaal der *Berliner Gewerbeausstellung* (1896), woselbst ich einen Vortrag über die Bedeutung der Friedensbewegung für Handel, Industrie Wissenschaft hielt.

Um meine Stellung gegenüber den Schiedsgerichtsanhängern zu präcisiren, veröffentlichte ich im August 1896 eine Schrift: „Der wahre Weg zum bleibenden Frieden."[3] Nach Erscheinen dieser Broschüre erhielt ich von *Frau Bertha v. Suttner* nachstehende Zuschrift:

Hermannsdorf 25.8.[18]96.

Hochgeehrter Herr Doctor!
Nur ein Wort in Eile: Habe eben zweimal hintereinander Ihre Broschüre „Der wahre Weg etc." durchgelesen. Was ich darin an Belehrung, Erhebung, Hoffnungsstärkung gefunden habe, macht es mir zur Pflicht, Ihnen aus warmem Herzen Dank zu sagen. Das ist alles so klar und so *condensirt*. Enthält Schlagworte und Auffassungen, die der Bewegung neue Kraft geben werden. Statt des so oft missverstandenen, precären, sentimentalen „Friedens" – „gesicherte, internationale Rechtsordnung", das ist prächtig.
Verehrungsvoll
Bertha v. Suttner.

Angesichts meiner entschiedenen Stellungnahme gegen das völlig unzulängliche Schiedsgerichtssystem, eine Stellungnahme, die auch von dem „Deutschen Verein für internationale Friedenspropaganda" getheilt wurde, sah dieser sich veranlasst, um unliebsamen Verwechslungen vorzubeugen, seinen Namen umzuwandeln in: *„Deutscher Verein für obligatorische internationale Friedensjustiz".*

Die im Vorstehendem verzeichneten Kundgebungen und Massnahmen haben ihre Wirkung auch auf weitere Kreise nicht verfehlt. Denn sowohl in der Presse, wie auch unter den Friedensfreunden macht sich infolge jener seit etwa einem Jahre eine entschiedene Wandlung im Sinne des von mir aufgestellten Princips bemerklich. So bemerkte die *„Frankfurter Zeitung"* die sonst stets für das Schiedsgerichtsprincip eingetreten war, in einem Artikel über die interparlamentarische Conferenz vor einigen Monaten: *„Ein Schiedsgericht* mit einem noch so schönen Bestand und Statut *hat keinen Zweck* und hängt vollständig in der Luft, wenn *man nicht zuvor sicher ist,* dass die Regierungen sich vorkommenden Falles seiner auch bedienen wol-

[3] Berlin, Hannemann's Buchhandlung

len." Sogar das Organ der Londoner *International Arbitration and Peace Association, „The Concord"*, beginnt dem Schiedsgerichtsprincip den Rücken zuzuwenden, indem es in seiner №. 136 (Okt. 1896) sich, wie folgt, auslässt:

> „Der Friedens Congress (in Budapest) konnte an nichts Besseres denken, als *alte Beschlüsse* noch einmal zu fassen, die allgemein gehaltensten Wünsche zu formuliren und Rosa-Wasser-Heilmittel (*rose-water remedies*) vorzuschlagen. Was die *Anwendung des Schiedsgerichtsprincips* auf Streitigkeiten betrifft, wie sie jetzt die politische Welt beschäftigen, so *glauben die Staatsmänner nicht an deren Möglichkeit* und *die Völker ebenso wenig*. … Ist es nicht an der Zeit, dass die Friedensfreunde ihre gegenwärtige Ohnmacht ernstlich in Erwägung ziehen, um einen *neuen und wirksameren politischen* Weg einzuschlagen?"

Das Schicksal des projectirten allgemeinen englisch-amerikanischen Schiedsgerichtsvertrages, der nach dem Beschlusse des Senats in Washington *weder in Fragen der inneren, noch der äusseren Politik* in Anwendung kommen soll, wird hoffentlich den Anhängern des Schiedsgerichtsprincipes, soweit sie einer Belehrung fähig sind, endgiltig als Lehre dienen und sie den *einzig richtigen* Weg zur Beseitigung des Krieges beschreiten lassen, – den der Anbahnung einer *Völkerrechtsreform* im Sinne der Errichtung einer *obligatorischen internationalen Friedensjustiz.*

Überhaupt aber sollte ein *Jeder*, der noch ein Interesse an dem Fortschritt menschlicher Cultur und an dem Wohl seiner Nachkommen besitzt, keinen Augenblick zögern, um sich dem *„Deutschen Verein für obligatorische internationale Friedensjustiz" anzuschliessen und dessen segensreiche Wirksamkeit nach Kräften zu fördern.*

*

Nachträglich sei hier noch ein *Aufruf an alle civilisirten Nationen* angefügt, der in diesen Tagen zur besonderen Veröffentlichung gelangt und worin alle Friedensfreunde zur Theilnahme an *Völker-Verbrüderungsfesten* und gemeinsamen Kundgebungen zu Gunsten der Begründung einer *internationalen Rechtsordnung* mit *obligatorischer Friedensjustiz* aufgefordert werden. Derselbe lautet, wie folgt:

APPEL A TOUTES LES NATIONS CIVILISEES.

Pour arriver à l'abolition de la guerre, il faut avant tout, que les peuples manifestent leur volonté dans ce sens d'une manière éclatante. C'est pourquoi le soussigné président de la „Société allemande pour l'établissement d'une Justice de paix internationale obligatoire" demande à tous les amis d'une paix permanente leur vaillant concours pour 'arrangement de fêtes périodiques internationales, ayant pour but de faire preuve de la fraternité des peuples et de *manifester* grandement *en faveur, non pas de l'arbitrage, toujours faculatif,* mais d'une *Justice de paix internationale obligatoire.* – Ces fêtes, dont le programme sera publié ultérieurement, devront avoir lieu alternant dans les grandes villes de l'Europe et pour la première fois à *Berlin* vers la fin du mois de septembre 1887, à Bâle (Suisse) en 1898, à Bruxelles en 1899, à Paris en 1900 etc. etc. Les adhésions devront être adressées au soussigné.

EDOUARD LOEWENTHAL,
Président du „Deutscher Verein für obligatorische internationale Friedensjustiz".

BERLIN, au mois de février 1897.
Bellealliancestr. 93.

ERKLÄRUNG DES „DEUTSCHEN VEREINS FÜR OBLIGATORISCHE INTERNATIONALE FRIEDENSJUSTIZ“ in Berlin, anlässlich der Weltfriedens-Kundgebung vom 22. Februar 1897.

Nachdem wir schon im vorigen Jahre die Friedensgesellschaften aufgefordert haben, *statt* des nie zur Beseitigung des Krieges führenden *Schiedsgerichtssystems* das einer *obligatorischen internationalen Friedensjustiz* auf ihre Fahne zu schreiben, veranlasst uns der zur *blossen Farce* gewordene Versuch des Abschlusses eines Schiedsgerichtsvertrages zwischen *England* und der *nordamerikanischen Union* unseren Ruf vom vorigen Jahre heute in verstärktem Grade zu wiederholen.

Das Andenken *Alfred Nobel's,* dem wir eine grossmüthige Stiftung zum Besten *Derer,* die am *Meisten* oder am *Besten* für die Begründung eines dauernden Friedens gewirkt haben, verdanken, werden wir stets in Ehren halten, in der Hoffnung, dass die Vollstreckung seines letzten Willens nicht zu Gunsten der verfehlten Schiedsgerichts-Agitation, sondern zu Gunsten der allein zum Ziele führenden Action behufs Errichtung einer obligatorischen internationalen Friedensjustiz ausfallen werde.

———

Geschichte der Friedensbewegung

Nebst Anhang: Ein Welt-Friedens-Plebiszit
und Weltfriedenspreise[1]

Dr. phil. Eduard Löwenthal
1903

Power without right is the most detestable object
that can be offered to the human imagination.
C h a t h a m.

Seinen lieben Söhnen Henri und Hubert
gewidmet vom Verfasser

Vorwort

„*Il y a fagots et fagots*" – zu deutsch: Es gibt allerlei Reisbündel. So ist es auch mit den Friedensfreunden. Brutus war ein Friedensfreund, General-Feldmarschall Moltke war ein Friedensfreund und auch die Gläubiger Henry Dunant's, die durch den Nobel'schen Friedenspreis des letzteren zu ihrem Gelde kamen, sind jedenfalls Friedensfreunde. Der Spruch „Friede auf Erden und den Menschen ein Wohlgefallen" tönt schon seit Jahrhunderten von den Kanzeln und doch ist der bleibende Frieden auf Erden noch nicht eingekehrt.

Da aber das Friedensbedürfnis in unserer Zeit des schrankenlosen Weltverkehrs tatsächlich sich immer stärker geltend macht, so ist es von Wichtigkeit, das in Betreff der Friedensbestrebungen *bis jetzt Geschehene zusammenzustellen, die Spreu vom Hafer zu scheiden* und das, was man die Friedensbewegung nennt, seinem *Ursprung* und *Zusammenhang* nach festzustellen, d. h. eben eine *Geschichte*

---

[1] Textquelle | Dr. phil. Eduard LÖWENTHAL: Geschichte der Friedensbewegung. Nebst Anhang: Ein Welt-Friedens-Plebiszit und Weltfriedenspreise. Berlin: Verlag von E. Ebering 1903. [104 Seiten].

derselben darzubieten, wie ich es in vorliegender Schrift unternommen habe.

An der Hand der letzteren wird man unterscheiden lernen *zwischen Friedensphrasen* einerseits und der *ernsten schwierigen Arbeit für die Verwirklichung* eines *bleibenden, die Kriegsbarbarei für immer ausschließenden Friedens* anderseits. Man wird durch die Lektüre dieses Buches auch unterscheiden lernen zwischen dem *wahren* Weg, der zu diesem Ziele führt, und den *Irrwegen,* die uns von dem Ziele eher ablenken, als uns ihm näher bringen.

An und für sich stellt der Inhalt der *Geschichte der Friedensbewegung* einen *Wendepunkt* für die *Welt-* oder *Menschheitsgeschichte* überhaupt dar, wie sie einen solchen noch nicht zu verzeichnen hatte. Die Menschheitsgeschichte beginnt damit, ihren *blutigen Charakter als bloße Kriegsgeschichte* abzulegen, um den Charakter als Geschichte *friedlicher Kultur-Entwicklung* der Menschheit anzunehmen.

Stehen wir auch vorerst noch im ersten Stadium dieser Entwicklung, so ist die Perspektive, die sie uns gewährt, doch eine ganz andere, als die Politik des *Völker-Faustrechts* und des *internationalen Massenmordes* sie je bieten konnte. Mit der *Geschichte der Friedensbewegung* nimmt die *Veredelungs- und Vergeistigungsgeschichte der Menschheit* ihren Anfang.

Berlin-Tegel, im September 1903. *Der Verfasser.*

DER Hauptzweck der Existenz des Staates ist die Geltendmachung der Herrschaft des Rechtes in den Wechselverhältnissen des sozialen Lebens, insbesondere die Sicherung der Person und des Besitztums der Staatsangehörigen gegen innere und äußere Feinde. Wird dieser Zweck durch den Staat und seine Organe erreicht, so ist der dadurch geschaffene Zustand der des Friedens. Demnach kann die Aufrechterhaltung des Friedens als die wichtigste Aufgabe des Staates bezw. der Staaten angesehen werden.

Bis zum heutigen Tage huldigen aber die Staats-Regierungen dem Grundsatze, daß der Frieden am besten durch Rüstung zum Kriege gesichert werde (*„Si vis pacem, para bellum"*). Dieser Grundsatz mag seine Berechtigung gehabt haben, solange die Völker noch durchaus unkultiviert waren und sich offen zum Prinzip vom Recht des Stärkeren oder der vor Recht gehenden Gewalt bekannten. In einer aufgeklärteren Zeit leuchtet es aber Jedem ein, daß der Zweck des Staates verfehlt ist, sobald derselbe das sog. Recht des Stärkeren anerkennt oder ihm selbst huldigt.

Streitigkeiten von untergeordneter Bedeutung sind übrigens schon bei den alten Griechen und Römern dann und wann nach besonderem Übereinkommen durch Schiedsrichter geschlichtet worden. *Hugo Grotius* führt in seinem Werke *„De jure pacis et belli"* (Paris, 1625) solche Fälle an. Vom Beginn der Menschheitsgeschichte an gerechnet waren also mehr als zwei Jahrtausende nötig, um auch nur das Bewußtsein wachzurufen, daß es nicht unbedingt erforderlich sei, eines geringfügigen staatlichen Konfliktes wegen alsbald an die Waffen zu appellieren und ein internationales Blutbad in Scene zu setzen.

Mehr als ein weiteres Jahrtausend war nötig, um endlich den Gedanken zu erzeugen, daß die Kriege überhaupt vermieden – und das Recht auch auf dem Wege friedlicher Verständigung oder richterlicher Entscheidung zur Geltung gebracht werden könnte.

Das ist das Tempo des Fortschrittes dieser Menschheit, die sich mit ihrer Kultur, ihrer Vernunft und ihrer Göttlichkeit nicht genug brüsten kann.

Der französische Akademiker *Charles Irenée Castel Abbé de Saint-Pierre* war der Erste, welcher, nachdem er an dem Kongresse von Utrecht (1712), durch den der spanische Erbfolgekrieg beendigt wurde, teilgenommen hatte, die Idee eines ewigen und allgemeinen

Friedens in seinem Werke *„Projet de paix perpétuelle entre les potentats de l'Europe"* (Utrecht 1713) entwickelte und die Schlichtung internationaler Streitigkeiten durch einen internationalen Gerichtshof in Vorschlag brachte. Zum Dank dafür wurde er einige Jahre später, angeblich wegen einer Kritik des Königs Louis XIV. aus der Akademie ausgestoßen.

Die nächste Kundgebung zu Gunsten der Herbeiführung eines bleibenden Friedens ging von Deutschland aus. In Leipzig nämlich erschien im Jahre 1791 bei *Friedrich Gotthold Jacobäer* ein Buch von *Johann August Schlettwein* unter dem Titel: „Die wichtigste Angelegenheit für Europa oder System eines festen Friedens unter den europäischen Staaten nebst einem Anhang über einen besonderen Frieden zwischen Rußland und der Pforte."

In diesem Buche heißt es S. 139 und 140: „Um ein System der Konfraternität der Nationen und der allseitigen Freyheit der Schifffahrt und des Handels herzustellen und zu befestigen, könnten die gesammten europäischen Mächte auf einem allgemeinen Kongresse sich über folgende Punkte vereinigen: 1. Alle wollen zusammen einen allgemeinen Nationen- und Staatsbund feyerlichst unter sich schließen und festzuhalten einander versprechen, in welchem sie in der engsten Konfraternität miteinander stehen, die Konfraternitätspflichten gegen einander auf's Heiligste beobachten und die allgemeine Schifffahrts- und Komerzienfreyheit auf allen Meeren und Flüssen und auf allen Landstraßen nach allen Gegenden der Welt einander einräumen und nie die allergeringste Stöhrung derselben unternehmen und zulassen zu wollen. 2. Der Besitzstand ihrer gesammten Länder, wie er am Tage des geschlossenen Bundes ist, wird zur ewigen Norm unter ihnen allen angenommen, dergestalt, daß keiner sich ermächtige einen andern von den Ländern, unter welchem Vorwande es auch sey, etwas zurückzufordern, die ein jeder an diesem feyerlichst bestimmten Normaltage inne hat. 3. Alle Prätensionen ohne Unterschied, die eine Macht gegen die andere von vorigen Zeiten her bis auf diesen Normaltag hatte oder haben zu können glaubte, sollten von diesem Tage an auf ewig todt seyn und nie wieder rege gemacht werden können. 4. Ein ewiges Grundgesetz würde es seyn, daß von den am Normaltage in Europa befindlichen Reichen und Staaten von diesem Tage an niemals zwey oder mehrere auf ein Haupt zusammenfallen könnten, sondern daß in allen Fällen, da etwa eine regierende Familie nach den natürlichen Gesetzen der Erbfolge einen andern Staat, der ledig würde, in ihre Gewalt bekommen sollte, dieser neue anererbte Staat einem der nachgebohrnen Prinzen dieser Familie überlassen und, wenn keiner aus der Familie vorhanden wäre, einem nachgebohrnen Prinzen aus den übrigen regierenden Familien durch das Loos nach der pünktlichsten Gerechtigkeit eingeräumet werden müßte." – Etwaige Rechtsstreitigkeiten sollen nach dem Plane Schlettweins durch Austrägalrichter geschlichtet werden, die von den streitenden Parteien aus den übrigen Staaten zu wählen wären. In einem weiteren Paragraphen heißt es: „Die sämmtlichen Mächte setzen als einen Grundartikel des allgemeinen Nationenbundes fest, daß sie einander in allen Fällen, da ein Volk sich eigenmächtig wider seinen Regenten gewaltsam erheben und durch Aufruhr und Empörung die Verfassung der Staatsadministration und die Ruhe der Länder niederreißen würde, wie es leider in Frankreich geht, mit aller nöthigen Hülfe beystehen wollen."

Schlettwein bringt mit seinem Friedensentwurfe auch einige historische Daten in Beziehung, die hier bemerkt zu werden verdienen.

„Die Philosophie", so schreibt er, „hat in unseren Tagen schon große wohlthätige Wirkungen von den Thronen herab auf die Völker ausgebreitet, die noch vor einem Vierteljahrhundert nicht gedacht werden konnten. Ich will nur ein paar Beyspiele anführen, die auffallend groß sind. Im Jahre 1780 richtete die Monarchin Rußlands *Katharine*, wie bekannt genug ist, ... die bewaffnete Neutralität auf, die schon den Hauptgrund des von mir abgebildeten Friedenssystems enthält. Schweden, Dänemark, Preußen traten jenem System zum größten Vortheil ihrer Länder bey. Der König *Friedrich II.* von Preußen erklärte besonders in seinem unterm 8. May 1781 mit Rußland geschlossenen Vertrage, daß er durch die Gerechtigkeit und Billigkeit der Grundsätze, auf welche die Kayserin *Katharine* die bewaffnete Neutralität gründete, zu dem Wunsche bewogen worden sey, an diesem gloriösen System, welches von allen Nationen mit Beyfall aufgenommen worden, den innigstmöglichen Antheil zu nehmen. Als ferner im Jahre 1786 unter dem 10. September zwischen dem verstorbenen Könige in Preußen und den vereinigten Staaten von America in den Haag ein Freundschafts- und Handelsbündniß geschlossen wurde, so wurden im 23sten Artikel wichtige Punkte festgesetzt: „Wenn ein Krieg entstehen sollte, so sollen die Weiber und Kinder, die Gelehrten, die Ackerleute, Künstler, Manufakturisten und Fischer, welche nicht bewaffnet sind, und welche in Städten, in Dörfern und auf Höfen wohnen, die nicht befestigt sind, und überhaupt alle diejenigen Personen, deren Beruf auf die Beförderung der Subsistenz und des allgemeinen Nutzens der menschlichen Gesellschaft abzweckt, die Freyheit behalten, alle ihre Geschäfte und Gewerbe fortzusetzen und weder an ihren Personen beunruhigt werden; auch sollen weder ihre Habseligkeiten verbrannt, oder auf andere Art verwüstet, noch ihre Felder durch die feindlichen Armeen verheeret werden. Wenn ein kriegsführender Theil etwas von dem Ihrigen zu nehmen benöthiget seyn sollte, so soll der Werth davon in billigen Preisen bezahlt werden. Alle Kauffahrten- und Handelsschiffe, welche zum Umsatz der Produkte der verschiedenen Länder und also zur Erleichterung und Vertheilung der Nothwendigkeiten, Bequemlichkeiten und Freuden des Lebens bestimmt sind, sollen frey und ohne alle Beschwerde passieren können, und kein bewaffnetes Schiff soll jemals die Erlaubniß haben, solche Kauffahrtenschiffe zu nehmen oder zu destruiren oder den Handel zu unterbrechen."

Schlettwein selbst bemerkt hierzu: „Allerdings ist dieser für das menschliche Geschlecht so wohlthätige Artikel, wie der Herausgeber der gräflich Herzbergischen Schriften in einer beygefügten Note sagt, der erste von der Art, die jemals zwischen Potentaten abgeschlossen worden. Er ist aber, wie jeder empfinden wird, ein Ausfluß aus dem großen Prinzip der Menschlichkeit und der Konfraternität der Nationen, und gereicht den Völkern offenbar zum Segen. „Wie! Sollte unser Europa," so fährt *Schlettwein* fort, „bey solchen erhabenen Gesinnungen der Staatenbeherrscher nicht das feste Vertrauen haben können, daß ihr Wille so göttlich gestimmt sey, den Grundsatz der Menschlichkeit und der Konfraternität, aus welchem sie schon zu bauen angefangen haben, allgemein zu machen, und das Gute, das in ihm liegt, das System eines festen Friedens zum Besten der Menschheit ganz herzustellen?"

Schlettwein faßte offenbar die „bewaffnete Neutralität" einiger Mächte, welche von der Kaiserin *Katharina* von Rußland angeregt und herbeigeführt wurde, viel zu optimistisch auf. Dieselbe hatte so wenig wie später die „heilige Allianz" und die von *Nikolaus II.* einberufene Haager Friedenskonferenz die wirkliche Beseitigung des Krieges zum Zwecke.

Die Kaiserin *Katharina* verfolgte mit ihrer bewaffneten Neutralität nur diplomatische Zwecke, mit der sog. Heiligen Allianz suchten die betr. Mächte im Jahre 1815 mehr den Liberalismus, als den Krieg aus der Welt zu schaffen. Von der Haager Friedens-Konferenz von 1899 endlich kann man nur sagen: *Difficile est, satyram non scribere.* Doch wird darauf später zurückzukommen zu sein.

Charakteristischer Weise ist *Schlettwein* nebst seinem Buche in sorgfältigster Weise totgeschwiegen worden, – ein Umstand, den sich der Königsberger Philosophie-Professor *Immanuel Kant* zu Nutzen machte, um 4 Jahre später (1795) auf der Grundlage des Schlettwein'schen Buches ein auffallend ähnliches unter dem Titel *„Zum ewigen Frieden"* herauszugeben. Bekanntlich ist auch der *Kant*'sche Kritizismus nur ein Ragoût aus der Kategorien-Lehre des Aristoteles, aus dem *Hume*'schen Skeptizismus und dem *Locke*'schen intellektuellen Empirismus mit der Zutat der *chose en soi* (Ding an sich) von *Charles Bonnet.* Dabei hielt es der sog. Weise von Königsberg nicht für nötig, die Autoren, bei denen er seine geistigen Anleihen machte, wie *Bonnet, Hume* und *Schlettwein,* auch nur mit einer Silbe zu erwähnen. Diese Handlungsweise suchte Kant gewöhnlich durch einige unwesentliche Änderungen an dem fremden Eigentum zu beschönigen. Aus dem „allgemeinen Nationen- und Staatsbund" *Schlettweins* machte Jener einen Föderalismus freier Staaten, der dazu bestimmt sein sollte, ein Band des allgemeinen Friedens zu schaffen oder darzustellen. Aus der *Schlettwein*'schen „Konfraternität der Nationen" machte *Kant* ein auf Bedingungen der allgemeinen Hospitalität gegründetes Weltbürgerrecht. Als Vorbedingungen eines ewigen Friedens bezeichnete er das Aufhören der stehenden Heere, die Beschränkung der Staatsschulden und eine rechtlichere Weise der Kriegführung. Die darin liegende Logik macht dem Königsberger Philosophen keine besondere Ehre. Die Kriegführung kann doch nicht Vorbedingung für den ewigen Frieden sein und die Beschränkung der Staatsschulden wird wohl eher eine Nachwirkung als eine Vorbedingung für den ewigen Frieden bilden.

Bald nach Abschluß der sog. heiligen Allianz, deren Hauptzweck, wie schon bemerkt, die Bekämpfung der an die große französische Revolution anknüpfenden Bestrebungen war, traten in Nordamerika und England die ersten Verbindungen wahrer Freunde des Friedens in's Leben, in London auf Anregung von *William Allen* und anderen Quäkern. Ein erster Friedenskongreß fand 1847 in London statt und zwar aus Veranlassung von *Elihu Burrit*. Weitere Friedenskongresse wurden 1848 in Brüssel, 1849 in Paris, 1850 in Frankfurt a. M. und 1851 wiederum in London abgehalten. *Elihu Burrit* rief auch Friedensvereine von Frauen und Jungfrauen unter dem Namen Olivenblattgesellschaften (*Olive leaf Societies*) ins Leben. Diese breiteten sich bald auch nach Holland, Belgien, Frankreich und Deutschland aus. Die bereits gekennzeichnete heilige Allianz übte inzwischen, ohne es zu wollen, in gewissem Sinne doch eine die Friedensbewegung fördernde Wirkung aus. Infolge ihrer rücksichtslosen Niederdrückung aller freiheitlichen Bestrebungen bildeten sich in den dreißiger Jahren des vorigen Jahrhunderts in Deutschland, Frankreich, Italien und der Schweiz zahlreiche geheime Verbindungen, deren Mitglieder schließlich, um den polizeilichen Verfolgungen, denen sie fast überall ausgesetzt waren, aus dem Wege zu gehen, die Schweiz zu ihrem Sammelpunkt ausersahen. Dieselben konstituirten sich auf Anregung *Mazzinis* in Bern durch Verbrüderungsakte vom 15. April 1834 als *„Junges Europa"*. Zu diesem gehörte auch das sog. *Junge Deutschland,* das aber infolge des Druckes, den die deutschen Regierungen auf die Schweiz ausübten, sich genötigt sah, seinen Sitz aus der Schweiz nach England zu verlegen. Später trat an die Stelle des „Jungen Europa" die *Internationale Friedens- und Freiheitsliga* in Genf. Diese stellte ein Programm auf, das auf die Gründung einer europäischen Republik unter dem Namen „Vereinigte Staaten von Europa" gerichtet war. Infolge dieser Verquickung des Staatsform-Problemes mit der Friedensfrage konnte die Friedens- und Freiheitsliga in den monarchischen Staaten Europas keinen fruchtbaren Boden finden.

Demgegenüber gründete ich, der Verfasser dieses Buches, am 16. September 1869 in Dresden den *Europäischen Unions-Verein,* der die förderalistische Gestaltung Europas unter dem Regime der bestehenden Regierungen anstrebte und zwar gleichzeitig mit Errichtung einer obligatorischen Austrägalinstanz zur Schlichtung von Streitigkeiten unter den Staaten der Europäischen Union. – Mit der Gründung des Europäischen Unions-Vereines wurde zum ersten Male definitiv das Banner der Friedensbewegung in Deutschland aufgepflanzt.[2]

Meine Ansprache an die konstituirende Versammlung des Europäischen Unionsvereins lautete, wie folgt:

„Es gehört kein großer Scharfblick dazu, um einzusehen, daß wir vor einer großen politischen und sozialen Krisis stehen, die sich immer mehr in die Frage zuspitzt, ob ein Krieg oder eine gewaltsame Revolution den jetzigen unerträglichen Zuständen in Europa ein Ende zu machen bestimmt sein werden. Die Regierungen rüsten sich zum Kriege sowohl, wie gegen die Revolution. Die sozialdemokratische Arbeiterpartei steuert mit vollen Segeln der letzteren, d. h. der bewaffneten Insurrektion zu und hat es, wie auf dem Kongreß der internationalen Arbeiterassoziation zu Basel, und auf dem Friedens-Kongreß in Lausanne neulich ausgesprochen wurde, auf Herstellung einer sozialdemokratischen europäischen Republik abgesehen.

Legen wir den Maßstab der ruhigen, reinen Vernunft an diese Bestrebungen der Revolutionspartei und der Partei der Militärherr-

---

[2] Schon im Jahre 1860 hatte ich in Frankfurt a. M. (bei H. Bechhold) eine Schrift unter dem Titel „Die sociale und geistige Reformation des 19. Jahrhunderts" veröffentlicht, in der ich bezüglich des Krieges u. A. bemerkte: „In der Regel wird der Krieg in die Zahl der sog. notwendigen Übel eingereiht. Solche ‚notwendige Übel' anzunehmen, ist an sich schon vom größten Übel. Es gibt kein notwendiges Übel, und wer ein solches anerkennt, gibt sich damit bloß das Zeugnis, dass er sich zu schwach fühle, dem Vorurteile, das jenes Übel zu einem notwendigen stempelt, energisch entgegenzutreten. Solche ‚notwendige Übel' sind daher nur tief eingewurzelte Übel. Der Krieg aber ist das beklagenswerteste von allen, die hierher zählen. Eine völkerrechtliche Austrägalordnung (nicht Schiedsgericht!) würde jeden Krieg mit einem Male überflüssig und unmöglich machen. – Kann doch zwischen den 34 deutschen Staaten kein Krieg stattfinden (solange der deutsche Bund besteht) zufolge einer solchen Austrägalordnung! Warum sollen nicht noch ebenso viele andere Staaten unter dieselbe vereinigt werden, so dass jeder kriegsgefährliche Konflikt durch jene internationale Instanz ausgetragen würde? Das Mittel ist zu einfach und liegt zu nahe, um weiterer Begründung zu bedürfen. Nur ein gutwilliges Entgegenkommen der europäischen Großmächte untereinander wäre vonnöten und dieser unerläßliche Schritt für soziale Civilisation wäre getan." – Wenn die Austrägalordnung des Deutschen Bundes im Jahre 1866 versagt hat, so liegt dies daran, dass dieselbe nicht den unbedingten Verzicht auf eigenmächtige Selbsthilfe Seitens der Mitglieder des Deutschen Bundes enthalten hat und dass ein solcher Verzicht auch nicht völkerrechtlich unter den Regierungen aller civilisierten Völker stipuliert war."

schaft, so finden wir, daß beides Wege uns nicht zum Frieden und nicht zu befriedigenden Zuständen führen.

Was die Militärherrschaft und den Krieg betrifft, so sind wir wohl Alle darüber einig, daß der Krieg ein barbarisches Überbleibsel des Mittelalters und Altertums ist, welches nicht mehr in eine zu geistiger Mündigkeit gelangte, kultivirt sein wollende Zeit paßt. Der Krieg beruht aus dem sog. Recht des Stärkeren. Allein dieses Recht ist nichts andres, als die Macht, gerade, das Unrecht zur Geltung zu bringen. Im Privatleben erkennt auch der Staat das Recht des Stärkeren als solches bekanntlich nicht an; denn es würde uns dies einfach in die Zeiten des Faustrechts zurückführen. Der Krieg ist aber nicht nur etwas Unrechtmäßiges, Barbarisches und Unmoralisches, sondern keineswegs etwas Notwendiges. Von notwendigen Übeln zu sprechen, ist überhaupt eine verwerfliche Sophisterei. Die Differenzen zwischen den europäischen Völkern sind so selten und so harmloser Art, daß sie auf dem Wege vernünftigen Ausgleichs stets geschlichtet werden können, sei es durch Spezial-Kommissionen, sei es durch ein Friedens- oder Austrägalgericht. Die internationalen Streitpunkte werden aber ohnedies weit überwogen von der internationalen Interessengemeinschaft. Fast alle europäischen Völker sind durch die engen Verkehrsbeziehungen der Gegenwart einander so nahe gekommen und in ihren Interessen so sehr verknüpft, daß es ihnen gar nicht in den Sinn kommen kann, sich gegenseitig abzuschlachten, daß sie vielmehr danach trachten müssen, dieser Interessengemeinschaft auch formell Geltung zu verschaffen durch Gründung eines europäischen Staatenbundes, – einer europäischen Union, innerhalb deren von Kriegsführung nicht die Rede sein kann.

Was nun auf der anderen Seite die revolutionäre Propaganda betrifft, so ist dieselbe jetzt, wie schon bemerkt, hauptsächlich durch die sozialdemokratische Arbeiterpartei vertreten. Wenn diese und mit ihr die Friedens- und Freiheitsliga Abschaffung des Grundeigentums und die Herstellung einer europäischen Republik anstrebt, so liegt es auf der Hand, daß damit die Abschaffung der stehenden Heere wieder auf endlose Zeit hinausgeschoben wird. Denn weder die Regierungen, noch die besitzende Klasse werden angesichts so offen ausgesprochener Absichten sich veranlaßt sehen, der internationalen Arbeiterassoziation das Friedensszepter in die Hand zu geben. Sollte aber eine gewaltsame Revolution wirklich ausbrechen, so wird sie von den stehenden Heeren, wie immer, bald niedergeschmettert sein und die Reaktion wird ihr Haupt um so selbstbewußter wieder erheben.

All das führt uns zu dem Resultate, daß nur die Herstellung eines europäischen Staatenbundes, einer europäischen Union unter den jetzt regierenden Fürsten uns wirklich friedlichen und befriedigenden Zuständen zuführt. Ist dieses Ziel erreicht, so kann die Staatsform als monarchische ebenso ihre Zwecke erfüllen, wie als republikanische. Denn die stehenden Heere werden alsdann von selbst überflüssig und von Willkür und Absolutismus wird dann wenig zu spüren sein. Zu diesem Ende nun wollen wir auf Gründung von europäischen Unionsvereinen in ganz Europa hinwirken, damit der Ruf nach der Union und der Abschaffung der stehenden Heere eine allgemeine [sic] werde."

Die Friedenspropaganda an sich hatte ich schon ein Jahr vorher in dem von mir herausgegebenen „Dresdner Kurier" in zahlreichen Leitartikeln betrieben.

Einige von diesen mögen hier folgen zur Charakteristik dieses ersten Stadiums der Friedensbewegung in Deutschland.

Im „Dresdner Kurier" vom 27. September 1868 schrieb ich unter der Überschrift *„Friedensbetrachtung"*:

> „Wir sprachen neulich über friedensfürstliche Reden und kamen dabei zu dem Schlusse, daß heutzutage der Friede und seine Störung nicht mehr von dynastischer Willkür abhängen dürfe, vielmehr seine Grundlage in tatsächlich befriedigenden und friedlichen Verhältnissen haben müsse. Gleichzeitig bemerkten wir, so lange wir in den jetzigen Zwitterverhältnissen (beziehentlich in der Sackgasse des Prager Friedens) uns befinden, können wir nicht zufrieden sein, also auch keinen wahren Frieden haben.
>
> Frägt man nun aber weiter: Wie gelangen wir zu einem wahrhaften und dauernden Frieden? so lautet unsre Antwort wiederum: Nicht durch fürstliche Reden, aber auch nicht ausschließlich und nicht notwendig durch den Krieg. Die Fürsten lieben es zwar, die Völker durch den Krieg zum Frieden oder, was in diesem Falle dasselbe ist – zum Schweigen zu bringen. So ist auch gewöhnlich das *si vis pacem para bellum* („wenn du den Frieden willst, rüste dich zum Kriege") aufzufassen. Wollen aber die Völker sich nicht

unnötiger Weise auf die Schlachtbank führen lassen, so müssen sie sich in Frieden einigen, ohne es auf die *ultima ratio regum* ankommen zu lassen.
Die Kriege sind nicht sowohl das letzte Vernunftmittel der Könige, als vielmehr ein Ergebnis der Vernunftlosigkeit der Völker. Man sagt uns zwar, die Kriege seien „ein notwendiges Übel", das ist nichts als eine Sophisterei absolutistisch denkender Staatsmänner. Ein Übel ist der Krieg, das bestreitet gewiß Niemand, aber notwendig ist er bloß, wenn die Völker selbst an ihrer Vernunft verzweifeln!
Werfen wir einen Blick auf die Geschichte oder auf die gegenwärtige politische Lage, so finden wir, daß für Deutschland weder der Krieg von 1866 notwendig gewesen wäre, noch ein neuer notwendig werden würde, um seine einheitliche Neugestaltung herbeizuführen, wenn alle deutschen Stämme ihren Einheitsdrang selbst entschieden zur Geltung gebracht hätten, oder ihn noch zur Geltung bringen würden. Man hätte dann das Werk auch keiner einzelnen Dynastie zu danken gehabt und hätte der Reaktion, welche gewöhnlich im Gefolge dynastischer Beglückungen auftritt, den Weg versperrt. Wenn die deutsche Nation durch freie Selbstbestimmung ihre einheitliche Gestaltung ins Werk setzt, dann wird auch dem Auslande die Lust und der Anlaß zu Einmischungen benommen.
Sprechen wir es daher von der Nordsee bis zu den Alpen, vom Rhein bis zur Weichsel und Donau selbst aus, daß wir ein ‚einig Volk von Brüdern' sein wollen, und daß es nicht notwendig ist, uns diesen Willen durch die Kriegsfurien einpeitschen zu lassen – dann ist unser Frieden und der Frieden Europas gesichert und zwar ohne die Schwergeburt eines mörderischen Krieges und ohne die Nachwehen der Reaktion. Die Völker sind allmächtig, sobald sie aufhören, ihr Glück nur in der ‚Großmächtigkeit' und ‚Staatsweisheit' ihrer Beherrscher zu suchen und es von diesen alleruntertänigst entgegen zu nehmen."

Der Leitartikel im „Dresdner Kurier" vom 11. November 1868 war überschrieben *„Der Krieg und die stehenden Heere"*. Darin sagte ich:

„Der Gedanke, daß die Kriege ein notwendiges Übel seien, erweckt angesichts der fortschreitenden Kultur und des rückschreitenden Wohlstandes immer lebhafteren Zweifel bei nachdenkenden Menschen. Der Glaube an die Notwendigkeit oder nur Erforderlichkeit eines Übels überhaupt will sich nun einmal mit der gesunden Vernunft nicht so recht in Einklang bringen lassen. Es ist bei gewissenhafter Erwägung nicht gut zu erklären, warum nicht auch Streitigkeiten zwischen einzelnen Nationen durch internationale Friedens- oder Austrägalgerichte entschieden werden könnten. Wenn einzelne Herrscher den Krieg für die *ultima ratio*, für das äußerste Vernunftmittel halten, so mögen doch die Nationen selbst zeigen, daß sie überhaupt kein Vernunftmittel mehr in demselben erblicken, daß sie ihre gegenseitigen Interessen aber wirklich in vernünftiger Weise in Einklang zu bringen wissen.

Daß die Kriege bloß darum in Szene gesetzt werden, um einen Anlaß zum Halten der stehenden Heere zu haben, wollen wir nicht annehmen.

Es bliebe nun nach dem Wegfall der Kriege für das Beibehalten der stehenden Heere allerdings kein weiterer Grund mehr, als etwa die Aufrechthaltung der öffentlichen Ordnung im Innern. Hier kommen wir auf einen Punkt bezüglich dessen die Entscheidung noch leichter wird. Wenn irgend ein Krieg nicht notwendig und geradezu unmenschlich ist, so ist es der Bürgerkrieg. Um diesen zu vermeiden oder niederzuhalten, bedarf es aber am allerwenigsten der stehenden Heere. Droht ein Kampf zwischen verschiedenen Parteien, so giebt es Wege genug, um friedliche Kompromisse herbeizuführen. Spricht sich das Rechtsgefühl eines ganzen Volkes gegen eine Regierung aus, so ist es doppelt zu verwerfen, wenn Waffengewalt die Entscheidung geben soll. In einem solchen Falle wird vielmehr die Landesvertretung, eventuell eine allgemeine Abstimmung ganz friedlich zum Ziele führen und welche moderne Regierung möchte nicht solche friedliche Ausgleiche den Ausgleichungen der Gewalt vorziehen und dem ausgesprochenen Rechtsbewußtsein ihres Volkes nur Bajonette entgegensetzen? Wir hoffen keine, und wünschen, daß die hier ausgesprochenen Gedanken ihre guten Früchte tragen mögen.“

Mein Leitartikel im „Dresdener Kurier" vom 25. Dezember 1868 mit der Überschrift „*Cultur oder Barbarei*" enthielt folgende Ausführungen:

> Es sind nun die fünfzig Jahre vorüber, nach deren Ablauf, wie Napoleon I. sagte, Europa republikanisch oder kosakisch sein sollte und noch ist diese Alternative nicht entschieden. Das Kosakentum ist zwar obenan, aber auch die Aussichten der republikanischen Elemente sind durchaus nicht unerheblich. Die Hauptsache ist, daß die besagte Alternative selbst inzwischen eine erweiterte Fassung erhalten hat. Wir streiten heutzutage nicht mehr einseitig um Staatsformen. Ob wir Republiken oder constitutionelle Monarchieen halten ist uns im Grunde einerlei. Das Dilemma, vor dem wir jetzt stehen, heißt: Kultur oder Barbarei. Auf dem Boden der Barbarei bewegt sich unsere Generation noch, so lange unsere Fürsten das Recht besitzen, Kriege in Scene zu setzen. Die Nationen sind in unserer Zeit sammt und sonders durch die Solidarität ihrer Interessen und durch das moderne Verkehrswesen einander so nahe gerückt, daß sie sich nicht mehr als Popanze und Feinde gegenüberstehen und weder Lust noch Anlaß haben, sich gegenseitig abzuschlachten ... Um jedoch nicht in den Verdacht der Phantasterei zu geraten, und den diplomatischen Finessen gegenüber zu zeigen, wie wenig solche Finessen tatsächlich bedeuten, sobald man ihnen das Spektroskop der reinen Vernunft gegenüberstellt, – wollen wir gleich auch den Weg zum Ziele der Cultur, – das Mittel zum Zwecke näher bezeichnen. Die ganze europäische Demokratie möge nur *fünf* Jahre danach streben, folgenden Paragraphen in die Verfassungen der europäischen Staaten hineinzubringen: „Der Regent (Präsident) hat nicht das Recht, ohne Zustimmung der Landesvertretung über Krieg und Frieden zu entscheiden". – Ist dieser Paragraph in die europäischen Verfassungen aufgenommen, dann sind wir in der Lage, mit sicherem Erfolge den Krieg gegen den Krieg eröffnen zu können, – dann werden wir Tausende von Millionen, die jetzt zur Beschaffung von Werkzeugen des Todes verwendet werden, für die Wohlfahrt des Volkes, für Zwecke des Lebens und echter Humanität verwenden können, – dann wird Vereinigung der Völker und eine Friedenssi-

cherheit eintreten, welche Milliarden aufwiegen, welche alle Schleußen des industriellen Verkehrs wieder öffnen und die Strömung des Kapitals aus dem Wirbel der Staats-, resp. Kriegsanleihen wieder in die friedlichen Kanäle des kommerziellen und industriellen – überhaupt des organischen Gesellschaftslebens leiten wird. Dann werden wir mit Bestimmtheit sagen können: ‚Die Barbarei und das Kosakentum sind für uns nur noch historische Reminiszenzen, Kriegshelden nur noch überspannte Phantasten aus der Periode eines jetzt überwundenen Standpunktes'. Dann wird mit Einem Worte der Sieg der Kultur errungen sein, wird ohne diplomatische Klügeleien und Geheimtuereien gesichert bleiben, und was das Wichtigste ist – ohne den Krieg!"

Im „Dresdner Kurier" vom 1. Januar 1869 hatte ich mit Genugtuung zu konstatiren, daß sich die Berliner *„Volkszeitung"* den Ideengang meines zuletzt erwähnten Artikels „Kultur oder Barbarei" vollständig aneignete, indem sie schrieb:

„Wer die Lage der Dinge richtig beurteilen will, der darf nicht den Worten der Diplomatie trauen, sondern muß auf die Arsenale seinen Blick richten, wo zu Kriegsleistungen die angestrengtesten Vorbereitungen gemacht werden. Die Worte der Diplomatie werden immer noch hochgeschätzt nach Maßgabe der Kunst, in welcher sie die Gedanken verheimlicht. Nur die Wehrgesetze, die Militär-Etats und die Arbeiten der Ausrüstung sind sprechende Zeugnisse des Zustandes. Darum dürfen wir uns nicht wundern, wenn ein richtiger Instinkt den Völkern stetes Mißtrauen einflößt, wenn Handel und Gewerbe, diese wahren Merkzeichen des Volkswohlstandes, in bedenklichem Grade zurückhaltend mit Unternehmungen für die Zukunft sind; wenn alle offiziellen Ermunterungen und Friedensversicherungen durchaus unwirksam bleiben. Es liegt in allen diesen Erscheinungen ein tieferes politisches Verständnis, als die offizielle Welt es vermutet und wünscht. Es liegt darin unausgesprochen die große Wahrheit, daß der Völkerfriede erst gesichert sein kann, wenn den Völkern ihr Selbstbestimmungsrecht zu teil wird und von ihrem Votum der Krieg abhängt und der Frieden bedingt ist! Ein dunkles Gefühl sagt es daher allen Völkern des europäischen Festlandes, daß der Frieden nicht eher gesichert sein wird, bevor nicht den Völkern selber das Recht geworden ist, über Krieg und Frieden zu entscheiden. Niemand zweifelt daran, daß jedes Volk Europas einen neuen Krieg gemieden wissen will. In jedem Volk lebt die Überzeugung, daß das Band, welches die Bildung und die Gesittung unserer Zeit um alle Staaten Europas geschlungen, ein heiliges sei, das zu zerreißen ein schwerer Frevel ist. Der Wahn, daß geistig oder materiell das Wohlergehen eines Volkes gefördert werde, wenn es siegreich über ein anderes Volk herfällt, ist längst aus den Herzen der Nationen geschwunden. Der gesteigerte Verkehr der Völker, die Handelsverbindungen und Erwerbsbeziehungen, der lebhafte Austausch des Überflusses von Land zu Land, von Nation zu Nation, macht das Wohlergehen des einen Volkes zur Grundbedingung des Wohlergehens jedes anderen. Not, Armut, Mißwachs, Überbürdung des einen Volkes wird in allen anderen Völkern nicht blos sittlich mitempfunden, sondern auch materiell mitgetragen. Ist ein Volk der Kunde des anderen, so drückt die Verarmung des einen den anderen mit. Wenn ein Volk den Frieden des andern stört, stört es sein eigenes Wohlergehen. Wenn ein Volk das andere zu Rüstungen zwingt, verurteilt es sich selber zu gleicher Anstrengung und Entbehrung. Wie fern aber auch der Tag noch scheint, an welchem die echte Friedensbürgschaft gegeben wird, wie weit ab noch der Zeitpunkt liegen mag, wo die Volksvertretungen der Staaten Europas, die nicht diplomatisiren, sondern mit voller Offenheit Streitpunkte der Völker zur Sprache und im Geiste des Fortschrittes friedlich zum Austrag bringen und die Regierungen zwingen werden sich ihrem Ausspruch zu fügen, – so sehr dürfen wir uns doch der geistigen Erkenntnis erfreuen, die auch im verwichenen Jahre hierin gewachsen ist."

An diese Auslassungen der „Volkszeitung" wurden meinerseits folgende Bemerkungen geknüpft:

„Wenn die ‚Volkszeitung' ihren 30.000 Lesern und so jedes liberale Blatt den seinigen die Überzeugung verschafft, daß es keinen Krieg mehr geben wird, wenn die Völker resp. die Volksvertretungen Europa's selbst das Recht haben, über Krieg und Frieden zu entscheiden, daß dann eher eine Völkerverbindung als eine gegenseitige Bekämpfung derselben Platz greifen wird – wenn, sagen wir, die ganze liberale Presse Europa's diesen Ideen mehr und mehr Bahn bricht, dann werden dieselben aufhören, bloße Ideale und Utopien zu sein. Selbst die kriegerischen Aussichten für das nächste Jahr (1870) könnten durch eine energische internationale Friedensagitation, und durch diese allein, vielleicht noch beseitigt werden. Eine solche mit allen uns zu Gebote stehenden, wenn auch verhältnißmäßig geringen Kräften anzufachen und in Fluß zu bringen, das ist der Vorsatz und das Versprechen, womit wir die Schwelle des neuen Jahres überschreiten."

Im Februar 1870 wurde eine Broschüre von mir veröffentlicht unter dem Titel: *„Der Militarismus als Ursache der Massenverarmung in Europa und die europäische Union als Mittel zur Überflüssigmachung der stehenden Heere"* (Dresden-Potschappel, Verlag von A. Fr. Lütze). Mein Vorwort zu dieser Broschüre lautete:

„Wohlauf, laßt uns zum Kampfe schreiten
Zum Kampfe gegen Menschenmord!
Hinweg mit allen Völkerstreiten,
Fort mit den Mordwerkzeugen fort!
Nach Frieden rufen die Nationen, –
Wer ist's, der sie zum Kriege hetzt?
Wenn sich umschlingen Millionen,
Wer ist's, der da nach Blute lechzt?
Nicht woll'n wir unsres Schweißes Früchte
Noch länger solchem Spiele weih'n.
Wo sie im Keim stets wird zunichte –
Da kann die Wohlfahrt nicht gedeih'n!
Mög' denn der Friedensruf ertönen,
Wie Sturmesbrausen durch die Welt!
Wenn die Nationen sich versöhnen.
Wer wär's, der sich dazwischen stellt?
Wohlauf denn, auf zum letzten Kriege, –
Zum Kriege gegen jeden Krieg!

Die Völkerfeindschaft war nur Lüge,
Dies ist uns Bürgschaft für den Sieg!"

Vier Monate nach Veröffentlichung besagter Broschüre brach der deutsch-französische Krieg aus. – Zwei Tage vor der von Seiten Frankreichs in Berlin übergebenen Kriegserklärung an Preußen, also am 17. Juli nahm der *Europäische Unionsverein* Stellung zu der dadurch geschaffenen Lage, indem er in Dresden eine Volksversammlung in die Centralhalle einberief, zu welcher sich gegen 300 Personen aus allen Parteien eingefunden hatten. Der Bericht des „Dresdener Kurier" über diese Versammlung lautete, wie folgt:

DIE BESCHLÜSSE DER DRESDNER VOLKSVERSAMMLUNG VOM 17. JULI 1870.

Sonntag Vormittag 11 Uhr fand in der Centralhalle hierselbst eine im Namen des *Europäischen Unionsvereins* von *Dr. Ed. Löwenthal* einberufene Volksversammlung statt, zu welcher sich gegen 300 Personen aus allen Parteien zusammengefunden hatten. *Dr. Löwenthal* eröffnete die Versammlung mit dem Bemerken, daß wenn auch eine Friedensmahnung jetzt nichts mehr nützen werde, der Unionsverein es doch für seine Pflicht halte, im jetzigen ernsten Augenblicke eine Kundgebung gegen das Kriegsführen zu veranlassen. Hierauf beantragte der Einberufende die Wahl eines Vorsitzenden, da er selbst das Referat übernahm. Es wurde Herr *Kobitsch* (Socialdemokrat) dazu erwählt. *Dr. Löwenthal* motivirte es nun, daß gerade die europäische Unionspartei die Initiative zu der beabsichtigten Kundgebung ergriffen habe und erörterte das Programm dieser Partei. Es entspann sich darauf eine sehr lebhafte Debatte, an der sich von socialdemokratischer Seite hauptsächlich die Herren *Dr. Otto-Walster, Biedermann* und *Müller*, von nationalliberaler Seite die Herren *Dr. Döhn, Delbrück, Adv. Hendel, Backhaus, Cohn ec.* und der Referent beteiligten. Es wurde in deren Verlauf so ziemlich allgemein constatirt, daß im vorliegenden Kriegsfall *Napoleon III.* der Friedensstörer sei und daß es jetzt zur Notwendigkeit geworden, denselben mit Gewalt niederzuwerfen. Schließlich, nachdem *Dr. Löwenthal* noch darauf hingewiesen, daß es sich jetzt nicht um Ausfechtung von Partei-Streitigkeiten, sondern um eine Kundgebung aller Liberalen Dresdens bezüglich der Tagesfrage handle, wurden die Resolutionen, welche jener im Namen des europ. Unionsvereins vorgelegt hatte, mit großer Majorität mit einem kleinen Amendement *Dr. Döhns* zu Punkt 2 angenommen, und zwar Absatz 1 mit allen gegen 5, Absatz 2 gegen 10 Stimmen, Absatz 3 und 4 einstimmig.

Die Resolutionen lauten, wie folgt:

> Die vom *Europäischen Unionsverein* zu Dresden einberufene Volksversammlung vom 17. Juli 1870 beschließt, eine offene Erklärung dahin zu erlassen:
> 1. daß Reibungen zwischen zwei Dynastien keinen vernunftgemäßen und stichhaltigen Grund abgeben, um die Völker, deren Vertretung jene für sich in Anspruch nehmen, ohne ihre Befragung und Zustimmung in einen Krieg zu verwickeln;
> 2. daß Angesichts der französischen Kriegserklärung und der Vorgänge in Ems der Frieden augenblicklich nicht mehr von Deutschland abhängt, daß es für uns vielmehr zur Nothwendigkeit gemacht worden ist, uns gegen äußere Angriffe, sie mögen kommen woher sie wollen, mit aller Macht und aller Energie zu schützen, – daß wir aber gleichwohl die Überzeugung haben: Weder die französische noch die deutsche Nation haben ein Interesse daran, sich gegenseitig zu bekriegen;
> 3. daß die nationale Ehre civilisirter Völker durch Gewaltthaten nicht gewahrt, sondern befleckt werde, – endlich
> 4. daß wir das Lautwerden der Proteste gegen den Krieg von Seiten der französischen Friedens- und Freiheitsfreunde mit Freude begrüßen.

Nach dem deutsch-französischen Kriege konnte die Propaganda für einen bleibenden Frieden nicht so bald wieder aufgenommen werden. Denn in Frankreich wollte man nichts von einem solchen hören, und in Deutschland konnte man Angesichts der Stimmung in Frankreich nicht so leicht an einen Erfolg der Friedenspropaganda glauben. Danach bestimmt sich auch die auf die Friedensidee bezügliche Stimmung in den anderen europäischen Staaten.

Im Jahre 1873 brachte zum ersten Male der Abgeordnete *Henry Richard* einen die Friedensfrage betreffenden Antrag vor das englische Parlament. Darin wurde die englische Regierung aufgefordert, darauf hinzuwirken, daß internationale Streitigkeiten künftig stets auf schiedsgerichtlichem Wege geschlichtet werden möchten. Das englische Parlament beschloß den Antrag der Regierung zur Berücksichtigung zu überweisen.

Bald darauf besuchte mich *Henry Richard* in Berlin, um hier in Fühlung mit Abgeordneten des Deutschen Reichstages zu gelangen. Ich machte ihn mit *Dr. Lasker, Prof. Heffter, Reg.-Rat Dr. Engel* u. A. bekannt und er war hocherfreut über die Sympathieen für die Friedensidee, die er bei diesen Abgeordneten vorfand.

Am 20. Juli 1873 veröffentlichte ich in der von mir redigirten „Neuen Freien Zeitung" einen Leitartikel mit der Überschrift *„Zur Friedensagitation"*, in welchem es u. A. hieß:

> „... Vielmehr müssen auch die Nationen Europas etwa durch ihre parlamentarischen Vertreter in Betreff der Einrichtung eines internationalen Schiedsgerichts sich in ein gemeinsames Einvernehmen setzen, um offen aller Welt ein Zeugnis ihrer allseitigen Friedensliebe abzulegen." – An einer andern Stelle desselben Artikels lautet es: „Gelänge es nun, in oben bezeichneter Weise eine Vereinigung der Parlamentsmitglieder der verschiedenen Staaten Europas zu erzielen, so ist kaum zu vermuten, daß sich dort nicht solche Anschauungen festsetzen sollten, welche an sich schon eine Bürgschaft des Friedens wären. Würde ein internationaler Deputirtenverein gegründet, dessen Mitglieder die Majorität der verschiedenen Parlamente vertreten, und gingen dieselben gewisse Verpflichtungen ein, die Stärke der Heere innerhalb bestimmter enggezogener Grenzen zu halten, usw. ..., so würde damit die Ausgabe des einzusetzenden internationalen Schiedsgerichtes eine leichte und realpolitisch gesicherte werden. ...
> Man streitet wochenlang in Parlamenten, um zu wissen, ob man alljährlich ein paar Spitzbuben unschädlich zu machen das Recht habe; man debattirt Monate lang, um Gesetze ins Leben zu rufen, die als Resultat vielleicht zehn oder zwanzig Betrügereien im Lande verhindern; und um den raffinirtesten Massenmord unter zivilisirten Nationen unmöglich zu machen, sollte nicht einmal

ein Versuch gemacht werden?! Entweder das Menschenleben und alle Lebensgüter haben nicht den großen Wert, den man ihnen beimißt; wozu dann all die Plagen und Umstände in gewöhnlichen Zeiten, um sie zu schützen und zu erhalten? Oder sie haben diesen Wert, und dann muß man sich wirklich wundern, daß es so leicht möglich ist, einen Zustand herbeizuführen, in welchem das Rechtsbewußtsein auf den Kopf gestellt wird, — einen Zustand, in welchem alle Garantien, jede Schutzwehr, welche die Bestrebungen von Jahrhunderten um Menschenleben und Lebensgüter gezogen haben, umgestoßen werden, in welchem nichts mehr gilt, als das Recht des Stärkeren, die Gewalt. Solange die Herbeiführung eines solchen Zustandes möglich, solange das Völkerduell nicht allgemein in Verruf erklärt und der ganze Kriegsapparat in die Rüstkammern des Mittelalters geworfen ist, solange bleibt aller Liberalismus, alle Aufklärung Flickwerk und – Heuchelei."

Im Januar 1874 rief ich den Europäischen Unionsverein unter dem Namen *„Deutscher Verein für internationale Friedenspropaganda"* mit dem Wahlspruch *„Si vis pacem, para pacem!"* in Berlin wieder ins Leben. Dieser richtete unmittelbar nach seiner Konstituierung am 20. Januar eine Petition an den Reichstag, deren Wortlaut mir leider nur noch in der Übersetzung des Bulletins der Pariser Friedensgesellschaft bezw. des *„Courrier de Lyon"* vorliegt. Danach lautete sie, wie folgt:

„Tres-haut R e i c h s t a g,
En présence des déclarations pacifiques des Parlements anglais et italien, qui, bien loin de demander l'augmentation des charges militaires, en ont demandé la réduction, la Société allemande de propagande pacifique considère que la nation allemande doit donner une preuve de son amour de justice et montrer comment elle comprend sa véritable mission de progrès et de lumière.
En conséquence, elle adresse une pétition au Reichstag, pour engager le gouvernement à établir un tribunal arbitral, qui pût se mettre en rapport avec les gouvernements d'Europe et d'Amérique, dans le but d'arranger les différends entre les nations. Elle pourra ainsi arriver à avoir une paix solide, assurée de tous les côtés, et mettre fin à l'anarchie

intérieure du monde, qui a régné jusqu'à présent.
Signé:

Edouard Lœwenthal,	*Paul Tinney,*
Président.	Secrétaire.
Hilmar Juterbock,	Rapporteur."

Die Antwort des Reichstages auf diese Petition war vom 22. April 1874 datirt und lautete:

„Der Deutsche Reichstag hat in der Plenarsitzung vom heutigen Tage auf Grund des von der Petitions-Kommission abgegebenen Votums den Beschluß gefaßt: über die von dem Vorstande des Deutschen Vereins für internationale Friedenspropaganda d. d. Berlin den 20. Januar ec. eingereichte Petition, Behufs Einsetzung eines internationalen Schiedsgerichts zur Schlichtung völkerrechtlicher Streitigkeiten mit den Regierungen Europas und Amerikas Verhandlungen anzuknüpfen und für die Herbeiführung eines auf alle Zeiten gesicherten Friedens, sowie für die Beseitigung der bisher obwaltenden internationalen Anarchie zu sorgen, in eine weitere Erörterung *nicht* einzutreten, weil kein genügender Grund vorliegt, dem Reichstage den gestellten Antrag zu unterbreiten."

Der „Deutsche Verein für internationale Friedenspropaganda" hielt sodann verschiedene öffentliche Versammlungen ab, um in der Berliner Bevölkerung das Interesse für die Friedensbewegung zu wecken.

Um diese Zeit gab ich auch eine Flugschrift *„Zur internationalen Friedenspropaganda"* heraus, die im In- und Auslande großes Interesse erweckte. Ich schlug darin, wie schon früher in der „Neuen Freien Zeitung" (1873) die Gründung eines internationalen Deputirtenvereins vor, der die Bekämpfung des Militarismus in den einzelnen Parlamenten sich zur Aufgabe machen sollte.

Der Londoner *„Herald of Peace"* vom 1. April 1874 bemerkte dazu:

„An excellent suggestion is proposed by Dr. Edward Löwenthal in his recent ‚Flugschrift' to the effect, that the members of the various European and American Legislatures who are favourable to Peace and Disarmement, should form an organised league or union, to consist wholly

of national Deputies and Members of Parliament. The union would be for the object of devising and carrying into effect endeavours to form in every legislative body an increasing nucleus of members willing to co-operate for peace and against war … If such a union can be formed, it will be a most important movement in the direction of permanent and universal peace and it may well claim the consideration of the best friends of the cause in every country".

Das Pariser *„Bulletin de la société des amis de la paix"* schrieb unterm Juni 1874 darüber:

> *„Si une telle Ligue parlementaire pouvait se former, ce serait certes le plus important mouvement qui aurait été tenté jusqu'ici dans le sens de l'avènement de nos idées, et bien des esprits pratiques se rallieraient à cette proposition".*

Andere französische Blätter berichteten über die Wirksamkeit des „Deutschen Vereins für internationale Friedenspropaganda", wie folgt:

> *„Plusieurs réanions ont été tenues à Berlin par la Société pour la propagande internationale de la Paix, dans lesquelles des appels énergiques ont été faits en faveur de cette cause. M. Tinney, le docteur Brann et le docteur Löwenthal ont trouvé parmi la majorité des assistants une très-grande sympathie; à la suite d'une de ces réunions un vote de confiance a eu lien en faveur du docteur Löwenthal.*
> *Ce ne sont pas là des efforts stériles, nous en sommes persuadés. La propagande pacifique portera des fruits en Allemagne. L'organe du docteur Löwenthal est d'ailleurs rédigé avec une vigueur que peu de journaux oseraient se permettre en France. Dans un de ses derniers numéros, un article intitulé: ‚le Moloch moderne', est le plus vlolent réquisitoire que l'on puisse dresser contre le militarisme. Cet article porte l'épigraphe suivante, signée d'un nom aimé en France, celui de l'honorable M. Steinheil, ancien député alsacien, à l'Assemblée nationale: „La guerre doit son origine aux armées permanentes, comme la plante doit la sienne à la graine."*

In einem Bericht über meine Flugschrift „Zur internationalen Friedenspropaganda" sagt das ‚Bulletin' der französischen Friedensgesellschaft:

„Dans la Flugschrift nous trouvons une idée excellente, et dont la réalisation est vivement à souhaiter, dans l'intérêt de notre cause. Le Comité berlinois propose aux membres des différents Parlements d'Europe et d'Amérique, qui sont favorables à l'arbitrage, à la paix et au désarmement, d'organiser une ligue, à l'effet de former, dans chaque assemblée un groupe destiné à soutenir les idées communes toutes les fois que l'occassion s'en présentera et notamment:
1.À introduire, à développer et à soutenir des motions en faveur de l'arbitrage international;
2. A s'opposer à toutes demandes d'augmentation des charges militaires;
3. A profiter de toutes les occasions possibles pour faire réduire les dépenses militaires de terre et de mer;
4. A combattre toute proposition tendant à provoquer des animosités internationales."

Das Organ der Londoner Peace Society, der *„Herald of Peace"* vom 2. Februar 1874 ließ sich über den „Deutschen Verein für internationale Friedenspropaganda" in Berlin und dessen Gründer folgendermaßen vernehmen:

„Wir haben zu unserer großen Befriedigung die Nachricht erhalten, daß sich in Berlin auf Veranlassung des Herrn *Dr. Eduard Löwenthal* ein Friedensverein gebildet hat. Der Genannte ist den Friedensfreunden schon lange als einer der ernstesten und entschiedensten Vertreter unserer Sache auf dem europäischen Continent bekannt. Er war früher der Herausgeber des ‚Dresdner Kurier', aus dessen Spalten wir oft Äußerungen über die Erhaltung des Friedens anzuführen Gelegenheit hatten. Als der deutsch-französische Krieg im J. 1870 ausbrach, tat *Dr. Ed. Löwenthal* sein Äußerstes, um der Kriegswut *(war panic)* seiner Landsleute und der Franzosen entgegenzuwirken. Er appellirte dann noch einmal nach der Übergabe *Napoleons III.* bei Sedan an das deutsche Volk und erinnerte daran, daß, wenn es auch einen Streit mit der französischen Regierung gehabt habe, es doch keinen mit dem französischen Volke hatte, welches ein Bruder des deutschen Volkes sei und als solcher behandelt werden müßte. Er ermahnte seine Landsleute allgemein den Wunsch nach Frieden kundzugeben, aber gab ihnen zugleich den sehr vernünftigen Rath, keinen gewaltsamen Widerstand den bestehenden Autoritäten gegenüber zu versuchen. Sein Protest mußte so nur moralischer Natur sein. Denn obgleich Herrn *Löwenthals* Sympathien ganz auf der Seite des deutschen Volkes und der Volksfreiheit sind, so ist er doch ein ausgesprochener Gegner revolutionärer Gewaltsamkeit und anarchischer Doctrinen. Aber seine klugen und weisen Rathschläge schützten ihn damals nicht vor dem Mißtrauen der deutschen Behörden und, um Unannehmlichkeiten zu vermeiden, verließ er Sachsen und hielt sich einige Zeit in der Schweiz auf. Nach dem Kriege kehrte er nach Deutschland zurück und nimmt jetzt eine einflußreiche Stellung in der Berliner Presse ein. Als *Mr. Richard* vor einigen Wochen in Berlin war, hatte er das Vergnügen mit Dr. *Löewenthal* zusammenzukommen und es ist sehr möglich, daß dieser Besuch mit der Gründung eines Friedensvereins in Berlin in Verbindung steht. Dieser Verein hat seine Tätigkeit unter sehr günstigen Auspicien begonnen, indem er zu seinem Präsidenten einen so entschiedenen, talent- und verständnisvollen Mann (president one so faithful talented and judicious) wie Herrn *Löwenthal* gewählt hat."

Am l. April 1874 veröffentlichte der Londoner „*Herald of Peace*" folgenden Artikel über die von mir in Deutschland in Gang gebrachte Friedensbewegung:

THE PEACE MOVEMENT AT BERLIN.

„The Berlin Peace Committee has prepared and presented to the Legislature a petition in favour of International Arbitration. The present is a very appropriate time for peace efforts in Germany, and it is very satisfactory to find that a large majority in the national Parliament has refused to accept the enormous scale for the standing army which Count Moltke and the Government have endeavoured to force upon that greatly over-burdened people. At the same time there can be no doubt but that the Germans will be compelled to realize in many ways the unpleasant truth of Count Moltke's recent declaration: - ‚For the next half-century Germany must make up her mind to remain on the alert, ready to defend by force what she has acquired by force within the space of six short months. It is of no use to shut one's eyes to the facts.'

We are glad to see that the Berlin Committee, under the chairmanship of Herr Edward Löwenthal (Kommandantenstrasse 7, Berlin) has commenced the issue of an occasional paper in advocacy of its views, entitled ‚Flugschrift zur Internationalen Friedenspropaganda'. On its title-page it bears the French motto – ‚Les utopies d'hier sont les realités de demain.'
At a meeting of the District Union Debating Society of the ‚Old Berlin', last month, an animated adress was delivered by Herrn Tinney (the Editor of a Berlin newspaper) on the importance of organised peace efforts in Germany. The speaker, who was loudly cheered throughout, dwelt upon the deep feelings of dissatisfaction amongst many of his countrymen at the burdensome impositions of war and warlike preparations, and rallied his countrymen on their want of pratical exertions for the object so greatly desired. Herr Tinney and other speakers, as Dr. Brann, pointed to the example of the British and Italian Parliaments as to Arbitration, and also alluded to the persevering long-sustained agitations in England for the abolition of slavery, the repeal of the cornlaws, and for electoral reform. All these objects had cost tens of years of agitation and popular instruction; but they had all become accomplished facts. It was no use for the German people to expect to gain relief from their burdens until, by individual effort, and by organized union, they could stir up the masses of the population to a sense of the value of human life, the privileges of peaceful citizenship, and the brotherhood of nations. When this was done, the potentates would yield to it; but not before. And the people must help themselves in the work. Each German should enlist the interest of his neighbours in the question. Dr. Brann also gave a powerful description, from his own observation, of the horrors of war even to the victors. A cordial vote of sympathy with Dr. Löwenthal's Peace Committee was then passed by the Union."

Am 18. September 1874 erließ ich Namens des *„Deutschen Vereins für internationale Friedenspropaganda"* ein Zirkular an alle Friedensgesellschaften des Auslandes, worin die alljährliche Vereinigung derselben zu einem Kongresse in Vorschlag gebracht wurde. Sodann beantragte ich darin die Herbeiführung einer einheitlichen Organisation der gesamten Friedensgesellschaften. Dieser Organisation gemäß sollten die Präsidenten der Friedensgesellschaften je bei drohendem Ausbruch eines Krieges sich zu einem Friedenskonvent *ad* *hoc* vereinigen und, wenigstens bis zur offiziellen Einsetzung eines internationalen obligatorischen Friedensgerichtes eine Art freiwilliger Gerichtsbarkeit ausüben, indem sie ein Votum über den schwebenden Konflikt abgeben und in geeigneter Weise promulgiren, resp. zur Kenntnis der europäischen Regierungen, Parlamente und Preßorgane bringen würden. – Die Antworten, die auf dieses Zirkular hin eingingen, sind für die Geschichte der Friedensbewegung von so hohem Interesse, daß ich sie, soweit sie mir vorliegen, hier der Reihe nach folgen lasse.

Von Seiten der *Friedens- und Freiheitsliga* in Genf
schrieb mir *Hr. Charles Lemonnier* am 24. Oktober 1874:

„Cher Monsieur! Nous avons pris connaissance, mes amis de la Ligue et moi, de la circulaire en date du 18 Septembre dernier, que vous m'avez tout récemment envoyée. Nous aurions un grand avantage à réunir ainsi que vous le proposez, les répresentants de toutes les sociétés de la paix sans exception, ne fût-ce qu'afin de leur donner l'occasion de se voir et de s'apprécier mutuellement.
Vous nous trouverez donc toujours en ce qui nous concerne prêts à un tel appel etc. Charles Lemonnier."

Antwort der *Schweizer Friedens-Gesellschaft* in Genf:

A Monsieur le Docteur Löwenthal, – Président de la Société allemande de propagation internationale de la Paix.

Genève 28. 7. 1874.

Monsieur le Président! Je n'ai reçu qu'hier en revenant d'un cours de quelques jours, – la lettre circulaire en allemand que vous m'avez fait l'honneur de m'adresser de Berlin sous date du 18 courant. Je vous remercie de cette honorable communication et je suis, bien heureux de pouvoir y répondre par l'envoi immédiat d'un faible hommage qui vous prouvera mon ardente et profonde sympathie pour tous les efforts qui pourront être tentés en faveur de la Paix universelle.
Permettez que je m'en tienne là pour le moment; notre Comité est dissous. – Mon age et ma santé me gênent fort pour entreprendre rien de nouveau. Mais si je prends **ad referendum** *votre intéressante communication, – veuillez, en attendant, ne point douter de ma reconnaissance*

et de la haute considération, avec laquelle j'ai l'honneur d'être votre serviteur très devoué.
Pictet de Sergy Dr. jur. ancien conseiller d'Etat de Genève.

Antwort des Präsidenten der *Französischen Friedens-Gesellschaft*, Herrn *Emil Peugeot.*

Valentigney-(France) Départements du Doubs,
par Audicourt le 6 Avril 1874.
Monsieur le Docteur Löwenthal,
Président de la Société de la Paix de Berlin.

J'ai appris qu'il s'était formé à Berlin sous votre présidence, une Société des amis de la Paix et que, sans en faire ancunement étalage, les principes de votre société étaient purement évangéliques, principes mis en pratique dans les faits plutôt que dans les paroles, comme chez nos frères d'Angleterre et des Etats-Unis, s'il en est ainsi, ce que je souhaite de tout mon cœur, nous pouvons nous tendre la main d'association.
Vous n'ignorez pas, cher Monsieur, le mal incalculable qu'a fait cette atroce guerre de 1870 dans nos deux pays, et qu'en France en particulier, la haine qui en est résultée, est très habilement exploitée par l'habile faction ultramontaine et romaine, pour prècher une revanche qui, si elle devait aboutir, ce que Dieu ne plaide, aurait tout le caractère d'une lutte religieuse. – En présence des dangers qui nous menacent, les amis de la Paix ont une magnifique mission, c'est de semer la Paix, – c'est de combattre à out- rance avec une énergie qui ne doit pas fléchir un instant, les détestables doctrines, les misérables influences, qui veulent amener de nouveau deux peuples, nés pour être frères et se compléter, à s'entregorger – il n'y 2 pas sous le ciel une mission plus haute, plus digne, plus divine que celle-là; car nous répondons à l'appel de notre Divin Sauveur: Paix sur la terre.
Je viens donc en qualité de chrétien et de Président de la Société des amis de la Paix de France, frapper à votre porte et vous dire, donnons nous la main d'association, que notre travail, nos prières, nos aspirations n'aient qu'un but identique et commun, réaliser la pensée de notre Divin Maître: Paix sur la terre.
Vous comprenez, comme moi, cher Monsieur, que pour travailler ensemble et avec fruits à l'œuvre de la paix, il faut que nous soyons

entièrement et absolument d'accord sur les grands principes qui doivent nous diriger inflexiblement, aiusi

1. Les amis de la Paix répudient le droit de conquête et n'ont point de termes assez durs pour le flétrir.

2. Les amis de la Paix combattent tous les armements exagérés, qui ruinent et démoralisent les peuples et armènent fatalement de sanglants conflits. – Par tolérance, ils admettent une armée strictement organisée pour la défense, en attendant qu'elle ne soit plus que la force armée, chargée de la police et de donner sanction à la loi.

3. Les amis de la Paix demandent que l'arbitrage international soit substitué au jugement de la force brutale, en s'appuyant sur un code fait à nouveau, – Code du droit des gens nouveau, qui serait reconnu international.

4. Les amis de la Paix demandent que le droit de paix soit rendu aux nations, comme facilitant la mise en pratique de l'arbitrage.

5. Le amis de la Paix ont pour mission et premier devoir de répandre leurs idées par une active et incessante propagande, en un mot, de tout faire pour populariser nos idées, puisque c'est du sein du peuple que nait l'opinion publique qui de plus en plus deviendra tonte puissante.

Voilà rapidement esquissés, les principes qui sont à la base de tous les actes émanant de notre société.

Permettez-moi maintenant, cher Monsieur, d'aborder une question fort délicate, qui découle naturellement des principes exposés.

L'Alsace-Lorraine est revenue violemment à l'Allemagne par droit de conquête. – Admettez-vous que l'autonomie de l'Alsace-Lorraine doit être absolument et profondément respectée, de telle sorte pu'elle ait seule le droit de se donner en tout ou en partie, soit à l'Allemagne, soit à la France, ou, de vouloir conserver son autonomie, en se déclarant pays neutre, comme la Suisse et la Belgique?

Vous comprenez, cher Monsieur, que si vous ne pouvez faire une déclaration nette à cet égard vous serez regardé forcément comme suspect – et remarquez que nous n'avons pas deux poids et deux mesures. Si la France eût été (j'allais dire malheureusement) victorieuse, elle cût pris sans aucune hésitation la rive gauche du Rhin, mais alors, nous les amis de la paix de France, n'aurions pas eu de termes assez accentués, pour protester et flétrir pareille spoliation, l'autonomie d'un peuple ou fraction de peuple, étant aussi sacré pour nous, que l'autonomie de l'individu.

Vous me pardonnez, cher Monsieur, l'entière franchise de mon langage, mais notre caractère et nos principes ne nous permettent point d'agir autrement. Il faut que vous sachez exactement, qui vous avez devant vous et, je vous prie dans le sentiment d'une sincère affection, de me répondre sans rien laisser dans l'ombre, de telle sorte que, s'il plaît à Dieu, nos puissions, la main dans la main, accomplir fidèlement notre mission.

J'attends l'honneur de votre amicale réponse, et en attendant, je reste votre entièrement dévoué.

Emile Peugeot[3]

Président de la Société des amis de la Paix de France.

Antwort des *niederländischen Friedensbundes.*
Gravenhage, October 1874

Sehr geehrter Herr!

Das Hauptcomité des *allgemeinen Niederländischen Friedensbundes* hat mit großem Interesse Kenntniß genommen von Ihrem Schreiben vom 18. September 1874, worin Sie darauf dringen, daß die Friedensvereine der verschiedenen Länder „eine einheitliche Organisation und Aktion der europäischen Friedensgesellschaften sollen anbahnen“ derart, daß sie sich zum europäischen Friedensconvent vereinigen und eine directe Beeinflussung der europäischen Staatspolitik in Angriff nehmen.

Das Hauptcomité hat diesen Brief einer genauen Erwägung unterzogen und diese Erwägung hat zum Resultat gehabt, daß das Hauptcomité mit Anerkennung des löblichen Zieles, wonach der deutsche Verein strebt, die Gründung des internationalen Schiedsgerichts-Systems, jedoch nicht mit den Mitteln übereinstimmen kann, welche der Verein benutzen will, um zum Ziele zu gelangen.

Daß so oft ein Kriegsausbruch in Aussicht steht, die Friedensge-

---

[3] Ich anwortete Herrn *Peugeot* auf seine Frage nach meiner Meinung betreffs der Autonomie von Elsaß-Lothringen, dass geschichtlich vollendete Tatsachen bei der Gründung eines dauernden Friedens nicht in Betracht kommen können, dass übrigens nach Beseitigung der Kriege bezw. der eigenmächtigen Selbsthülfe der Staaten Gebietsfragen nicht mehr die Bedeutung von Machtfragen haben und der Entscheidung des internationalen Friedensgerichts unterliegen würden. D. Verf.

sellschaften sich vereinigen sollen, den Krieg wenn möglich zu verhüten, ist lobenswerth, aber der *Niederländische Friedensbund* kann Ihnen nicht beipflichten, daß jetzt schon die Zeit gekommen wäre, daß alle Friedensgesellschaften einen permanenten Friedensconvent könnten bilden.

Die Friedensbewegung in den verschiedenen Staaten ist noch nicht zu der Reife gelangt, daß alle europäischen Friedensgesellschaften eine einheitliche internationale bilden könnten.

Das sollte erst dann möglich sein, wenn alle Gesellschaften sich auf denselben Standpunkt stellen würden und ein gleiches Programm zum Leitfaden nehmen würden. Aber wenn man Holland zum Beispiel nimmt, könnte man schon die Erfahrung machen, daß alle Niederländische Friedensgesellschaften nicht ganz denselben Standpunkt gewählt haben.

Und diese Erwägung führt uns selbstverständlich zu der Hauptbeschwerde, welche wir gegen Ihre Proposition hegen. Ihre Proposition bezweckt politische Bewegung, politischen Einfluß; sie geht so weit, den Friedensgesellschaften die Macht zu ertheilen, ein Votum über den *Casus belli* abzugeben. Ein solches Mittel ist soweit entfernt von demjenigen, was wir bezwecken, daß wir mit Bedauern Einwendung machen würden, an einem internationalen Convente theil zu nehmen, welcher diesen Grundsatz zur Unterlage hat.

Die Friedensgesellschaft hat nach unsrer Meinung nur humanitär zu sein. Sie soll den Völkern Widerwillen einflößen gegen das Kriegführen und sie zu gewinnen suchen für das Princip der allgemeinen Arbitrage, sie muß sich soviel wie möglich widersetzen gegen jeden anfallenden Krieg, welcher droht auszubrechen, sie muß ihren ganzen Einfluß benutzen den Krieg zu verhüten. Aber weiter darf ihre Wirksamkeit nicht gehn, die praktische Politik hat sie den Volksvertretern zu überlassen, welche durch ihr Amt dazu berufen sind, die Regierungen zu überwachen, wenn nöthig zu zwingen. Sie haben zu urtheilen über die Giltigkeit eines *Casus belli* und wir würden im Interesse des Friedens und der gesetzlichen Instandhaltung des Friedens noch mehr erwarten von einem steten Auftreten von Volksvertretern aus den verschiedenen Ländern, welche sich der Sache des Friedens geweiht haben, als von einem sogenannten ‚Friedensparlamente' aus den

Friedensgesellschaften gebildet, welche aus den meist verschiedenen Bestandteilen, nicht immer den nützlichsten, gebildet sind und von welchen man nicht gerade immer Übereinstimmung und Bedachtsamkeit erwarten kann.

Hochachtungsvoll

D. van Eck *G. Belinsante*

Pres. Secr.

Die Antwort der italienischen Friedensgesellschaft „*Associazione cosmico-manitaria*" antwortete dd, *Firenze* 4. Ottobre 1874 u. A.:

"... Jo adunque accetto di cuore la proposizione fatta dalla S. V. nella sua lettera circolare del 18 Settembre ultimo. Dal conto mio farò il possibile di conformarmici."

In dem gleichen Schreiben wurde mir mitgeteilt, daß ich zum Ehrenpräsidenten der *Associazione cosmico-umanitaria* ernannt worden sei.

Die Antwort der *Londoner Peace Society* auf das Zirkular des Deutschen Vereins für internationale Friedenspropaganda ist mir nicht mehr zur Hand, was um so bedauerlicher ist, als gerade die englische Friedensgesellschaft meine sämtlichen Vorschläge guthieß und sich bereit zeigte, zu ihrer Verwirklichung die Hand zu bieten. Noch war indessen die Zeit für diese Verwirklichung nicht gekommen.

Wie man aber aus dem Vorstehenden ersieht, ist die erste Anregung zur einheitlichen Organisation aller Friedensgesellschaften, zur alljährlichen Abhaltung eines Friedenskongresses seitens derselben und zur Gründung einer internationalen parlamentarischen Union bezw. eines internationalen Deputirtenverens von mir ausgegangen. – Vgl. in dieser Hinsicht auch den Artikel „Die Genesis der Friedensbewegung" von *A. H. Fried* im Novemberheft 1895 der *von Suttner'schen* Zeitschrift „Die Waffen nieder!" – Am Schlusse dieses Artikels heißt es: „Es dürfte demnach Herrn *Dr. Löwenthal* das Verdienst der ursprünglichen Anregung jener Organisationen zufallen, denen die moderne Friedensbewegung ihren Aufschwung verdankt."

Im Laufe des Jahres 1874 war in Berlin auch meine Schrift

„Grundzüge zur Reform und Codification des Völkerrechts" erschienen, – eine Schrift, die alsbald in französischer Übersetzung von der Zeitschrift *„Etats-Unis d'Europe"* in Genf, und dem *„Bulletin de la Société des amis da la Paix"* in Paris, – sowie in englischer Übersetzung von dem *„Herald of Peace"* in London reproduzirt wurde. Das Pariser „Bulletin"[4] leitete seine bezügliche Veröffentlichung mit folgenden Worten ein:

> *„Nous signalons le „Plan de réforme et de codification du droit des gens" de M. le* Dr. Loewenthal, *président de la Société de la Paix de Berlin, plan que nous donnons tout au long et qui montrera qu'il se trouve encore, en plus grand nombre qu'on ne le pense, et là même où on s'y attendrait parfois le moins, des hommes qui conservent les saines traditions du droit et du bien".*

Zu konstatiren ist hier, daß der *Richard'sche* Antrag auf Befürwortung der schiedsgerichtlichen Erledigung internationaler Streitigkeiten und seine Annahme durch das englische Parlament der Friedensbewegung insofern guten Vorschub leistete, als bald darauf ähnliche Anträge auch von den Volksvertretungen Italiens, Frankreichs, Belgiens, Hollands, Deutschlands, Österreichs, Schwedens und Nordamerikas angenommen worden. Sind die bezüglichen Beschlüsse von den Regierungen auch *ad acta* gelegt worden, so trugen sie doch dazu bei, den Friedensbestrebungen einen mehr realpolitischen Charakter zu verleihen und den Spott, dem sie bis dahin ausgesetzt waren, zum Schweigen zu bringen.

Was meine eigene Tätigkeit für die Sache des Friedens betrifft, so mußte ich dieselbe im Frühjahr 1875 von Deutschland nach dem Auslande verlegen, wenn ich nicht dieselbe unfreiwillig 5 Monate lang unterbrochen sehen wollte. Denn zu Ende des Jahres 1874 war ich wegen eines die Camphausen'sche Finanzpolitik und speziell den übergroßen Aufwand für Militärzwecke kritisirenden Artikels in der „Neuen Freien Zeitung"[5] zu einer Gefängnisstrafe von 2 Monaten und wegen angeblicher Majestätsbeleidigung zu einer solchen

---

[4] Januarheft 1875

[5] Der incriminirte Artikel ist von den *„Etats-Unis d'Europe"* in Genf und dem Londoner *„Herald of Peace"* reproducirt worden.

von 3 Monaten verurteilt worden. Um meine Zeit nützlicher zu verwenden, als es bei Verbüßung jener Strafen möglich gewesen wäre, begab ich mich zunächst nach Brüssel, wo ich mit Professor *Louis Wihl* aus Grenoble die „Europäische Rundschau“ und „Die Geißel“ herausgab, in denen gleichfalls die Sache der Friedenspropaganda kräftigst gefördert wurde.

In Nr. 9 des letztgenannten Blattes vom 19. September 1875 veröffentlichte ich u. a. folgenden Artikel:

> *Einberufung eines Völkerrechts-Parlaments.*
> „Nachdem auf Anregung des Hrn. *Henry Richard* sechs europäische Volksvertretungen – die englische, italienische, belgische, holländische, dänische und schwedische, sowie der Kongreß der nordamerikanischen Union sich für die Einführung des Schiedsgerichts-Systems ins Völkerrecht und *par consequence* für die Verpönung der Völkerduelle oder Kriege ausgesprochen haben, und auch die Regierungen selbst darauf bedacht sind, den Frieden möglichst sicher zu stellen (wenn auch auf dem verkehrten Wege der Kriegsrüstungen), so dürfen die Freunde einer gesetzlichen Norm für den friedlichen Staaten-Verkehr es nicht mehr bei der alljährlichen Wiederauffrischung alter Wünsche bewenden lassen, müssen vielmehr zu einer neuen Tat schreiten, nämlich zur Einberufung eines Völkerrechtsparlaments, bestehend etwa aus je 5 Delegirten der Parlamente der Großmächte und je 3 Delegirten der Volksvertretungen der kleineren Staaten, sodann aus je einem oder zwei Regierungskommissarien. Ein bezügliches Einladungsschreiben sollte unverweilt an die Regierungen und die ständigen Ausschüsse aller Volksvertretungen gerichtet werden und zwar am Passendsten von Seiten der Antragsteller, welche die bezüglichen Boten der oben genannten Volksvertretungen herbeigeführt haben, – also Seitens der Herren *Henry Richard* in London, *Mancini* in Rom, *Couvreur* und *Thonissen*in Brüssel, *van Eck* und *Bredius* in Haag, *Jonasson* in Stockholm und die betreffenden Abgeordneten in Kopenhagen und Washington. – An Material für die Beratungen resp. an Vorarbeiten zu einem Gesetz für die normale Geltendmachung international-politischer Rechtsansprüche fehlt es nicht. Ich verweise in dieser Hinsicht auf die Arbeiten der *„Peace Society“* in London,

auf den Entwurf von *Th. Lemonnier* und auf meine eigenen auch ins Englische und Französische übersetzten ‚Grundzüge zur Reform und Kodifikation des Völkerrechts'. Nach all diesen Arbeiten könnte von dem konstituirenden Komitee des einzuberufenden Parlaments ein Spezial-Entwurf ausgearbeitet und dem Parlament unterbreitet werden. Daß die Proposition dieser Parlamentseinberufung nicht unverwirklicht bleiben wird, glaube ich als sicher annehmen zu dürfen. Also frisch an das Werk, mit dem unser Jahrhundert nur allzulange schon im Rückstande ist!"

Mein Aufruf zur Einberufung eines Völkerrechts-Parlamentes wurde kurz darauf auch in dem in Marseille erscheinenden Blatte *„L'Avenir des Nations"* in deutscher und französischer Sprache veröffentlicht.

Sodann hatte ich im Jahre 1875 die Genugtuung, daß die *„Ligue de la Paix Européenne"* in Marseille ein Zweigverein der französischen Friedensgesellschaft, die in dem Zirkular des „Deutschen Vereins für internationale Friedenspropaganda" von mir gemachten Vorschläge betreffend die einheitliche Organisation aller Friedensgesellschaften und die alljährliche Abhaltung eines Kongresses derselben zu den ihrigen machte und nachstehendes Schreiben an mich richtete:

LIGUE DE LA PAIX EUROPEENNE
Marseille, le 22 Septembre 1875.
Monsieur,
Nous avons hâte de vous remercier de la mention si flatteuse de notre comité dans votre journal sous les auspices de notre excellent ami commun M. Henri Bellaire.
Vous recevez ces jours-ci le No de , l'Avenir des nations' qui vient de paraître et pour lequel nous venons reclamer votre puissant patronage auprès de vos amis d'Allemagne et de Belgique. Notre délégué, M. Coffinières, devant retourner à Paris à la fin d'octobre (du 15 au 20), aura l'honneur, si vous le permettez, de venir vous voir à Bruxelles, afin de se mettre en relations plus intimes avec vous et de s'inspirer de votre haute expérience et de vos grandes lumières. Veuillez agréer notre vive reconnaissance du sympathique accueil que vous avez fait à nos efforts et que nous tâcherons de rendre de plus en plus dignes de la grande

mission que vous remplissez avec tant d'éclat. |

Vos serviteurs dévoués.
Le Secrétaire général, délégué à Paris: *Le Directeur:*
Coffinières. *Louis Niel.*

Die von der *Ligue de la Paix Européenne* (1875) nach Paris ausgeschriebene Konferenz zur Verwirklichung meiner Vorschläge war zu schwach besucht, um das gewünschte Resultat zu erreichen. Im Jahre 1878 fand auf Veranlassung der *Société des amis de la paix* und der Londoner *Peace Society* in Paris ein Kongreß der Friedensgesellschaften statt, welcher die in meinem Zirkular vom 18. September 1874 gemachten Vorschläge betr. die einheitliche Organisation aller Friedensgesellschaften und die alljährliche Abhaltung eines Kongresses derselben annahm. Zur Verwirklichung kam dieser Beschluß allerdings erst im Jahre 1989, indem ein Internationales Friedensbureau als Zentral-Bureau aller Friedensgesellschaften in Bern errichtet wurde. Dasselbe hat die jährlichen Kongresse der Friedensgesellschaften vorzubereiten und in einem *Bulletin bi-mensuel* über die Tätigkeit jener Bericht zu erstatten.

Nachdem ich von Brüssel im Jahre 1876 nach London und von da nach 1 ¼ jährigem Aufenthalt nach Paris übergesiedelt war, setzte ich dort meine Aktion im Sinne der Friedenspropaganda fort, zunächst in der von mir herausgegebenen „Weltbühne" („La Scène du Monde"), die sich einer freundlichen Aufnahme Seitens der Pariser Presse, wie auch der Provinzpresse erfreute. Es seien hier nur zwei Notizen als Belege angeführt.

Das Journal *„Le Hâvre"* schrieb unterm 2. Juli 1881:

UN NOUVEAU JOURNAL FRANCO-ALLEMAND.
Nous venons de recevoir un nouveau journal ‚Die Weltbühne" (La scène du monde).
Cette feuille est rédigée en français sous la direction d'Edmond Potonié (21, rue Daubenton, à Paris), et en allemand sous celle du docteur Ed. Löwenthal.
Nous en extrayons le passage suivant:
„Acceptez la main que nous vous tendons par-dessus les frontières et ensemble formons cette 'Ligue du bien public', dont le nom explique le but."

„Il s'agit d'abord de multiplier, par la propagande des idées saines, les membres de cette nation d'élite disséminée dans le monde, nation qui ne connaît d'autres frontières à son empire que l'immensité, car elle repoussera toujours plus loin ce qui l'arrête dans son extension: les préjugés, l'erreur, la routine, tous les vices!"
Nous souhaitons la bienvenue à notre nouveau confrère.

Das in Nizza erscheinende *„Anglo-American Register"* schrieb unter'm 6. August 1881:

„The Weltbühne, edited by Dr. Edward Löwenthal, the only German news paper published in Paris, has just entered upon he second year of its existence, a fact which shows that the editor has well understood how to supply in a suitable manner a want which has long existed in Paris while he has received the approval, not only of the German and American journals, but of the French papers also. The Weltbühne is in fact an „International" organ in the best sense of the word, that is, its object is to soften that international antagonism which is bat too often systematically encouraged, devoting itself rather to promote the mutual efforts of all for the advancement of political freedom."

Im Jahre 1881 bildete sich in London unter den Auspicien des Herren *Hodgson Pratt* eine neue Friedensgesellschaft mit dem Namen: *International Arbitration and Peace Association.* Dieselbe ernannte die bekanntesten damaligen Vorkämpfer der Friedenssache zu Mitgliedern ihres *„Internationalen Friedensrates"* und veröffentlichte die Zuschriften, die sie von besagten Mitgliedern bei diesem Anlasse erhielt. Da diese Zuschriften auf den Stand der Friedensbewegung zu jener Zeit ein interessantes Licht werfen, so lasse ich sie hier folgen:

LETTERS
Received by the Secretary of the international Arbitration and Peace Association from leading Men of Peace in France, Germany, Switzerland, and the United States.

Dr. Lasker, *Berlin, Leader of the Liberal Party in the German Reichstag, addressed to the Comittee on his acceptance of the position of President for Germany of the International Arbitration and Peace Association.*
Dear Sir, *Berlin, May 19th, 1881.*
I heartily sympathise with the efforts of the International Arbitration

and Peace Association, and thank its representatives for having invited me to join them.
As a basis for these efforts to get rid of the condition of perpetual preparation for war, it will be necessary to find an alternative whereby nations may settle their differences peacefully, yet without any loss of dignity.
As the disposition to adopt a peaceful solution of disputes grows in favour with the people of different countries, there will be less disposition to find causes for war, and consequently the preparations for war, now strained to the utmost, will diminish also.
Nations and Governments ought to promote true consolidation, and, if the claims of justice are recognised, reasonable considerations will have their influence in bringing about a settlement; appeals to armes will cease and an international code of law will be adopted, like that which prevails in all well-regulated States, in place of self-defence.
Yours faithfully,
E. Lasker.

Dr. Droz, *Avocat; Président de la Confédération Suisse.*
Berne, le 12 mai, 1881.
Monsieur,
La lettre que vous avez bien voulu m'adresser en date du 22 mars est allée d'abord à Genève, d'où elle m'a été réexpédiée an commencement d'avril. Absent dès lors, puis très occupé, je n'ai pu y répondre plus vite.
Je sympathise de tout cœur avec vous, et n'hésiterais point à accepter les fonctions honorables que vous m'offrez, si je pouvais prendre en même temps un engagement pour mes successeurs au siège présidentiel de la Confédération Suisse.
Agréez, Monsieur, les asssurances de ma considération distinguée.
Droz.

Adolphe Franck, *Membre de l'Institut; Professeur de Droit Naturel, et de Droit des Gens au Collége de France; Président de la Société Française des Amis de la Paix, 32, Rue de Boulogne, Paris.*
Saint Gratien, près Enghien-le-Bois, le 22 juillet, 1880.
Cher Monsieur,
C'est une bonne nouvelle que vous m'apprenez en m'annonçant la

formation prochaine d'an comité qui a pour but de faire prévaloir sur les passions belliqueuses, malheureusement encore vivantes chez les peuples civilisés,l'arbitrage international.
Une telle association, surtout si elle comprend dans son sein des membres aussi actifs et aussi éclairés que vous, cher Monsieur, ne peut manquer de contribuer puissamment à l'extinction du fléau de la guerre.
Aussi je m'unis à vous de cœur et de pensée, et je vous prie d'assurer votre comité que je serai heureux de seconder ses efforts autant que la permettent la distance et le dévouement plus direct que je dois à la „Société Française des Amis de la Paix."
Yeuillez agréer, cher Monsieur, l'expression de
mes sentiments dévoués,
Adolphe Franck.

Jean Dollfus, *Member of Parliament for Alsace in the German Reichstag, Président Honoraire de la Société Française des Amis de la Paix.*
Mulhouse, 28 septembre, 1880.
Messieurs,
Je vous suis très-reconnaissant d'avoir bien voulu me faire l'honneur de me nommer membre de votre excellente association pour chercher à arriver à un désarmement général, à la suppression des guerres et à régler pas arbitrage les difficultés entre les nations.
Je consens à prendre part à votre souscription pour une somme de dix livres sterling, et à vous envoyer en l'éta la premier cinquième en deux livres, à ma souscription pour les dix livres.
Veuillez agréer l'assrance de tout mon dévouement,
Jean Dollfus.

Père Hyacinthe, *Neuilly-sur-Seine, Paris 23,*
Boulevard Eugène, Neuilly, *29th June, 1881.*
Dear Sir,
I do not hesitate to place my name among those who wish and work for a better state of things among Christian peoples, and I do not hesitate to say that humanity is still low down in the scale of progress when brother must slay brother to establish justice in the world; and that, too, among those who are in the avantgarde of civilisation. War may be a neccessity among savages, an evil among pagans, but it is a crime

among Christians. May God lead us to better things!
Hyacinthe Loyson, prétre.

Edmond De Pressensé, *Pasteur, Paris.*

Paris, le 26 Juin, 1881.

Monsieur,
Je n'ai aucune objection à figurer dans la liste de vos adhérents, car on ne peut hésiter sur la beauté du but que vous poursuivez.
Edmond de Pressensé.

Charles Lemmonier, *Président de la Ligue Internationale de la Paix et de la Liberté.*
1. Quai Des Bergues, Genève.
Cher Monsieur,
Nous vous félicitons des progrès rapides que vous nous annoncez. Il est inutile d'ajouter que nous sommes à votre disposition en tout ce qui nous sera possible. Veuillez agréer, cher Monsieur, l'assurance bien cordiale de mes sentiments,
Ch. Lemmonier.

Dr. Eduard Löwenthal, Editor – „Die Weltbühne",
„La Scène du Monde."

Paris, 20. Juni 1881.

Sehr geehrter Herr,
Mit Bezug auf Ihre werthe Zuschrift vom 17. des Monats verfehle ich nicht, Ihnen und dem Executiv-Comité Ihres Vereins den verbindlichsten Dank dafür auszusprechen, daß Sie mich mit der Wahl zum Mitglied des *„International Council"* beehrt haben. Daß ich seit 1868 im Sinne der *International Arbitration and Peace Association* thätig war, bekunden Ihnen meine Schriften:
a) Der Militarismus als Quelle der Massenarmuth.
b) Flugschrift zur internationalen Friedenspropaganda.
c) Grundzüge zur Reform und Codification des Völkerrechts.
Eine wirksamere und weniger einseitige Propaganda zur Erreichung der von uns angestrebten Ziele halte ich für dringend geboten, da sich die bestehenden Friedensgesellschaften bis jetzt als ziemlich unfruchtbar erwiesen haben, und von nationaler Einseitigkeit nichts weniger als frei sind.

Indem ich mein Organ die Weltbühne (*La Scène du Monde*) zur Verfügung stelle, versichere ich Sie meiner vollen Sympathie und zeichne als
Ihr ergebener Gesinnungsgenosse
Dr. Eduard Löwenthal

Auguste Demoulins, *Membre du Conseil de la Société Française des Amis de la Paix.*
15, Rue Du Faubourg, Montmartre, Paris, July 24, 1880.
Dear Sir,
My name is a poor support, but however humble it be it belongs to peace; it is acquired beforehand to any movement calculated to promote arbitration, disarmament, peace among men.
Therefore, you may use it as you will. I am fully at your disposal here for anything connected with our common movement.
Our travailleurs amis de la paix will hear with pleasure of your success, and are ready to co-operate with you.
Waiting for more details, I remain, dear Sir, truly yours.
Auguste Desmoulins.

Nathan Appleton, *Boston U.S.A.*
Boston, U.S.A., March 18, 1881.
Dear Sir,
As an American I heartily approve the principles of your Association, and wish you all success in the great work of international peace. The English and Americans should take especial interest in such a crusade, as the Alabama arbitration at Geneva was certainly one of the first examples of a difficult problem having been solved by peaceful means. I trust it is only a beginning in the good cause. I have had some little experience in war personally, and know how unsatisfactory a means of settlement it is. I shall be glad now to do something for peace.
Very trouly yours.
Nathan Appleton.

Alfred H. Love, *President of the Universal Peace Union, Philadelphia.*
Philadelphia, Ninth Month, 21st, 1880.
Respected Friend,
It is with great pleasure I acknowledge the receipt of your favour of 1 st

month, enclosing the Prospectus of the **International Arbitration and Peace Association**, *and I cordially sign the accompanying invitation to unite with it.*

You have very justly anticipated the views of some of us radical peace reformers when you say you believe „the friends of peace, whatever may be their opinions upon the lawfulness of all war, will recognise a practicable and statesmanlike policy, and will be prepared to aid in the consummation of this great work to the utmost of their power."

I will hail with grateful encouragement every effort that looks to the abolition of war and the whole military system.

I hope all the friends of peace will unite with you, whatever may be their private or corporate feelings on the subject of peace. Yours truly

Alfred H. Love.

Für die Errichtung einer obligatorischen internationalen Friedensjustiz habe ich in dem Pariser Wochenblatte *„Paris- Rome"* (Herausgeber: R. Raquény) am 14. September 1884 in einem Artikel das Wort ergriffen, der überschrieben war: *„A bas les armes!"* (Die Waffen nieder!) und der, wie folgt, lautete:

A BAS LES ARMES.

L'Etat est florissant; mais les peuples gémissent,
Leurs membres décharnés courbent sous mes hauts faits,
Et la gloire du trône accable les sujets.
Corneille.

Bien que l'exécration de ,.la force primant le droit" soit devenu de nos jours presqu'un lieu commun, nous entendons très rarement qu'on s'efforce de faire valoir un nouvel ordre des choses ou bien le régime exclusif du droit.

Les états ou leurs gouvernements, tout en demandant de la part des citoyens leur soumission absolue devant la justice ne reconnaissent, quand il s'agit de leurs propres prétentions, que le régime de la force brutale et de l'arbitraire. La France républicaine, au lieu de se mettre à la remorque du militarisme devrait prendre l'initiative pour remédier audit défaut de la politique traditionelle et en finir avec toutes les aspirations guerrières.

On devrait enfin régler radicalement toutes ces querelles concernant les clochers nationaux, – querelles qui ne cessent pas de creuser, l'une après l'autre, notre pauvre Europe.

On devrait entamer sans aucune hésisitation, ains que je l'ai déjà demandé dans mon journal La Revue Européenne, en 1875, à Bruxelles, la convocation d'un parlement européen, destiné a jouer désormais le rôle de l'aréopage international et à exécuter sur la base de l'autonomie des peuples les réformes si urgentes du droit des gens.
Toutes les nations européennes représentées dans ce parlement formeront dès lors, sauf leur autonomie dans les affaires intérieures, l'Union européenne dont la constitution fera disparaître à jamais le militarisme moderne, cette épée de Damoclès, qui plane sans cesse audessus de notre continent, menaçant de plus en plus de l'écraser.
Au fond de la politique actuelle une question excessivement grave s'approche de sa solution. C'est la question, si l'Europe et les peuples en dehors de l'Europe doivent être subjugués définitivement sous le régime de l'alliance césariste et si le régime de „la force primant le droit“ doit être éternisé ou si enfin l'autonomie des peuples et la justice de paix internationale en fait de politique doit être réalisée et régularisée d'une manière obligatoire et irréfutable.
A ce but, il faut qu'un comité exécutif se constitue pour préparer la convocation du dit Parlement européen, lequel devra s'occuper d'abord de la codification du droit des gens de l'avenir et de la procédure de la justice de paix politique.
Quant au nouveau partage de l'Univers, il dépendra dès lors de l'autonomie des peuples et les questions coloniales ne manqueront pas alors d'être réglées d'une manière équitable et conforme aux intérêts de tous les partis.
Il est plus que temps de substituer au droit du canon, le vrai droit, la véritable justice, ce droit éternel qui n'est jamais en contradiction ni avec la morale ni avec la conscience de l'humanité.
Edouard Löwenthal.

Am 28. Dezember 1886 veröffentlichte ich im Pariser „*Entendard*“ (späterer Titel des Blattes „*Paris-Rome*“) einen Aufruf zur Gründung eines Comités, welches die Aufgabe haben sollte, ein europäisches Plebiscit bezüglich der Ersetzung des Krieges durch eine obligatorische internationale Friedensjustiz anzubahnen.

In seiner Nr. vom 11.Januar 1887 brachte mit Bezug hierauf der „*Entendard*“ an seiner Spitze folgende Mitteilung:

L'article de M. Ed. Lœwenthal, Un plébiscite européen, publié dans l'Etendard du 28 décembre dernier, où l'auteur a proposé la constitution d'un comité pour préparer un plébiscite européen sur la question de la nécessité de substituer à la guerre une justice de paix internationale et de convoquer un parlement européen pour réformer et codifier le droit des gens, cet article a trouvé un bon accueil chez les amis de la paix dans tout l'Europe, et le comité en question sera constitué dans les premiers jours du mois de février. Les adhésions peuvent être adressées à la rédaction de l'Etendard.

Im *„Etendard"* vom 16. Februar 1887 veröffentlichte ich folgenden, die Idee einer Europäischen Union in den Vordergrund stellenden Artikel:

L'UNION EUROPEENNE DE L'AVENIR.
A l'occasion des armements extraordinaires de toutes les puissances de l'Europe, on a le plaisir de relever un phénomène d'une haute importance: c'est que plus ces armements augmentent, plus les intentions pacifiques des peuples s'accentuent, de sorte qu'il ne faudrait qu'organiser des manifestations populaires dans tous les pays européens pour mettre fin à jamais à cette émulation destructive qui, sans cesse, nous fait danser sur un volcan.
Ce serait faire une politique inattaquable et remplir un devoir humain de premier ordre que de donner l'impulsion à des meetings populaires, à des pétitions internationales qui devront être adressées aux gouvernements européens en faveur d'un arrangement légal des rapports entre les Etats différents de l'Europe.
Les dites pétitions devront tendre (comme je l'ai proposé déjà en 1869 dans ma brochure: Le Militarisme comme cause du Paupérisme) à la constitution d'une Union européenne dans les conditions suivantes:
1. Tous les Etats de l'Europe devront former une Confédération sous le régime des gouvernements existants, intitulée: Union européenne.
2. Les régents ou présidents représentant l'Union européenne s'obligeront de ne plus faire appel à la guerre dans des conflits avec d'autres Etats, mais de se soumettre, dans ces cas, à la juridiction du tribunal de paix international, qui devra être établi dans ce but.
3. Une Assemblée législative internationale, formée des délégués des Parlements particuliers, sera constituée pour réformer et codifier le droit des gens.

4. Le pouvoir exécutif de l'Union européenne sera formé par le Congrès des régents des Etats indépendants de l'Europe et parleurs ambassadeurs en qualité de conseillers rapporteurs.
5. Les armées permanentes seront réduites sous le contrôle de l'assemblée législative et serviront à l'avenir pour sauvegarder la paix et l'ordre public au nom du pouvoir exécutif et du tribunal de la paix international.
Non seulement les Parlaments, mais aussi les conseils municipaux et la presse de toute l'Europe devraient s'occuper le plutôt possible de cette réforme tranchante et produire ainsi un mouvement populaire universel en faveur de cette transformation politique du monde civilisé, de façon que les gouvernements eux-mêmes ne pourront plus refuser leur sanction à cette ultima ratio populorum, *qui seule pourra garantir les intérêts de tous les peuples, – intérêts dont la solidarité n'est contestée que par les partisans du militarisme et de l'abrutissement.*
Edouard Löwenthal.

Zur Zeit des Ministeriums *Jules Ferry*, das sich durch eine versöhnliche Haltung gegenüber Deutschland bemerklich machte, d. h. im März 1885, gab ich mit dem französischen Journalisten *Edouard Grauce* in Paris ein Blatt heraus unter dem Titel *„La Revanche Antiguerrière"*. In meinem Programm-Artikel entfaltete ich das Friedensbanner mit dem Losungswort *„La Revanche"*. Der Artikel lautete, wie folgt:

LA REVANCHE.

C'est ma guerre à moi!" a dit l'impératrice en conseil des Ministres; femme néfaste dont la parole a provoqué l''embrasement.
On admettra, après cet aveu, qui est d'une notorieté historique, que la responsabilité des évènements de l'Année terrible n'incombe ni au peuple français ni au peuple allemand.
L'excitation guerrière une fois produite par la presse et par les parlements, la déclaration de la guerre de l'un ou de l'autre côté n'est qu'une question d'étiquette diplomatique et le signal au massacre donné, les orgies de la force brutale, de la fureur belliqueuse vont leur train.
L'homme, l'image de Dieu, prend pour image, alors,la bête féroce, à laquelle il emprunte les instincts. Le Dieu de la paix et de la raison, le

Dieu du droit et de l'humanité est détrôné alors, et remplacé par le fameux Dieu des batailles, qui ne connaît, celui-là, ni la fraternité ni d'autres sentiments humains.
Les soldats, on le sait bien, n'ont plus de volonté dès qu'ils portent l'uniforme. Ce ne sont plus des citoyens, des hommes libres, mais seulement des machines à tuer qui se font tuer. La loi martiale ne connaît que l'obéissance aveugle, les soldats donc sont les moins responsables des horreurs de la guerre.
Revenons à la guerre 1870-71. Quels étaient les motifs du peuple français et du peuple allemand pour se haïr réciproquement et cela de telle façon qu'ils devaient se faire la guerre?
Certes, il serait difficile de donner une réponse satisfaisante à cette question puisque cette haine elle-même n'existait pas de fait avant la dite guerre.
Les Allemands, il est vrai, n'étaient pas craints par les Français avant 1870, mais ils étaient respectés et bien appréciés en général et quant aux français ils étaient estimés en Allemagne et pris pour exemples du savoir-vivre, de l'urbanité et du bon goût; et, avant tout, on n'avait jamais oublié que les peuples de toute l'Europe doivent tout ce qu'ils possèdent de libertés politique et religieuse,à la véritable réunion avec l'Alsace-Lorraine, voilà enfin une oevre malheureusement trop longtemps retardée, celle du couronnement de l'édifice de la grande révolution francaise. Et maintenant que tous ceux pour qui la revanche, la vrai revanche! Celle de la paix sur la guerre, est plus qu'une traite à échéance indécise, veuillent bien s'associer à nous, pour cette oevre de la sanction de la paix, de la liberté et de la prospérité générale, ce but suprême de tous les co à la grande révolution française.
Et cette nation française qui a créé la base d e tous les progrès de notre siècle, qui a proclamé les droits de l'homme, qui a combattu si généreusement et avec tant de vigueur pour la liberté des peuples, elle devrait avoir fini son rôle émancipateur?
Non, mille fois non! la France a encore une mission autrement sublime à remplir que de rêver sans cesse à une revanche guerrière qui n'aurait pour conséquence qu'une série illimitée de guerres de revanche réciproque.
La revanche de la France ne doit pas se restreindre à la revendiction de L'Alsace Lorraine. C'est le militarisme lui-même qui doit être attaqué et anéanti par elle. La Marseillaise, le chant national de la France, n'est

pas un chant funèbre pour l'Alsace-Lorraine, c'est le chant de l'émancipation et de l'Union des peuples.
Et cette Union des peuples entamée par l'Union Franco-Allemande et accomplie par un Parlament Européen, convoqué pour établir une justice de paix internationale, voilmbats et de toutes le révolutions du passé!
Edouard Löwenthal.

Die im Jahre 1874 von mir vorgeschlagene einheitliche Organisation der Friedensgesellschaften und die alljährliche Abhaltung eines Kongresses Seitens derselben kam endlich vom Jahre 1889 ab zur Verwirklichung und im Jahre 1891 trat auch das internationale Friedensbureau in Bern als permanente Verkörperung und Centralorgan der einheitlich organisierten Friedensfreunde der verschiedenen Länder in's Leben.

Auch die von mir schon im Jahre 1869 angeregte und in meiner *„Flugschrift zur internationalen Friedenspropaganda"* (1874) bestimmter formulierte Idee eines internationalen Deputierten-Vereines kam im Jahre 1892/93 zur Verwirklichung, indem in Bern auch ein interparlamentarisches Friedens-Bureau errichtet wurde, dessen Aufgabe es ist, jedes Jahr eine interparlamentarische Friedenskonferenz zu veranstalten.

Infolge der Amnestie für politische und Preßvergehen, die in Preußen im Jahre 1888 nach dem Tode Kaiser Wilhelms l. von Kaiser Friedrich erlassen wurde, kehrte ich von Paris[6] nach Berlin zurück und nahm dort zunächst meine Tätigkeit für die religiöse Reform im Sinne der von mir im Jahre 1865 gegründeten *Cogitanten-Allianz* wieder auf, welche auch die Friedenspropaganda sich zur Aufgabe machte. Der § 5 der Statuten jener Allianz lautet nämlich:

„Das Cogitantentum[7] vertritt den Grundsatz, daß Gewalt an sich ohne ordentlichen obligatorischen Rechtsspruch nie ein wirkli-

---

[6] Die französischen Friedensfreunde, mit denen ich in Paris besonders in Berührung kam, waren *Frédéric Passy*, mit dem ich schon seit 1869 in Korrespondenz gestanden hatte, *Auguste Desmoulins, Edmond Potonié-Pierre, Th. Beauquier, E. Desmarest,* General *Türr, Edmond Thiaudière, R. Raquéni* ec.

[7] An sich stellt das Cogitantentum die Religion des Wissens und der Wissenserweiterung dar und als solche die Religion, die keine stereotypen Dogmen aufstellt und nie einem Veralten ausgesetzt sein wird. D. Verf.

ches Recht begründen kann. Demgemäß wirkt die *Cogitanten-Allianz* mit allen Kräften darauf hin, eine Völkerrechtsreform im Sinne der Errichtung einer obligatorischen internationalen Friedensjustiz herbeizuführen und den Krieg für immer zu beseitigen."

Da inzwischen trotz der einheitlichen Organisation der Friedensgesellschaften aller Länder ein wesentlicher Fortschritt bezüglich des Erfolges ihrer Bemühungen nicht zu verzeichnen war, so richtete ich im Jahre 1892 an den zu Bern tagenden Friedenskongreß und an die gleichfalls dort tagende interparlamentarische Friedens-Konferenz Namens der *Cogitanten-Allianz* folgendes Schreiben:

> „An das Präsidium des Friedenskongresses in Bern!
> In der Überzeugung, daß die periodische Feststellung der Wünsche der europäischen Friedensfreunde die Sache des Friedens um keinen Schritt vorwärts bringt, ersucht der unterzeichnete Präsident der *Cogitanten-Allianz* den in Bern tagenden Friedenskongreß, sich dafür auszusprechen, daß man endlich eine wirksamere und praktischere Agitation im Sinne der Begründung eines dauernden Friedens unter den civilisirten Nationen in Angriff nehme und nicht nur das Ziel fixire und in's Auge fasse, sondern auch das beste Mittel zur Erreichung dieses Zieles zu finden und anzuwenden trachte.
> Nach Dafürhalten des Unterzeichneten ist das sicherste Mittel zu diesem Zwecke eine energische und umfassende Agitation für die Constituirung einer Europäischen Union unter dem Regime der bestehenden Regierungen und mit einer regelmäßigen Internationalen Friedensgerichtsbarkeit nach dem Vorbilde der Austrägal-Instanz des ehemaligen Deutschen Bundestages.
> Schließlich sei auf die von dem Unterzeichneten im Jahre 1872 veröffentlichte Schrift ‚Grundzüge zur Reform und Kodification des Völkerrechts' verwiesen, deren Inhalt als Basis für die Constituirung der Europäischen Union dienen kann.
> Einer entsprechenden Berücksichtigung des Vorstehenden entgegensehend, zeichnet mit besten Wünschen für einen guten Erfolg des Berner Congresses etc, etc."

In dem von mir herausgegebenen Wochenblatt *„Die Neue Standarte"* veröffentlichte ich am 6. Mai 1893 in deutscher und französischer Sprache die Aufforderung zur Veranstaltung eines europäischen Plebiscits in Form eines offenen Briefes an die Gemeindebehörden der Städte und Ortschaften aller europäischen Länder. Der Aufruf lautete:

OFFENER BRIEF AN DIE GEMEINDEBEHÖRDEN DER STÄDTE UND ORTSCHAFTEN ALLER EUROPÄISCHEN LÄNDER.

Geehrter Herr Bürgermeister (Vorsitzender des Gemeinderaths ec.)

Der Unterzeichnete beehrt sich durch Ihre gütige Vermittelung dem Gemeinderath von … folgenden Vorschlag zu unterbreiten: In Anbetracht, daß die stets wachsenden Kriegs-Rüstungen den europäischen Frieden ohne Unterlaß bedrohen, statt ihn zu sichern, – in Anbetracht, daß die europäischen Regierungen nicht die erlösende Formel finden, um dem System der Gewaltpolitik bezw. des Faustrechts im Völkerverkehr ein Ende zu machen, – in Anbetracht daß die sog. Friedensgesellschaften nur schönrednerische Früchte zu Tage fördern, – erlaubt sich der Unterzeichnete Namens der *Cogitanten-Allianz* Sie ebenso wie alle Gemeindebehörden der europäischen Länder aufzufordern, in Ihrem Gemeindebezirk ein Plebiscit über folgende Fragen zu veranstalten:

1. Ist es wünschenswert, daß die europäischen Staaten sich als ein Staatenbund unter dem Titel „Europäische Union" und zwar unter dem Regime der bestehenden Regierungen constituiren – ja oder nein?

2. Ist es wünschenswert, daß bei Streitigkeiten zwischen Einzelstaaten der willkürliche Appell an militärische Gewaltmaßregeln seitens des einen oder anderen Staates durch eine regelmäßige politisch-internationale Gerichtsbarkeit ersetzt werde – ja oder nein?

3. Ist es wünschenswert, ein aus den Bürgermeistern oder Stadtrathspräsidenten aller europäischen Städte mit über 100.000 Einwohner zusammenzusetzendes europäisches Parlament einzuberufen, um das Völkerrecht nach den Grundsätzen der Vernunft, des Rechtes und der modernen Civilisation umzugestalten und in entsprechende Gesetzesform zu bringen, wie auch

eine dementsprechende Proceßordnung festzustellen – ja oder nein ?
Das europäische Parlament wird dann die Mitglieder des Internationalen Friedensgerichts aus seiner Mitte wählen und die Ergebnisse seiner Arbeiten und seiner auf den Willen der europäischen Nationen begründeten allenfallsigen Einrichtungen dem Regenten-Congresse der Europäischen Union zur Sanction unterbreiten. Derselbe wird sich dem einstimmigen Willen der Völker unseres Continents nicht wohl widersetzen können.
Indem ich Ihnen diesen Vorschlag zu freundlicher Berücksichtigung empfehle und Sie bitte, mich über Ihre Maßnahmen zu dessen Gunsten zu unterrichten, versichere ich Sie, geehrter Herr, meiner größten Hochschätzung und Ergebenheit.
Dr. Eduard Löwenthal, Präsident der *Cogitanten-Allianz.*

LETTRE OUVERTE AUX AUTORITES COMMUNALES DE TOUTES LES VILLES ET VILLAGES DE L'EUROPE.

Monsieur le maire (président du conseil municipal)!
Le soussigné a l'honneur de soumettre par votre bonne entremise au conseil municipal de … la proposition que voici:
Considérant que les armements toujours croissants menacent sans cesse la paix européenne au lieu de l'assurer,- considérant que les gouvernements de l'Europe ne trouvent pas la formule délivrante pour mettre fin au système de la force primant le droit, – considérant enfin que les ligues et sociétés de la paix ne produisent que des fraits rhétoriques,- le soussigné, au nom de l'Alliance des Cogitants, se permet de vous inviter, ainsi que toutes les autorités communales des villes et villages de l'Europe, à vouloir bien entamer et faire exécuter dans votre commune un plébiscite sur les questions que voici:
1. Est-il désirable que les Etats européens se constituent en une confédération intitulée L'Union Européenne et cela sans porter préjudice au régime des gouvernements existants, – oui ou non?
2. Est-il désirable relativement aux différends entre des Etats particuliers, que le recours arbitraire de l'un ou de l'autre Etat à la force militaire soit remplacé par une juridiction régulière internationale – oui ou non?
3. Est-il désirable de convoquer un Parlement européen, composé des maires ou des présidents des conseils municipaux de toutes les villes de

l'Europe, comptant plus de 100.000 habitants avec la mission de réformer et de codifier le droit des gens selon les principes de la raison, du droit et de la civilisation moderne et pour voter une loi de procédure judiciaire conformément à ce nouveau code de droit des gens, – oui, ou non?

Le parlement européen choisira alors les membres du tribunal de paix international de son propre milieu et soumettra les résultats de ses travaux et de ses créations, basées sur la volonté des nations européennes à la sanction du Congrès des régents de l'Union Européenne, qui ne pourront bien s'opposer à la volonté unanime des peuples de notre continent.

En recommandant cette proposition à votre bon accueil et en vous priant, Monsieur, de lui donner suite le plutôtpossible et do m''informer de ce que vous allez faire dans ce sens, j'ai l'honneur de vous présenter l'expression de ma très haute considération.

Le Président de la „Cogitanten-Allianz". Dr. Edouard Löwenthal.

Dieser Aufruf hat in Frankreich eine bedeutende Kundgebung zur Folge gehabt. Ein Comité von französischen Friedensfreunden, an dessen Spitze *Jules Simon* und einige Senatoren, ferner *Yves Guyot* und andere Politiker und Journalisten standen, veröffentlichte einen schwungvollen Aufruf an die Männer und Frauen Frankreichs, sie mögen durch Unterzeichnung einer Friedenserklärung eine großartige Kundgebung veranstalten. Diese Massenerklärung des französischen Volkes solle zunächst die französische Regierung und das Parlament von den wahren Bedürfnissen und Gefühlen der Franzosen unterrichten. Es solle ausgesprochen werden, daß der Weg des Friedens und der Gerechtigkeit nicht mehr verlassen werden dürfe. Die Politik solle es sich fortab zur Aufgabe machen, durch Schaffung von permanenten Schiedsgerichten und anderen Rechtsmitteln eine Herrschaft des Rechtes zwischen den Völkern herzustellen. Frankreich, das zuerst die Menschenrechte anerkannte, müsse auch ohne weiteres Zögern die Rechte der Völker anerkennen. Die heiligsten dieser Rechte seien das Recht auf Frieden und das Recht auf Gerechtigkeit.

Ich bemerkte hierzu in der *„Neuen Standarte"*: „Nach dieser französischen Volkskundgebung, die durch gleiche Massenkundgebungen aller anderen europäischen Völker unserem Vorschlage gemäß ein allgemeines europäisches Plebiscit zu Tage fördern dürfte, wird es sich nur darum handeln, welche Regierung die Initiative zur Verwirklichung der europäischen Unionsidee mit obligatorischer Friedensgerichtsbarkeit ergreifen wird. Von Staatsmännern allerdings, deren Blick nicht über den Winkel hinausreicht, den ihre Nase beschreibt, ist diese Initiative nicht zu erwarten. Hoffen wir, daß die deutschen Staatsmänner nicht zu dieser Kategorie gehören!"

In dem Wunschzettel, den ich in der *„Neuen Standarte"* für die deutschen Reichstagswahlen vom Jahre 1893 aufstellte, lautete der erste Punkt:

> Zu erstreben ist von dem neuen Reichstag „1. Die Anbahnung eines europäischen Staatenbundes oder einer Europäischen Union unter dem Regime der bestehenden Regierungen mit einer obligatorischen internationalen Friedensgerichtsbarkeit, um den immer unerträglicher werdenden Kriegsrüstungen und Militärlasten ein Ende zu machen."

Der Vollständigkeit wegen mögen auch die übrigen Punkte jenes Wunschzettels, wenn sie auch nicht die Friedensbewegung betreffen, hier noch Platz finden: Sie lauteten:

> „2. Die tatsächliche Durchführung der verfassungsmäßig festgestellten Gleichberechtigung aller Staatsbürger ohne Unterschied des Glaubens und der Abstammung, besonders im Hinblick auf die Zulassung zu den höheren und höchsten Stellen im Staatsdienst; 3. Die Bewilligung von Diäten an die Reichstagsabgeordneten. 4. Die Herabsetzung der Gerichtskosten auf ein der Unentgeltlichkeit nahekommendes Minimum. 5. Die Aufhebung der vorläufigen Vollstreckbarkeit erstinstanzlicher gerichtlicher Urteile."

Der Reichskanzler Graf *Caprivi* stand meinen Aufforderungen zur Gründung einer Europäischen Union mit einer obligatorischen internationalen Friedensjustiz keineswegs unsympathisch gegenüber, nachdem ich mich namens der Cogitanten-Allianz an ihn gewandt hatte. Unmittelbar daran sprach er in Danzig und auch im Reichstag von einem „Zusammenschluß der europäischen Staaten, den Deutschland zu fördern bestrebt sei, da es den Ruhm haben wolle, die Kultur Europas zu fördern."

Über einen Antrag, den ich namens der Cogitanten-Allianz beim Friedenskongreß in Antwerpen (29. August bis 1. September 1894) stellte, berichtete das Berliner Correspondenzbureau und verschiedene Blätter Folgendes:

> „Die Cogitanten-Allianz in Berlin beantragt (beim Antwerpener Friedenskongreß) die Einberufung eines europäischen Parlamentes, das aus den Vorstehern der Gemeinderäte aller mehr als 100.000 Einwohner zählenden europäischen Städte zusammengesetzt sein soll und den Auftrag hätte, das Völkerrecht zu revidieren und seine Beschlüsse dem Kongresse der zu einem Bunde vereinigten europäischen Staaten (ohne Beeinträchtigung der bestehenden Regierungen) zur Sanctionirung zu unterbreiten. Um die Einberufung eines solchen europäischen Parlamentes herbeizuführen, soll nach dem Vorschlag der Cogitanten-Allianz zunächst durch die Gemeindevorstände ein europäisches Plebiscit über die Frage der Einführung einer regelmäßigen obligatorischen Friedensgerichtsbarkeit zur Schlichtung internationaler Konflikte veranstaltet werden."

Der Kongreß ging auf diesen Antrag nicht näher ein, wie denn überhaupt diese Friedenskongresse nicht dem entsprachen, was ich bei Anregung ihres Zustandekommens von ihnen erwartete. Zumeist beschränkten sie sich darauf, eine Resolution zu gunsten des facultativen Schiedsgerichtsprinzipes anzunehmen und dies alljährlich zu wiederholen, wenigstens bis zum Jahre 1900. Doch davon später!

Der meiner Anregung zufolge entstandene interparlamentarische Friedensverein hielt am 13. August 1895 in Brüssel eine Konferenz ab. Dieser hatte ich eine zu dieser Zeit erschienene Broschüre von mir unterbreitet, welche betitelt war: *„Ein Welt-Staatenbund als sicherstes Mittel zur Beseitigung des Krieges."* In dieser Broschüre erfährt das Schiedsgerichtssystem eine ziemlich abfällige Beurteilung. Gegenüber diesem System, so heißt es darin, machen die Anhänger des Militarismus geltend, daß keine Großmacht die Entscheidung über ihre eigenen Interessen, soweit es sich nicht um unbedeutende Dinge handelt, aus den Händen geben oder den jeweilig zu ernennenden Schiedsrichtern überlassen könne. In der Tat wird auch durch ein bloßes Schiedsgerichtssystem, dessen Anerkennung dem

Belieben der einzelnen Mächte überlassen bleibt, der Krieg nicht aus der Welt geschafft werden. Dieses Ziel ist vielmehr nur durch eine völkerrechtlich zu sanktionirende, allgemein verbindliche und regelmäßige internationale Gerichtsbarkeit zu erreichen. Das Rechtsprinzip muß endlich auch in der Politik seine zwingende Geltung erlangen. Nimmt man an, so heißt es in besagter Schrift, daß infolge der allgemeinen Wehrpflicht die Völker selbst friedliebender denn je geworden sind und daß auch die Staatsoberhäupter die Verantwortung für einen Krieg mit seinen furchtbaren Folgen nicht mehr leichten Herzens zu übernehmen geneigt sind, wie wir aus jeder Thronrede und Präsidentenbotschaft ersehen – nimmt man ferner an, daß z. B. Frankreich trotz seiner glänzenden Armee-Reorganisation Jahrzehnte verstreichen ließ, ohne seiner Revanchelust Folge zu geben, so darf man füglich behaupten, daß es nur der Initiative einer Großmacht bedürfte, um zu einer Reform und Kodifikation des Völkerrechts zu gelangen, wie ich sie schon im Jahre 1872 in meiner in mehrere Sprachen übersetzten Schrift: *„Grundzüge zur Reform und Kodifikation des Völkerrechts"* vorgeschlagen habe. Die bezügliche Initiative hätte umsomehr Aussicht auf Erfolg, als die ganze politische Weltlage dartut, daß der Schwerpunkt der auswärtigen Politik für die europäischen Großmächte jetzt fast ausschließlich in den Kolonialfragen oder wenigstens in außereuropäischen Fragen liegt und daß in all diesen Fragen ein Zusammengehen aller zivilisirten Nationen den Interessen der Einzelnen unter ihnen, wie der Gesamtheit am förderlichsten wäre.

Am 24. Oktober 1895 habe ich den im Jahre 1874 von mir gegründeten *Deutschen Verein für internationale Friedenspropaganda* aufs Neue ins Leben gerufen. In der Versammlung, die zum Zwecke der Neukonstituirung dieses Vereins in Steins Festsälen stattfand, konstatirte ich, daß die Friedensbewegung inzwischen weit populärer geworden sei, seitdem die Regierungen selbst immer entschiedener ihre Friedensliebe betonen und vor der Verantwortung eines Krieges mit seinen durch die moderne Technik erhöhten Schrecken zurückweichen. Trotz der Verallgemeinerung der Friedensbewegung sei man aber der Verwirklichung der Friedensidee noch um kein Haar näher gekommen, weil die Friedensgesellschaften nur in dem fakultativen Schiedsgerichtsprinzip das Mittel zum Frieden erblicken, während dieses zur Entscheidung großer politischer Fragen bei den Mächten nie auf Annahme zu rechnen habe. Das wahre Mittel zur Sicherstellung eines bleibenden Friedens sei nur in einem zeitgemäß reformirten Völkerrecht zu erblicken, in einem von den bestehenden Regierungen abzuschließenden und von den Parlamenten zu genehmigenden Völkerrechtsvertrag, worin die Regierungen den unbedingten Verzicht auf eigenmächtige Selbsthilfe und ihre unbedingte Unterwerfung unter die Urteile der zu errichtenden obligatorischen internationalen Friedensjustiz aussprechen.

Schon 3 Monate nach der Neukonstituirung dieses Vereins konnte die *„Welt am Montag"* (vom 20. Januar 1896) Folgendes über dessen Wirksamkeit berichten:

> „Eine neue Richtung in der modernen Friedensbewegung vertritt der im Jahre 1874 von *Dr. Eduard Löwenthal* begründete und im vorigen Jahre von ihm rekonstituirte ‚Deutsche Verein für internationale Friedenspropaganda'. Während die übrigen Friedensgesellschaften des In- und Auslandes von dem Schiedsgerichtssystem die Begründung eines bleibenden Friedens erwarten, erklärt der Begründer und Vorsitzende des genannten Vereines jenes System für ein ganz verfehltes, sofern dessen Annahme in jedem einzelnen Falle vom Belieben der einzelnen Mächte abhängig ist. Zur sicheren Begründung eines bleibenden Friedens hält der genannte Verein bezw. sein Begründer ein völkerrechtliches Übereinkommen unter den Regierungen aller zivilisirten Völker für nötig, worin erstere sich zum unbedingten Verzicht auf eigenmächtige Selbsthilfe und zur Unterwerfung unter die Urteile des einzusetzenden obligatorischen internationalen Friedensgerichts verpflichten. Der ‚Deutsche Verein für internationale Friedenspropaganda' hat es sich zur Aufgabe gemacht, eine auf den Abschluß eines solchen völkerrechtlichen Übereinkommens gerichtete Bewegung in ganz Europa in Fluß zu bringen. Als Einleitung zu der betr. Agitation hat der Vorstand des Vereins an den deutschen Reichstag eine Petition in obigem Sinne gerichtet, speziell dahingehend, der Reichstag möge die Reichsregierung veranlassen, sich denjenigen Regierungen anzuschließen, welche geneigt sind, in Unterhandlungen wegen Abschlusses eines die eigenmächtige Selbsthilfe in politischen Streitfragen ausschließenden völkerrechtlichen Überein-

kommens und Einsetzung eines obligatorischen internationalen Friedensgerichts einzutreten[8].

An die Vertreter der europäischen Großmächte, sowie des Kaiserreichs Japan und der nordamerikanischen Union in Berlin hat der Vorstand des *„Deutschen Vereins für internationale Friedenspropaganda"* zu Ende des Jahres 1895 in französischer Sprache ein Schreiben gerichtet, worin die Ziele des Vereins angegeben und die Anfrage an sie gerichtet wird, ob ihre bezw. Regierungen erbötig wären, in Unterhandlungen zu dem bezeichneten Zwecke einzutreten. Einige der Botschafter und Gesandten erklärten sich für inkompetent zur Beantwortung der betr. Anfrage. Andere nahmen sie *ad referendum*. Besonders bemerkenswert ist die Antwort, welche der

[8] Die Kompetenz des obligatorischen Friedens-Tribunals muss sich unbedingt auch auf die inneren Verhältnisse der Einzelstaaten erstrecken, denn das Prinzip der Nicht-Intervention, an welches sich die Diplomatie der Gegenwart so krampfhaft anklammert, läßt sich mit der unbestreitbaren Interessengemeinschaft der Völker und den civilisatorischen Ansprüchen der letzteren durchaus nicht mehr in Einklang bringen. Ich verweise in dieser Hinsicht auf einen Passus meiner schon im Jahre 1874 erschienenen „Grundzüge zur Reform und Codification des Völkerrechts" der dahin lautet: „§ 5. Da bei dem lebhaften materiellen und geistigen Völkerverkehr der Gegenwart gewisse Vorgänge in dem einen Staate auf die Verhältnisse der anderen Staaten nicht ohne Einfluß bleiben können, so sind letztere außer Stand, sich solchen, das Gesamtinteresse berührenden Vorgänge gegenüber gleichgiltig zu verhalten und die Intervention seitens des Convents der Staatsoberhäupter resp. des internationalen Friedensgerichts wird zur internationalen Pflicht, z. B. beim Ausbruch eines Bürgerkrieges in einem der völkerrechtlich verbündeten Staaten, oder gegenüber gemeingefährlichen Willkürakten und Verletzungen des Rechtsgefühls von Seiten einer einzelnen Regierung. Das internationale *laisser faire et laisse aller* ist Angesichts der immer intensiver werdenden Interessengemeinschaft der modernen Völker nicht mehr statthaft." Die Unhaltbarkeit des Nichtinterventionsprinzips trat in neuerer Zeit in eklatanter Weise zu Tage, bei den Unruhen auf Kreta, bei den chinesischen Wirren und anläßlich des Burenkrieges. Dass die Großmächte zu Gunsten der Buren nicht zur Intervention schritten, hat in der ganzen civilicierten Welt einen höchst peinlichen Eindruck hervorgerufen. Wenn sogar gegenüber der neulichen Militär-Revolution und dem Königsmord in Belgrad das Nicht-Interventions-Princip Seitens der Mächte festgehalten wurde, so haben sich dieselben damit nur eine große Blöße gegeben. Ihre Zurückhaltung in diesem Falle kommt geradezu einer Anerkennung des Rechtes auf Revolution gleich, – eine Anerkennung, die einzelnen Dynastien unter Umständen teuer zu stehen kommen könnte.

japanische Gesandte auf die besagte Anfrage erteilt hat. Sie lautet wie folgt:

> Kaiserlich japanische Gesandtschaft.
>
> Berlin, den 3. Dezember 1895.
>
> Ew. Wohlgeboren
>
> gestatte ich mir in höflicher Erwiderung auf Ihre sehr gefälligen an mich unter dem 29. v. M. gerichteten Zeilen hierdurch ergebenst mitzutheilen, daß, obwohl ich die darin zum Ausdruck gebrachten Gründe für die Erhaltung eines dauernden Weltfriedens im Interesse der ganzen Menschheit recht wohl beherzige und anerkenne, dennoch noch nicht die Zeit gekommen zu sein scheint, in der sich eine Verwirklichung dieser Ideen denken läßt; auch würde Japan in solchem Falle schwerlich zu den Mächten gehören, die sich einem so humanen Zwecke verschließen würden. Zum lebhaften Bedauern kann daher zur Zeit dem in Ihrem Schreiben ausgedrückten Wunsche nicht entsprochen werden. Genehmigen Ew. Wohlgeboren den Ausdruck und die Versicherung meiner vorzüglichen Hochachtung.
>
> Herrn *Dr. Ed. Löwenthal* Wohlgeboren hier Vicomte *Aoki.*

Ein französischer Diplomat erklärte mir, die französische Regierung würde sich zum Abschluß eines völkerrechtlichen Übereinkommens oben bezeichneter Art sofort bereit finden lassen, falls Deutschland sich dazu entschlösse, Elsaß-Lothringen an Frankreich zurückzugeben. – Da nun nach der principiellen und tatsächlichen Beseitigung des Krieges oder der eigenmächtigen Selbsthilfe unter den civilisierten Staaten alle Gebietsfragen selbstverständlich ihre Bedeutung als Machtfragen verlieren würden, so würde die veränderte Sachlage Deutschland ohne Zweifel gestatten, das unter den jetzigen Umständen unmögliche Opfer zu bringen und dem Wunsche Frankreichs zu entsprechen. Der bleibende Weltfrieden wäre damit gewiß nicht zu teuer erkauft, und Deutschland hätte das Verdienst, ihn durch ein besonderes Opfer besiegelt zu haben.

Am 4. Dezember 1895 richtete der *„Deutsche Verein für internationale Friedenspropaganda"* auf meine Veranlassung nachstehende Petition an den deutschen Reichstag:

„Da der Krieg infolge der ungeheuren Entwickelung der militärischen Zerstörungskunst immer unstatthafter wird und mit den wirtschaftlichen und humanitären Interessen der modernen Gesellschaft sich nicht mehr in Einklang bringen läßt, und da auch die Regierungen selbst nicht mehr leicht sich dazu entschließen, die Verantwortung für einen solchen auf sich zu nehmen, da endlich nach der völkerrechtlichen Beseitigung der eigenmächtigen Selbsthilfe auf politisch-internationalem Gebiete und der Errichtung eines auf eine obligatorische internationale Friedens-Gerichtsbarkeit gestützten europäischen und eventuell eines Weltstaatenbundes alle Gebietsfragen keine Bedeutung als Machtfragen mehr haben würden, erlaubt sich der unterzeichnete Vorstand des ‚*Deutschen Vereins für internationale Friedenspropaganda*', an den deutschen Reichstag das Ersuchen zu richten, die deutsche Reichsregierung aufzufordern, sich denjenigen Regierungen anzuschließen, die sich geneigt zeigen, in Unterhandlungen zum Zwecke der Verwirklichung dieser großen politischen und civilisatorischen Reform einzutreten."

Am 4. Dezember 1896 beschloß der Reichstag mit großer Majorität, diese Petition dem Reichskanzler zu Kenntnisnahme zu überweisen.

Der stenographische Bericht über die betr. Sitzung des Reichstages enthält darüber Folgendes:

„*Präsident: Wir gehen über zu Nr. 17:*
mündlicher Bericht über die Petition des deutschen Vereins für internationale Friedenspropaganda (Nr. 257 der Drucksachen).
Berichterstatter ist der Herr Abgeordnete Galler.
Der Antrag der Kommission geht dahin, die Petition des *deutschen Vereins für internationale Friedenspropaganda* dem Herrn Reichskanzler zur Kenntnisnahme zu überweisen.
In der eröffneten Diskussion hat der Herr Berichterstatter das Wort.
Berichterstatter Abgeordneter *Galler*: Meine Herren, es liegt uns hier eine Petition vor vom *Deutschen Verein für internationale Friedenspropaganda.* Der Wunsch dieses Vereins geht dahin, daß der Reichstag seinen Einfluß geltend mache, daß die Reichsregierung sich denjenigen auswärtigen Regierungen anschließen

solle, welche geneigt sind, internationale Schiedsgerichte einzurichten. Dieser Wunsch wird hauptsächlich dadurch motivirt, daß solche Schiedsgerichte in hohem Grade geeignet wären, die Kriege zu vermindern und die Herbeiführung solcher unmöglich zu machen. Ihre Kommission hat diese Petition in Besprechung genommen und ist auch zu der Überzeugung gelangt, daß es sehr löblich ist, alle Friedensbestrebungen zu unterstützen. Es ist ja eine erfreuliche Thatsache, daß die Bestrebungen der Friedensfreunde in immer weiteren Kreisen aller Nationen Fuß fassen, und man kann es nur mit Freuden begrüßen, daß auch in diesem hohen Hause die Zahl der Friedensfreunde eine nicht geringe ist. Es hat sich immer mehr die Ansicht herausgebildet, daß die Kriege unter allen Umständen vermieden werden müssen, daß dieselben sozusagen nur eine Erbschaft barbarischer Zeiten sind, die mit der modernen Kultur sich in keiner Weise mehr verträgt. Es wird deshalb schon seit Jahren von den Gebildeten aller Nationen mit allen Kräften darauf hingewirkt, diese internationalen Friedensgerichte einzurichten, die ja auch schon, trotzdem daß sie noch nicht international anerkannt sind, Gutes geleistet haben. Ich verweise nur auf die Alabama-Angelegenheit und verschiedene internationale Schwierigkeiten, die bisher schon oft den Keim zu großen Verwicklungen in sich getragen haben, aber durch die internationalen Schiedsgerichte unparteiisch und unblutig ausgetragen werden konnten.
Ich möchte Sie deshalb bitten, dem Antrag der Kommission zuzustimmen, daß diese Petition dem Herrn Reichskanzler zur Kenntnis übergeben werde.
Präsident: Das Wort wird nicht gewünscht; ich schließe die Diskussion, und wir kommen zur Abstimmung.
Der Antrag der Petitionskommission geht auf Überweisung der Petition des *Deutschen Vereins für internationale Friedenspropaganda* an den Herrn Reichskanzler zur Kenntnisnahme.
Ich ersuche diejenigen Herren, welche dem Antrag der Petitionskommission zustimmen wollen, sich von den Plätzen zu erheben.
(Geschieht)
Das ist die große Mehrheit; der Antrag der Kommission ist angenommen."

Die hier in Rede stehende Petition wurde in zahlreichen deutschen, französischen, italienischen und englischen Blättern im Wortlaut reproducirt und deren günstige Aufnahme Seitens des deutschen Reichstages mit Beifall festgestellt.

Der Gegensatz, in welchem die Anhänger der obligatorischen Friedensjustiz, d. h. die Mitglieder des *„Deutschen Vereins für internationale Friedenspropaganda“* zu den Anhängern des facultativen Schiedsgerichtsprincips standen, kam zum ersten Male zum vollen Ausdruck anläßlich der von Herrn *Felix Moscheles* in London angeregten und vom Berner Friedensbureau veranstalteten „Weltkundgebung“ der Friedensgesellschaften Europa's und Amerika's. Während nämlich sämtliche Friedensgesellschaften die vom Berner Bureau vorgeschlagene Resolution zu Gunsten des Prinzips der schiedsrichterlichen Erledigung internationaler Streitigkeiten annahmen, faßte der *Deutsche Verein für internationale Friedenspropaganda* seine Ansichten in folgender von mir beantragten Resolution zusammen:

> „Da das facultative Schiedsgerichtsprincip die absolute Beseitigung des Krieges nie zur Folge haben wird, so hält es der *Deutsche Verein für internationale Friedenspropaganda* für geboten, daß die gesamten Friedensgesellschaften die einzelnen Regierungen und Parlamente auffordern, eine auf Einsetzung eines obligatorischen internationalen Friedensgerichts hinzielende Reform des Völkerrechts herbeizuführen, derart, daß die Regierungen verpflichtet werden, auf eigenmächtige Selbsthilfe mittels Krieges künftig zu verzichten und solchermaßen die neue Ära des auf die Achtung vor dem Gesetz geschützten Völkerfriedens herbeizuführen.“

Seiner Zustimmung zu dieser Resolution gab übrigens auch der Vorsitzende der *„Ligue universelle du bien public“*, Herr *Edmond Potonié-Pierre* Ausdruck, indem er in dem Pariser Wochenblatt *„L'Epoque“* (vom 29. März 1896) schrieb:

> *„Nous sommes entièrement de l'avis de notre ami le Dr. Edouard Löwenthal, qui dit.: ‚Le principe de l'arbitrage international n'ayant jamais pour effet, a cause de son caractère facultatif, l'abolition absolue de la guerre, l'assemblée publique du ‚Deutscher Verein für internatio-*

> *nale Friedenspropaganda', société fondée par Lœwenthal en 1874, tient à ce que toutes les Sociétés de la paix invitent les gouvernements respectifs à entamer une réforme du droit des gens tendant à l'établissement d'une ,Justice de paix internationale obligatoire', de telle sorte que les gouvernements renoncent dès lors à se faire justice euxmême par la guerre et inaugurent ainsi l'ère nouvelle de la paix internationale basée sur le respect de la loi '."*

Das Prinzip der obligatorischen internationalen Friedensjustiz wurde von dem *„Deutschen Verein für internationale Friedenspropaganda"* auch auf dem Friedenskongress in Budapest (17.-22. Sept.1896) zur Geltung gebracht und zwar durch folgenden Antrag:

> „Da das internationale Schiedsgerichtssystem infolge seines ausschließlich facultativen Charakters sich nur zur Schlichtung von Staaten-Conflitkten untergeordneter Art eignet und in solchen Fällen auch schon längst angewandt wird, so ist es als Selbsttäuschung anzusehen, wenn man von besagtem System die Abschaffung der Kriege erwartet. Der *‚Deutsche Verein für internationale Friedenspropaganda'* in Berlin fordert daher alle Friedensgesellschaften auf, sich seinem Programme anzuschließen, welches auf Herbeiführung eines völkerrechtlichen Übereinkommens unter den Regierungen der civilisierten Nationen gerichtet ist, worin diese sich verpflichten, auf jede eigenmächtige Selbsthilfe im Fall von Streitigkeiten mit anderen Staaten zu verzichten und sich unbedingt den Entscheidungen der zu errichtenden obligatorischen internationalen Friedensjustiz zu unterwerfen."

Dieser Antrag wurde von dem fast ausschließlich von Anhängern des facultativen Schiedsgerichts besuchten Kongresse abgelehnt, was mich zu einem Proteste veranlaßte. Der *„Pester Lloyd"* vom 1. Oktober 1896 veröffentlichte denselben, wie folgt:

> „Mit dem Ersuchen um Veröffentlichung ist uns heute der folgende ‚Protest gegen das Verhalten des Budapester Friedenskongresses' zugekommen: Nachdem der internationale Friedenskongreß in Budapest zum siebenten Male das leere Stroh des Schiedsgerichtssystems gedroschen und unseren Antrag betreffs Anstrebung einer obligatorischen internationalen Friedensjustiz

trotz dessen beredter Vertretung durch unseren Delegirten, Herrn *Felix Laraze,* abgelehnt hat, nachdem man sogar die Verhandlung darüber in den Berichten an die Presse todtzuschweigen suchte und auch zur Quellfrage eine sehr schwächliche Haltung einnahm, protestiren wir gegen diese Art von Friedenssport und fordern alle wahrhaften Interessenten der Beseitigung des Krieges auf, sich dem *,Deutschen Verein für internationale Friedenspropaganda'* anzuschließen, der diese Beseitigung durch Anbahnung einer Völkerrechtsreform im Sinne der Errichtung einer obligatorischen internationalen Friedensjustiz herbeizuführen sucht, d. h. durch Beschreiten des einzigen Weges, auf dem das Ziel eines bleibenden Weltfriedens sicher zu erreichen ist.
Berlin, 30. September 1896.
Im Auftrage des Vorstandes des *„Deutschen Vereins für internationale Friedenspropaganda'*
Dr. Ed. Löwenthal, 1. Vorsitzender."

Während des im September 1896 in Berlin tagenden Welt-Frauen-Congresses berief ich eine Frauenversammlung behufs einer Kundgebung zu Gunsten des von mir und dem *„Deutschen Verein für internationale Friedenspropaganda"* vertretenen Princips ein. Die Versammlung war von etwa 600 Personen (darunter gegen 400 Frauen) besucht und nahm nach einer glänzenden Rede der Frau *Marie Stritt* auf meinen Antrag folgende Resolution an:

„Da die Einführung der unbedingten Herrschaft des Rechtes auch auf politischem Gebiete und damit die Abschaffung des Faustrechtes unter den Völkern eine der dringendsten Forderungen der modernen Civilisation ist, – eine Forderung, deren Verwirklichung besonders auch für die Frauenwelt die größte Bedeutung hat, so beschließt die heutige Frauenversammlung im City-Hotel zu Berlin, mit allen Kräften darauf hinzuwirken, daß der von dem *,Deutschen Verein für internationale Friedenspropaganda'* erhobene Ruf nach einer Reform des Völkerrechtes im Sinne der Einführung einer regelmäßigen obligatorischen internationalen Friedensjustiz zum Ausgleich internationaler Streitigkeiten auch von Seiten der Frauenwelt immer allgemeiner und entschiedener zur Geltung komme und der Barbarei des Krieges damit entgegengewirkt, beziehungsweise dessen vollständige Beseitigung angebahnt werde."

Endlich veranstaltete ich Namens des *„Deutschen Vereins für internationale Friedenspropaganda"* auch eine Versammlung im Hörsaal der Berliner Gewerbeausstellung (1896), woselbst ich einen Vortrag über die Bedeutung der Friedensbewegung für Handel, Industrie, Wissenschaft hielt.

Um meine Stellung gegenüber den Schiedsgerichtsanhängern noch weiterhin zu präcisieren, veröffentlichte ich im August 1896 eine Schrift: *„Der wahre Weg zum bleibenden Frieden."*[9] Nach Erscheinen dieser Broschüre erhielt ich von *Frau Bertha v. Suttner*, der bekannten Verfasserin des Romanes „Die Waffen nieder", der viel zur Popularisierung der Friedensidee beigetragen hat, nachstehende Zuschrift:

Hermannsdorf 25.8.[18]96.

Hochgeehrter Herr Doctor!

Nur ein Wort in Eile: Habe eben zweimal hintereinander Ihre Broschüre „Der wahre Weg sc." durchgelesen. Was ich darin an Belehrung, Erhebung, Hoffnungsstärkung gefunden habe, macht es mir zur Pflicht, Ihnen aus warmem Herzen Dank zu sagen. Das ist alles so klar und so condensirt. Enthält Schlagworte und Auffassungen, die der Bewegung neue Kraft geben werden. Statt des so oft mißverstandenen, precären, sentimentalen „Friedens" – „gesicherte, internationale Rechtsordnung", das ist prächtig.

Verehrungsvoll *Bertha v. Suttner.*

Angesichts meiner entschiedenen Stellungnahme gegen das facultative Schiedsgerichtssystem, eine Stellungnahme, die auch von dem *„Deutschen Verein für internationale Friedenspropaganda"* geteilt wurde, sah dieser sich veranlaßt, um unliebsamen Verwechslungen vorzubeugen, seinen Namen umzuwandeln in: *„Deutscher Verein für obligatorische internationale Friedensjustiz."*

Die im Vorstehenden verzeichneten Kundgebungen und Maß-

[9] Berlin, Hannemann's Buchhandlung.

nahmen haben ihre Wirkung auch auf weitere Kreise nicht verfehlt. Denn sowohl in der Presse, wie auch unter den Friedensfreunden macht sich infolge jener seit einiger Zeit eine entschiedene Wandlung im Sinne des von mir aufgestellten Prinzips bemerklich. So bemerkte die „Frankfurter Zeitung“, die sonst stets für das Schiedsgerichtsprinzip eingetreten war, in einem Artikel über die interparlamentarische Konferenz im September 1896: „Ein Schiedsgericht mit einem noch so schönen Bestand und Statut hat keinen Zweck und hängt vollständig in der Luft, wenn man nicht zuvor sicher ist, daß die Regierungen sich vorkommenden Falles seiner auch bedienen wollen.“ – Sogar das Organ der *Londoner International Arbitration and Peace Association*, „*The Concord*“, begann dem Schiedsgerichtsprincip den Rücken zuzuwenden, indem es in seiner Nr. 136 (Okt. 1896) sich, wie folgt, ausließ:

> „Der Friedens-Congreß (in Budapest) konnte an nichts Besseres denken, als alte Beschlüsse noch einmal zu fassen, die allgemein gehaltenen Wünsche zu formuliren und Rosa-Wasser-Heilmittel (*rose-water-remedies*) vorzuschlagen. … Was die Anwendung des Schiedsgerichtsprinzips auf Streitigkeiten betrifft, wie sie jetzt die politische Welt beschäftigen, so glauben die Staatsmänner nicht an deren Möglichkeit und die Völker ebenso wenig … Ist es nicht an der Zeit, daß die Friedensfreundes ihre gegenwärtige Ohnmacht ernstlich in Erwägung ziehen, um einen neuen und wirksameren politischen Weg einzuschlagen?“

Mein entschiedenes Eintreten für eine obligatorische internationale Friedensjustiz und meine Kritik der Propaganda für das facultative Schiedsgerichtssystem veranlaßten die *International Arbitration and Peace Association* in nachstehendem Schreiben bei mir anzufragen, mit welchen Mitteln die von mir angestrebte Völkerrechtsreform im Sinne einer obligatorischen Friedensjustiz nach meinem Dafürhalten zu erzielen sei. Das Schreiben lautet:

> *International Arbitration and Peace Association.*
>
> *London, W. C. 16. April 1896.*
>
> *Dear Sir,*
>
> *I am desired by our Committee to state with reference to the proposal of your society for a reform in International obligatory Peace-Justice, that*

while not in a position to pledge themselves with regard to details that are not before them, they would be glad to see some means adopted by the which the object in view could be realised.
Yours faithfull *J. Frederic Green, Secretary.*
Herrn Dr. E. Löwenthal President Deutscher Verein für internationale Friedenspropaganda.

Meine Antwort auf diese Anfrage war folgende:

Monsieur Frédéric Green, secrétaire de l'International Arbitration and Peace Association, Londres.
En réponse à votre lettre du 3 Mai...j'ai l'honneur de vous faire remarquer que l'arbitrage facultatif ne pourra jamais aboutir à l'abolition de la guerre, puisqu'il dépendra selon ce système toujours des partis respectifs de soumettre leur litige aux arbitres proposés et à leur jugement, c'est seulement une Justice de paix internationale obligatoire, établie, moyennant une convention entre les États civilisés, que la guerre pourra être abolie définitiviment. Pour atteindre ce but il faut avant tout abandonner la fausse route de l'arbitrage facultatif et arranger des manifestations populaires internationales, comme je viens de le proposer, en faveur de l'établissement d'une Justice de paix internationale obligatoire. À la fin les gouvernements ne pourront plus résister auxdites manifestations de plus en plus énergiques. Travailler pour l'arbitrage facultatif c'est faire du travail inutile. J'espère donc, Monsieur, que votre Société estimée ne tardera plus à adhérer au programme du „Deutscher Verein für obligatorische internationale Friedensjustiz" en général et spécialement aux fêtes et manifestations internationales que nous allons organiser.
Recevez, Monsieur, l'expression de mes sentiments bien distingués.
Edouard Löwenthal.

Im Jahre 1897 gab ich eine Schrift heraus unter dem Titel: *„Obligatorische Friedensjustiz, nicht Schiedsgericht !"* (Berlin Hannemann'sche Buchhandlung). Dieselbe war dazu bestimmt, die Aufmerksamkeit weiterer Kreise auf die von mir inaugurierte neue Richtung in der Friedensbewegung hinzulenken.

Am 27. März wurde vom *„Deutschen Verein für obligatorische internationale Friedensjustitz"* folgender Aufruf erlassen:

Aufruf zur Veranstaltung
von Völker-Verbrüderungsfesten.

Nachdem die europäischen Großmächte in jüngster Zeit Griechenland daran zu verhindern suchten, zu eigenmächtiger Selbsthilfe zu schreiten, wäre es an der Zeit, daß sie auch ihrerseits eine dahingehende Verpflichtung eingehen und es zur völkerrechtlichen Norm erheben, internationale Streitigkeiten ausschließlich der Entscheidung einer mit entsprechender Exekutive auszustattenden regelmäßigen obligatorischen Friedensjustiz anheimzugeben. – Um unter den Völkern eine Bewegung in diesem Sinne in Fluß zu bringen, ladet der unterzeichnete Vorstand des *„Deutschen Vereins für obligatorische internationale Friedensjustiz"* alle Freunde eines bleibenden Friedens ein, sich an der Organisation von Völker-Verbrüderungsfesten zu beteiligen, die alljährlich abwechselnd in den einzelnen Hauptstädten Europas stattfinden sollen, um bei dieser Gelegenheit die Werte des Friedens zu feiern und gemeinsame Kundgebungen zu Gunsten der Einführung einer obligatorischen internationalen Friedensjustiz zu veranstalten. – Das erste dieser Völker-Verbrüderungsfeste soll Ende September d. J. in Berlin stattfinden. Beteiligungsanerbieten und etwaige Beiträge sind an den Unterzeichneten zu adressiren.

Berlin, im März 1897.

Der Vorstand des *„Deutschen Vereins für obligatorische internationale Friedensjustiz."*

Dr. Eduard Löwenthal	*R. Burgemeister,*
I. Vors., Bellealliancestr. 93.	II. Vors., Köpenickerstr. 80/81.
Ad. Lachmann,	*A. Gottgetreu,*
Kassierer, Schmidstr. 8a.	Schriftführer, Markusstr. 4.

Appel a toutes les nations civilisees.

Pour arriver à l'abolition de la guerre, il faut avant tout, que les peuples manifestent leur volonté dans ce sens d'une manière éclatante. C'est pourquoi la „ Société allemande pour l'établissement d'une Justice de paix internationale obligatoire" demande à tous les amis d'une paix permanente leur vaillant concours pour l'arrangement de fêtes périodiques internationales, ayant pour but de faire preuve de la fraternité des

peuples et de manifester grandement en faveur, non pas de l'arbitrage toujours falcultatif, mais d'une Justice de paix internationale obligatoire. – Ces fêtes, dont le programme sera publié ultérieurement, devront avoir lieu alternant dans les grandes villes de l'Europe et pour la première fois à Berlin vers la fin du mois de septembre 1897, à Bâle (Suisse) en 1898, à Bruxelles en 1899, à Paris en 1900 etc. etc. Les adhésions et dons devront être adressés au soussigné.
Berlin, au mois de mars 1897. (Voir les signatures ci-dessus).

Die mit diesem Aufruf gegebene Anregung fand überall großen Anklang, aber nicht in dem Maße, daß eine Verwirklichung der Idee zu erzielen war.

Zur Welt-Friedens-Kundgebung vom 22. Februar 1897 nahm der *„Deutsche Verein für obligatorische internationale Friedensjustiz"* folgende Resolution an, in welcher, wie man sieht, auch auf den von *Alfred Nobel* gestifteten alljährlich zu verteilenden Friedenspreis von 160.000 Mark Bezug genommen ist:

> „Nachdem wir schon im vorigen Jahre die Friedensgesellschaften aufgefordert haben, statt des nie zur Beseitigung des Krieges führenden facultativen Schiedsgerichtssystems das einer obligatorischen internationalen Friedensjustiz auf ihre Fahne zu schreiben, veranlaßt uns der zur bloßen Farce gewordene Versuch des Abschlusses eines Schiedsgerichtsvertrages zwischen England und der nordamerikanischen Union, unseren Ruf vom vorigen Jahre heute im verstärktem Grade zu wiederholen. – Das Andenken *Alfred Nobel's*, dem wir eine großmütige Stiftung zum Besten derer, die am meisten oder am besten für die Begründung eines dauernden Friedens gewirkt haben, verdanken, werden wir stets in Ehren halten, in der Hoffnung, daß die Vollstreckung seines letzten Willens nicht zu Gunsten der verfehlten Schiedsgerichts-Agitation, sondern zu Gunsten der allein zum Ziele führenden Aktion behufs Errichtung einer obligatorischen internationalen Friedensjustiz ausfallen werde."

Ein Ereignis, von dem man sich Anfangs die Verwirklichung der schönsten Träume der Friedensfreunde, d. h. nicht weniger, als die definitive Begründung eines dauernden Friedens und das Ende des militaristischen Systems der Weltpolitik versprach, war die am 28. August 1898 seitens des Kaisers von Rußland an alle Regierungen ergangene Einladung zu einer in *Haag* vom 18. Mai bis 29. Juli 1899 abzuhaltenden Friedens-Konferenz.

Obwohl *Graf Muraview* in seinem zweiten bezüglichen Zirkular ausdrücklich sich auf den Vorschlag der Anerkennung des fakultativen Schiedsgerichts[10] beschränkte, so glaubten doch auch die Mitglieder des *„Deutschen Vereins für obligatorische internationale Friedensjustiz"* mit mir, daß wenigstens ein Schritt zur Annäherung an die Verwirklichung unseres Ideales getan werden würde. Um keinen Zweifel darüber zu lassen, wie wir über das Vorhaben des Zaren dachten, richtete ich Namens des genannten Vereines nachstehendes Schreiben an den Präsidenten der Haager Konferenz:

„A Son Excellence M. de Beaufort, ministre des affaires étrangères, président d'honneur de la Conférence de la paix à la Haye!

Excellence! Le soussigné président du ‚Deutscher Verein für obligatorische internationale Friedensjustiz' a l'honneur de saluer avec la plus grande satisfaction la Conférence de la paix, convoquée grâce à l'initiative magnanime de S. M. l'Empereur de Russie.

Ayant propagé depuis plus de trente ans l'idée d'une Justice de paix internationale obligatoire, comme moyen unique pour l'abolition de la guerre, je me permets d'inviter les membres de la Conférence, siégeant à la Haye, à adopter cette idée, puisque l'arbitrage facultatif, manquant d'un caractère coércitif, ne changera rien a l'état des choses actuel. C'est tout simplement de cette adoption que dépendra la réussite de la Conférence.

Veuillez agréer, Excellence, l'expression de mes sentiments bien respectueux.

Edouard Löwenthal président du „Deutscher Verein für obligatorische internationale Friedensjustiz".

Berlin, le 12 mai 1899.

[10] Der betreffende Vorschlag in dem zweiten Circulare des *Grafen Murawiew* lautete: 3. *„Accepatation, en principe, de l'usage des bons offices de la mèdiation et de la'arbitrage facutatif, pour des cas qui s'y prêtent, dans le but de prévenir des conflits armés entre les nations entente au sujet de leur mode d'application et établissement d'une pratique uniforme dans leur emploi."*

Leider war es gerade die deutsche Reichsregierung, welche gegen jede Annäherung an das System der obligatorischen Friedensjustiz auf's Entschiedenste Verwahrung einlegte. Damit war das Schicksal der ganzen Unternehmung besiegelt, indem außer England und den Vereinigten Staaten von Nordamerika alle übrigen Regierungen durch ihre Delegierten dem deutschen Protest im Wesentlichen zustimmten. Einzelne derselben schlugen merkwürdiger Weise für untergeordnete, speciell für finanzielle Streitfragen die Erledigung durch ein obligatorisches Schiedsgericht vor. Für untergeordnete Streitfragen reicht aber gerade das fakultative Schiedsgericht aus, da dieselben ohnedies nicht zum Kriege führen.

Was nun das ständige Schiedsgericht betrifft, dessen Errichtung beschlossen worden ist, ohne daß aber Jemand verpflichtet ist, sich an dasselbe zu wenden, oder auf dessen Anrufung einzugehen, so ist dasselbe eine bloße Strohpuppe, die keineswegs den Krieg verscheuchen wird.

Wie wenig es die Teilnehmer an der Haager Konferenz auf Gründung eines wahren und dauernden Friedens abgesehen hatten, geht schon daraus hervor, dass sie den größten Teil der für die Konferenz bestimmten Zeit damit verbrachten, daß sie über eine Ergänzung der den Land- und Seekrieg betreffenden Gesetze und Gebräuche berieten. Das Ergebnis dieser Beratungen war eine *„Convention concernant les lois et coutumes de la guerre sur terre"* und eine *„Convention pour l'adaption à la guerre maritime des principes de la Convention de Genève du 22 Août 1864."*

Bei wirklich gutem Willen der Regierungen in Betreff der Abschaffung des Krieges hatten sie blos nötig, sich sämtlich zu verpflichten, unter keinen Umständen zu eigenmächtiger Selbsthülfe zu schreiten und bezüglich ihrer etwaigen Streitigkeiten sich unbedingt den Urteilen des zu errichtenden obligatorischen Friedensgerichts zu unterwerfen. Durch eine solche Konvention würde die Souveränität der einzelnen Staaten eher gesichert, als beeinträchtigt werden. Denn die Herrschaft des Rechtes ist ein stärkeres Bollwerk, als die der Willkür und des in jeder Hinsicht zweifelhaften „Kriegsglückes".

Wenn der Haager Konferenz irgend ein nützliches Resultat zugeschrieben werden soll, so kann es nur darin gefunden werden, daß durch dieselbe außer Zweifel gestellt worden ist, daß durch ein wenn auch permanentes fakultatives Schiedsgericht der Krieg nie aus der Welt geschafft werden kann und daß nur das von mir seit 40 Jahren verfochtene System einer obligatorischen Friedensjustiz zu dem gewünschten Ziele führen kann.

Die Probe auf die Lösung des Friedensproblems mittelst des fakultativen Schiedsgerichts nach dem Rezept der russischen Diplomatie ließ nicht lange auf sich warten. Der Krieg in Südafrika und die Eroberung der südafrikanischen Republiken durch England folgte der Haager Friedens-Konferenz auf dem Fuße.

Der Zar *Nikolaus II.* scheint übrigens auf das Haager Schiedsgericht selbst keine großen Hoffnungen mehr zu setzen. Anläßlich der vor Kurzem stattgehabten Feier des Jubiläums der Stadt St. Petersburg wurde ihm nämlich von dem Vorstand des Pariser Stadtrates, *Herrn Deville,* eine goldene Figur überreicht, die den „bewaffneten Frieden" darstellt, da soll der Zar, nachdem er die Figur längere Zeit betrachtet hatte, geäußert haben: „Ganz richtig, der bewaffnete Friede – nur auf diese Weise kann man den Frieden erhalten – man muß allezeit zum Kriege bereit sein!" Von der im Haag verfochtenen Abrüstungspolitik will hiernach der Zar selbst nichts mehr wissen.

Die grelle Beleuchtung der absoluten Wertlosigkeit des facultativen, zu Kriegskosten-Berechnungen allenfalls geeigneten Haager Schiedsgerichtes durch den mehrere Jahre dauernden Burenkrieg mußte auch den verblendetsten Anhängern des facultativen Schiedsgerichtsprincips schließlich die Augen öffnen, so daß auch die Affilierten des Berner Friedensbureaus sich genötigt sahen, auf den letzten drei Friedenskongressen in Paris, Glasgow und Monaco endlich das obligatorische Schiedsgericht *bon gré mal gré* in ihr Programm aufzunehmen, wozu Herr *Frédéric Passy,* Herr *Elie Ducommun,* Herr *Gobat* und Frau *v. Suttner* sich in Budapest (1896) und in Hamburg (1897) noch nicht entschließen konnten.

Während es nun im parlamentarischen und politischem Leben überhaupt üblich ist, den Urheber und Vorkämpfer eines siegreichen Princips als solchen anzuerkennen und ihm die Führung im ferneren Kampfe für dasselbe zu übertragen, handelten die Friedensfreunde der Berner Richtung bezüglich meiner ersten Aufstellung des Prinzips einer obligatorischen Friedensjustiz und bezüglich meines beharrlichen und energischen Eintretens für dasselbe ebenso wie s. Z. *Kant* gegenüber *Schlettwein.* Sie eigneten sich nach dem Fiasko der Haager Schiedsgerichts-Strohpuppe das früher von ihnen bekämpfte Princip einfach an, ohne meiner als dessen Urhebers und bisherigen Vorkämpfers auch nur mit einer Silbe zu erwähnen. Sie trieben also Annexionspolitik, wie der nächste beste Eroberer, so daß ihre bezügliche Handlungsweise als ein wahrer Hohn auf das Prinzip des Rechts und der Gerechtigkeit ist, das sie angeblich vertreten wollen. *Difficile est, satiram non scribere.*

Die weitere Entwicklung der Friedensbewegung steht augenscheinlich unter dem Einfluß der Zurückweisung des obligatorischen Schiedsgerichtsprincipes Seitens der deutschen Reichsregierung auf der Haager Friedens-Konferenz. Dieser Einfluß erwies sich bis jetzt als ein nahezu lähmender. Das Interesse für die Bewegung ist in Deutschland infolge jener Kundgebung der deutschen Regierung so gut wie geschwunden.

Die Förderung der Friedensbewegung, die man von der Verteilung des *Nobel*'schen Friedenspreises erwartet hatte, ist auch ausgeblieben. Ist doch der Preis zum ersten Mal (im Jahre 1901) an *Henry Dunant*, einen Vervollkommner des Krieges, und an *Frédéric Passy* verliehen worden, dem langjähriges Eintreten für die Sache des Friedens nicht abzusprechen ist, der sich aber vor Anderen durch nichts Besonderes hervorgetan hat. Das zweite Mal (im Jahre 1902) wurde der Preis an die Sekretäre des internationalen und des interparlamentarischen Friedensbureaus in Bern, *Ducommun* und *Gobat*, vergeben, die ganz ehrenwerte Männer sind, deren Funktionen aber jede eigene Initiative ausschließen, wie *Ducommun* selbst mir in einem Briefe versicherte.

Der „*Berliner Lokal-Anzeiger*" schrieb anläßlich der erstmaligen Verteilung des *Nobel*'schen Friedenspreises unter'm 4. Mai 1901:

> „Nach § 2 der Statuten des Norwegischen Nobel-Komités kommt für die Erteilung des Friedenspreises in erster Linie der in Betracht, der zuerst das neuerdings als allein richtig erkannte Princip der obligatorischen Friedensjustiz als Mittel zur Beseitigung des Krieges proklamierte und es bei jeder sich bietenden Gelegenheit zur Geltung zu bringen bemüht war. Das ist *Dr. Eduard Löwenthal*, der von deutscher zuständiger Seite für den Nobel'schen Friedenspreis vorgeschlagen ist, d. h., im Anschluß

an den motivierten Vorschlag des *,Deutschen Vereins für obligatorische internationale Friedensjustiz'* von dem Münchener Professor *Dr. Svoboda* und den Reichstagsabgeordneten Justizrat *Albert Träger* und *Dr. Hermes*."

Der oben genannte Verein schloß die Motivierung seines Vorschlages mit den Worten:

> „Die notwendige Schlußfolgerung aus all dem Vorstehenden geht dahin: Bei Verteilung eines Friedenspreises Dr. *Eduard Löwenthal* zu übergehen, das hieße sich des schreiendsten Unrechts schuldig machen. Wer aber die Herrschaft des Rechtes an die Stelle der Herrschaft der Willkür setzen will, darf keinesfalls mit einem Akte des Unrechts beginnen."

Das norwegische Stortings-Nobel-Comité hat in dieser Beziehung jedenfalls einen von ihm begangenen Fehler gut zu machen.

Der *„Deutsche Verein für obligatorische internationale Friedensjustiz"* verfolgte auch nach der Haager Friedens-Konferenz sein Ziel unentwegt und brachte das von ihm vertretene Prinzip bei jeder sich bietenden Gelegenheit zur Geltung. So richtete ich Namens desselben zur Zeit der Wirren in China und der Intervention aller Großmächte daselbst nachstehendes Schreiben an die Vertreter der letzteren in Berlin:

> *Berlin, le 1 Janvier 1901. Gneisenaustr. 107.*
> *Excellence!*
> *L'inutilité absolue du principe de l'arbitrage facultatif ayant été mise en évidence à la suite des évènements politiques survenus depuis la Conférence de la Haye, le soussigné se permet de faire remarquer aux gouvernements des grandes puissances que leur entente en Chine serait d'une importance extraordinaire, si elle était suivie d'une entente permanente, c'est-à-dire de l'établisement d'une Confédération d'États Universelle avec l'institution d'une Justice de paix internationale obligatoire, institution, réclamée par le soussigné depuis plus de 30 ans, et uniquement capable de faire disparaître à jamais la guerre et ses horreurs.*
> *Je vous prie, Excellence, de vouloir bien prendre l'initiative glorieuse*

pour la réalisation de cette grande idée civilisatrice ét d'agréer l'expression de ma très haute considération.
Edouard Löwenthal, président du „Deutscher Verein für obligatorische internationale Friedensjustiz".

Im Oktober 1901 nahm, wie schon früher bemerkt, der *„Deutsche Verein für obligatorische internationale Friedensjustiz"* den Namen *„Weltverein für obligatorische internationale Friedensjustiz"* an und gab als solcher bald darauf in Sachen des Burenkrieges ein Votum ab, das hier im Wortlaut folgen möge:

VOTUM DES „WELTVEREINS FÜR OBLIGATORISCHE INTERNATIONALE FRIEDENSJUSTIZ" IN BETREFF DES SÜDAFRIKANISCHEN KONFLIKTES.
Da es eine obligatorische internationale Friedensgerichtsbarkeit bis jetzt noch nicht giebt, so sieht sich der „Weltverein für obligatorische internationale Friedensjustiz" veranlaßt, in Betreff des südafrikanischen Konfliktes sein, wenn auch offiziell nicht maßgebliches, Votum abzugeben und zwar dahin:
Der Krieg zwischen den beiden südafrikanischen Republiken einerseits und England andererseits ist auf die Tatsache zurückzuführen, daß die beiden Republiken (der Oranje-Freistaat und Transvaal) den Ausländern gegenüber eine allzu engherzige Politik befolgten.
Hätte zur Zeit der Verschärfung des daraus entstandenen Konfliktes ein obligatorisches Friedensgericht bestanden, so hätte England diesem seine Beschwerden zur Schlichtung unterbreiten müssen und das betr. Friedensgericht hätte zweifellos die beiden südafrikanischen Republiken dazu verurteilt, den Ausländern innerhalb ihres Gebietes dieselben Rechte zu gewähren, welche die Ausländer in anderen civilisirten Staaten genießen. In Ermanglung einer solchen Friedensjustiz führte der Konflikt zum Ausbruch des jetzigen Krieges, den man also keineswegs ausschließlich England zur Last legen kann.
Wenn die Buren behaupten, sie kämpfen für „ihre Weiber, ihre Kinder und ihre Freiheit", so ist das nicht ganz zutreffend. Um ihre Weiber und Kinder und um sie selbst würde es sicher besser stehen, wenn sie zum Abschluß eines ehrenhaften Friedens die Hand bieten würden. Ihre Freiheit aber ist unter englischer Ober-

hoheit keineswegs gefährdet. Denn England besitzt die liberalste Verfassung unter allen europäischen Staaten und noch nie hat man seine Kolonien über Mangel an politischer Freiheit klagen hören.

Nach alledem ist die Fortsetzung des Krieges Seitens der Buren ebenso unberechtigt, wie unvernünftig und ihre wahren Freunde können ihnen nur raten, sobald wie möglich, die Hand zum Frieden zu bieten, auch auf die Gefahr hin, die englische Oberhoheit anerkennen zu müssen.

Berlin, den 2. Februar 1902.

Weltverein für obligatorische internationale Friedensjustiz.

Dr. Eduard Löwenthal, I. Vorsitzender. – *Alex Horstmann,* stellv. Vorsitzender. – *Edmund Leon Cyganski,* Schriftf.

Dieses Votum wurde an die englische Regierung, wie auch an die Vertreter der Transvaal-Regierung gesandt und verfehlte augenscheinlich seine Wirkung nicht. Denn bald darauf machten die Führer der Buren ernste Friedensvorschläge, und England ging bereitwillig auf dieselben ein. Zwar verloren die südafrikanischen Republiken ihre staatliche Existenz, aber ihre Einwohner werden unter der englischen Regierung wohl dieselbe Freiheit genießen, wie unter dem früheren Régime.

Im Jahre 1902 hatte das von mir und dem „*Deutschen Verein für obligatorische Friedensjustiz*" bis 1900 allein vertretene Prinzip der letzteren weitere Anerkennungen aufzuweisen. Auf dem Panamerikanischen Kongresse nämlich, der im besagten Jahre in Mexiko abgehalten wurde, haben sich neun südamerikanische Republiken für das Prinzip der obligatorischen Friedensjustiz ausgesprochen, was auf die Agitation der mit mir und dem von mir geleiteten Verein in Verbindung stehenden *Associacion La Paz* in Buenos Aires (Argentinien) zurückzuführen ist.

Im gleichen Jahre wurde das Prinzip der obligatorischen Friedensjustiz auch von der *Alliance universelle des femmes pour la paix parl' éducation* (Vorsitzende: Fürstin *Wiszniewska*) und der *Associaton internationale économique des amis de la paix* in Paris (gegründet 1865 von *Marc Amédée Gromier*) zu dem ihrigen gemacht. *Gromier* hat sich als Leiter dieses Vereines im Kampfe für die Friedenssache seit vielen Jahren rühmlich hervorgetan.

Um die Propaganda des *„Weltvereins für obligatorische internationale Friedensjustiz"* selbst haben sich im Laufe der Jahre die Vorstandsmitglieder Kammerrat *E. Jonas,* – s. Z. mein Nachfolger im Vorsitz des Vereins, als ich in's Ausland übersiedelte, – *Dr. F. P. Huber, Alexander Horstmann, Waldeck – Manasse, A. Heilborn, A. Wottitz, Edmund Leo Cyganski* und *A. Lachmann* besondere Verdienste erworben. – Auch *A. H. Fried* hat durch eifrige, wenn auch etwas einseitige Berichterstattung der Friedenssache gute Dienste geleistet. Aus dem *„Deutschen Verein für internationale Friedenspropaganda"* ist er im J. 1897sonderbarer Weise ausgetreten, weil von jenem und mir als Vorsitzendem stets das größte Gewicht auf die Geltendmachung des Prinzips der obligatorischen Friedensjustiz gelegt wurde !

Daß die Friedensidee in neuerer Zeit immerhin eine gewisse Popularität erlangt hat, ergibt sich u. A. auch aus der Errichtung zweier Institute, die derselben speziell gewidmet sind. Ich meine das *Institut international de la paix* in Monaco und das *Kriegs- und Friedens-Museum in Luzern.*

Das erstere – aus einer die Friedens-Litteratur umfassenden Bibliothek bestehend, ist von dem bekannten Friedensfreund *Gaston Moch* unter den Auspicien des Fürsten von Monaco in's Leben gerufen worden.

Das Kriegs- und Friedens-Museum in Luzern verdankt seine Entstehung dem russischen Staatsrat *Joh. v. Bloch*, dem Verfasser des Werkes „Der Krieg der Zukunft" und seinem Sohne *Heinrich v. Bloch,* Bankdirektor in Warschau.

Wie mir von authentischer Seite mitgeteilt wurde, ging der Gedanke des Stifters *Joh. v. Bloch* dahin, das Publikum mit dem Wesen des Krieges bekannt zu machen und auf dem Wege der kühlen Reflexion, ohne an die Phantasie oder die Sentimentalität zu appellieren, für die Friedensidee zu wirken. Er glaubte, aus der Darstellung des Krieges müsse sich von selbst die Wünschbarkeit seiner Einschränkung oder Abschaffung ergeben. Das Museum enthält deshalb keinerlei Greuelscenen oder aufdringliche Tendenzbilder, sondern soll den Krieg und seine Hülfsmittel sowie dessen Entwicklung durch alle Zeitalter dem Beschauer vor Augen führen. Eine eigentliche „Abschreckung“ ist nicht beabsichtigt, sondern mehr eine Belehrung über das Wesen des Krieges und die Opfer, die er den Völkern auferlegt. Es ist möglich, daß dieser Zweck nur unvollkommen erreicht wird; daß aus den vorgeführten Objekten mehr die bestechenden Seiten des Krieges ins Auge fallen; Sache des Nachdenkens soll es dann sein, die richtigen Konsequenzen aus dem Geschehenen zu ziehen.

In jüngster Zeit hat die französische Gruppe der *„Interparlamentarischen Union für internationale Schiedsgerichte“* – eine Vereinigung, deren Entstehung, wie schon dargetan, auf meine Anregung im Jahre 1874 zurückzuführen ist, – eine rührige Tätigkeit entfaltet, um den Abschluß von Schiedsgerichtsverträgen zwischen einzelnen Staaten zu veranlassen, besonders zwischen Frankreich und England, sodann zwischen Frankreich, Italien, Holland und Norwegen, wie auch mit Russland. Wie skeptisch man diesen Versuchen noch immer gegenübersteht, ergibt sich aus den bezüglichen Kundgebungen der Presse. So schrieb der *„Standard“* anläßlich des neulichen Besuches der französischen parlamentarischen Schiedsgerichtsgruppe in London:[11]

> „Unsere Erfahrung veranlaßt uns zu der Ansicht, daß ein Schiedsgerichtsvertrag von zweifelhaftem Wert ist. Es hat sich herausgestellt, daß der Abschluß eines solchen Vertrages von Schwierigkeiten starrt, da der erste Schritt sein muß, die Punkte zu definieren, die keine Nation einem Schiedsgericht unterbreiten wird. In der Praxis hat sich gezeigt, daß für einen Schiedsgerichtshof nur die Kleinigkeiten übrig bleiben, wegen deren kein vernünftiger Staat zu den Waffen greifen würde. Wo das Verlangen den Frieden zu wahren, stark, ist der Schiedsgerichtshof überflüssig. Wo es fehlt, hört man nicht auf ihn.“

Der *„Standard“* hat durchaus Recht, soweit es sich um das facultative Schiedsgerichtsprinzip handelt. Die Bestrebungen der Interparlamentarischen Union werden sich daher als nutzlos erweisen, so-

[11] Der neuerdings zu Stande gekommene englisch-französische Schiedsgerichtsvertrag ist ganz wertlos, da er nur für durchaus untergeordnete Fragen in Betracht kommt.

lange sie sich auf das ganz illusorische Haager Schiedsgericht stützen. Nur die von einem Weltstaatenbund sanktionierte Errichtung einer regelmäßigen obligatorischen Friedensjustiz kann zur endgültigen Beseitigung der Kriege oder der eigenmächtigen Selbsthülfe der Staaten führen. Nur wer dieses Ziel ernstlich in's Auge faßt und seine Erreichung fördert, – nur der kann als ernster Vorkämpfer der Sache des bleibenden Friedens angesehen werden.

Was die ferneren Aussichten für die Friedensbewegung betrifft, so kann man behaupten, schon jetzt wird *pour le bon plaisir des rois*, d. h. nach dem bloßen Belieben oder zum bloßen Vergnügen einzelner Fürsten kein Krieg mehr geführt, da der Militärapparat zu schwerfällig, zu wuchtig, in seiner Anwendung zu teuer und zu riskant ist, indem der Ausgang eines Krieges sich dem Erfolge nach meistens als unberechenbar erweist.

Auf eine gänzliche Beseitigung des Krieges und des Völker-Faustrechts ist aber erst dann zu hoffen, wenn die Völker selbst ihren bezüglichen Willen *unisono* in unzweideutiger Weise zum Ausdruck bringen. Dies wird am Besten in Form eines Welt-Friedens-Plebiscites geschehen und zwar im Sinne der Errichtung einer obligatorischen internationalen Friedensjustiz. Sache der Friedensfreunde aller Länder wird es nun sein, ernstlich Hand an's Werk zu legen, um ein solches Welt-Friedens-Plebiscit zu Stande zu bringen und ihm den gewünschten Erfolg zu sichern. In dieser Hinsicht sei noch auf den Anhang zu gegenwärtiger Schrift verwiesen.

Anhang

Nachstehender Aufruf zur Veranstaltung eines politisch-religiösen, die Friedensfrage betreffenden Welt-Plebiscites, wurde schon im Dezember 1901 von dem *Weltverein für obligatorische internationale Friedensjustiz* und dem Präsidium der *Cogitanten-Allianz* im „Triebrad der Zeit" veröffentlicht. Der Aufruf wird hierdurch auf's Neue erlassen und durch einen in fetter Schrift gedruckten Satz ergänzt.

AUFRUF ZU DEM ERSTEN POLITISCH-RELIGIÖSEN WELT-PLEBISCIT
Da angesichts der unbestreitbaren Ohnmacht des Parlamentarismus von diesem weder politische, noch sonstige kulturelle Fortschritte für die Menschheit zu erwarten sind, so fordern die Unterzeichneten hindurch die liberalen und philanthropischen Vereine und Korporationen aller Länder auf, in größtmöglichem Umfange die mit Unterschrift zu versehende schriftliche Beantwortung folgender Fragen Seitens der Bewohner der bezüglichen Städte oder Bezirke zu erlangen.
1. Ist es wünschenswert, daß alle civilisierten Staaten der Welt sich zu einem Welt-Staatenbund mit einer die eigenmächtige Selbsthilfe ausschließenden obligatorischen internationalen Friedensjustiz vereinigen, – ja oder nein?
2. Ist es wünschenswert, daß die Religion des Wissens und der Wissenserweiteruug, d. h. die Religion des Cogitantentums den traditionellen Religionen hinsichtlich ihrer staatlichen Privilegien gleichgestellt werde, – ja oder nein?
Den Frauen besonders ist hier eine glänzende Gelegenheit geboten, um das Stimmrecht, das sie beanspruchen, tatsächlich zur Geltung zu bringen.
Die betr. Vereine und Korporationen werden gebeten, die Gesammtergebnisse des Plebiscits in ihrem Bezirke längstens bis zum 1. October 1904 an die Unterzeichneten einzusenden.
Nach Beseitigung der Kriegsbarbarei werden die Parlamente der civilisierten Staaten sicher nicht zögern, im ersten Jahre der bleibenden Friedensära ein Viertel des bisherigen Militär-Etats zur Verteilung von Preisen an Diejenigen zu bestimmen, welche sich um das Zustandekommen und den Erfolg des ersten politisch-religiösen Welt-Plebiscits nachweisbare hervorragende Verdienste erworben haben, speciell durch

Sammlung von Unterschriften im Sinne der Errichtung einer obligatorischen Friedensjustiz.
Berlin-Tegel, im October 1903
Presidium der Cogitanten-Allianz;
Weltverein für obligatorische internationale Friedensjustiz.

APPEL A L'ARRANGEMENT DU PREMIER PLEBISCITE POLITIQUE ET RELIGIEUX.
Considérant que l'impuissance incontestable du parlamentarisme n'admet pas d'attendre de ce côté ni des progrès politiques, ni des progrès civilisateurs en général, les soussignés invitent les sociétés ou corporations liberales et philanthropiques de tous les pays du monde, à vouloir bien arranger dans leurs villes ou cantons un plébiscite concernant les questions que voici:
1. Est-il désirable que tous les Etats du monde civilisé se constituent en une Confédération d'Etats universelle avec l'institution d'une Justice de paix internationale obligatoire excluant toute guerre, – oui ou non?
2. Est-il désirable que la religion du savoir et de l'elargissementuma du savoir hin c'est-à-dire la religion du Cogitantisme soit munie des mêmes droits politiques que les religions traditionelles, – oui ou non?
C'est aux femmes surtout que se présente ici une occasion excellente pour réaliser le droit de suffrage, aspiré par elles depuis quelque temps. Les Sociétés et corporations respectives sont priées, de vouloir bien recueillir des signatures en faveur d'une Justice de paix internationale obligatoire ainsi que du Cogitantisme et de communiquer les résultats du plébiscite arrangé par elles au soussigné jusqu'au 1. Octobre 1904 au plus tard.
Aprés l'abolition de la barbarie de la guerre les parlements des États civilisés ne tarderont pas à coup sûr à accorder un quart du budget militaire, échu à la premiére année de l'ère pacifique, pour récompenser tous ceux, qui auront mérité extraordinairement de a réussite du premier plébiscite universel, surtout en recucillant un certain nombre de signatures en faveur de l'établissement d'une Justice de paix obligatoire.
Berlin-Tegel au mois d'Octobre 1901.
Le président de la „Cogitanten-Allianz" et du „Weltverein für obligatorische internationale Friedensjustiz."

Mein Lebenswerk auf sozialpolitischem, neu-religiösem, philosophischem und naturwissenschaftlichem Gebiete

Memoiren[1]
(Gekürzte Darbietung)

Von Dr. Eduard Loewenthal
1910/1912

Dem Andenken meiner zu früh dahingeschiedenen
Frau, meiner edlen Lebensgefährtin Bertha,
in unauslöschlicher Liebe gewidmet.
Der Verfasser

Die Anfänge meines geistigen Schaffens

Es war zu *Ernsbach* bei Oehringen im Königreich Württemberg, wo ich am 12. März 1836 das Licht der Welt erblickte, und zwar als Sohn des dortigen Lehrers J. E. Loewenthal. Die Eltern meines Vaters waren aus *Nancy* resp. *Colmar* gebürtig und von dort nach Deutschland übergesiedelt. Meine Großmutter mütterlicherseits war eine Cousine des französischen Generals Sée. Die Wiege meiner Mutter hat in dem bayrischen Ort Welbhausen bei Uffenheim, unweit Würzburg, gestanden. Der Geburtsort meines Vaters war *Nordstetten* bei Horb im württembergischen Schwarzwaldkreis, dasselbe Dorf, in dem auch *Berthold Auerbach*, ein Studienfreund meines Vaters, geboren war.

[1] Textquelle | Eduard Loewenthal: Mein Lebenswerk auf sozialpolitischem, neu-religiösem, philosophischem und naturwissenschaftlichem Gebiete. Memoiren. Mit zwei Bildnissen. Zweite, verbesserte Auflage. Berlin: Verlag von Henri Loewenthal 1912. [104 Seiten (Auslassungen werden nachfolgend kenntlich gemacht); die Erstauflage erschien 1910.]

Ich war etwa 8 Jahre alt, als mein Vater auf seinen Wunsch nach Mühringen, in der unmittelbaren Nähe seines Geburtsortes Nordstetten, versetzt wurde. Von da aus besuchte ich bis zum Jahre 1848 die Lateinschule in Horb. Lehrer an dieser Schule waren die Prediger der dortigen katholischen Kirche, welche mir die glänzendsten Zeugnisse ausstellten und mich zur Fortsetzung meines Studiums ermunterten. – Meine Eltern sahen sich dadurch veranlaßt, mich in ein Pensionat nach Stuttgart zu geben, um das dortige königliche Gymnasium zu besuchen. Hier wurden meine Leistungen durch die Erteilung von drei silbernen Medaillen anerkannt. Außerdem gelang es mir, zwei Klassen des Gymnasiums, die fünfte und zehnte, auf Grund besonderer Prüfungen zu überspringen. Mein Lehrer für deutsche Sprache und Literatur, sowie für philosophische Propädeutik, war Professor *Gustav Pfizer*, der bekannte Dichter. – Von der neunten Klasse aus machte ich mein Abiturienten-Examen mit bestem Erfolg und bezog im Jahre 1855 die Universität Tübingen „zu gelehrten Übingen", um mit dem Aesthetiker *Vischer*, „dem alten Schartenmeyer", zu sprechen. Mein Studium galt der Philosophie und der Rechtswissenschaft, besonders der ersteren. – Schon als Student veröffentlichte ich eine Sammlung lyrischer und didaktischer Gedichte, über welche sich *Uhland* mir gegenüber in seiner, in der Nähe der Neckarbrücke gelegenen Villa sehr anerkennend aussprach, ebenso, wie es schriftlich von Seiten *Justinus Kerners* geschah. Derselbe sagte von meinen Gedichten, „sie zeugen von einem echt poetischen Gemüte." – Auch der Stuttgarter „Beobachter" (8. Juli 1857) besprach meine Gedichte und meinte, „sie streifen zum Teil an Justinus Kerner'sche Art."

Ludwig Büchner, dem wegen der Tendenz seiner naturwissenschaftlichen Vorlesungen in Tübingen die venia docendi um diese Zeit entzogen worden war, schrieb über meine Gedichte einen Artikel, der von der Hamburger Zeitschrift „Das Jahrhundert" (1. August 1857) veröffentlicht wurde. Derselbe war betitelt: *„Die Kraft- und Stoff-Poesie"* und lautete im Wesentlichen, wie folgt:

„Einer der gewöhnlichsten Vorwürfe, welche der Kraft- und Stoff-Philosophie gemacht werden, besteht darin, daß bei der durch sie bedingten Welt- und Naturanschauung alle Poesie eine sofortige Endschaft erreichen müsse. Es wird wohl nicht an Leuten fehlen, welchen es *mehr* Vergnügen macht als dem Verfasser, im Einzelnen die Albernheit solcher Behauptungen nachzuweisen, welche uns nur insofern bemerkenswert scheinen, als sie ein recht ungünstiges Zeugnis für den Zustand unserer heutigen Poesie oder unserer heutigen Poeten ablegen. Fast alle vorchristlichen Religions- oder philosophischen Systeme, welche Einfluß auf den geistigen Entwickelungsgang der Menschheit gewannen, standen mehr oder weniger auf Standpunkten, welche denen der heutigen materialistischen Naturphilosophie ähnlich oder verwandt sind. Niemand aber wird behaupten wollen, daß die Poesien der vorchristlichen Zeit von denen der nachchristlichen übertroffen würden, und daß das larmoyante und überschwängliche Element in diesen letzteren dem kräftigen Naturalismus der „Alten" vorzuziehen sei. Wenn also unsere heutigen Poeten unter dem Einfluß der neuen philosophischen Schule für ihre Poesien fürchten, so fürchten sie eben nur für diese, nicht für die Poesie selbst, welche sie fälschlicher Weise mit ihrer Poesie identifizieren. Die Poesie ist ein Etwas, das so vielen inneren und eignen Halt in sich trägt, daß es von der Herrschaft dieser oder jener philosophischen Anschauungen nur sehr *mittelbar* berührt zu werden pflegt. Solche Anschauungen können die Poesie wohl ihrer Form, nicht aber ihrem *Inhalt* nach beschränken oder beeinflussen, und unter *jeder* Form, unter jedem Gewand wird sie ihr eignes inneres Leben selbständig entfalten und gestalten. Und dabei scheint es uns obendrein eine ehr willkürliche Meinung, idealistische oder spiritualistische Formen könnten diese Entfaltung besser hervortreten lassen, als materialistische oder naturalistische, da aus theoretischen Gründen darüber garnichts ausgesagt werden kann, und Erfahrungen über diesen Gegenstand in unserer Zeit erst anfangen gemacht zu werden. Aber so unbedeutend diese *Erfahrungen* bis jetzt auch sind und über so kurze Zeit sie sich auch erstrecken, so sehr sprechen sie doch zu Gunsten unserer Meinung und gegen diejenigen, welche Poesie und eine gewisse idealistische Philosophie für unzertrennlich halten. Niemand nun wird von einer philosophischen Richtung verlangen wollen, daß sie poetische Begeisterung wecken müsse, und um den Beinamen ‚unpoetisch' von ihr abzuwenden, wird der Nachweis, daß Poesie unter ihr und mit ihr möglich sei, genügen. Was muß man nun aber von einer philosophischen Richtung sagen, welche zwar noch nicht so lange bestanden hat, um den empirischen Beweis liefern zu können, daß unter ihrer Herrschaft

Poesie vor wie nach bestehen könne, welche aber bereits während der kurzen Zeit ihres Bestehens geradezu Poesie und poetische Begeisterung geweckt und hervorgerufen hat – und zwar nicht durch ihren mittelbaren Einfluß auf die Geister, sondern ganz unmittelbar, *an sich und durch sich selbst* – eine Philosophie, welche, um es mit einem Worte zu sagen, kaum geboren, schon an ihrer Wiege poetisch gefeiert oder besungen wird! Wo ist die Philosophie, von der ein Gleiches gesagt werden kann? Sind die Systeme von Hegel, Schelling, Fichte usw. in gleicher Weise besungen worden? Wo waren die Poeten, welche sich durch die Lektüre dieser Philosophen zu dichterischen Ergüssen in deren Sinne angeregt fühlten? – Blicken wir dagegen auf die Kraft- und Stoff-Philosophie, von der man behauptet, daß sie dazu angetan sei, alle Poesie im Keime zu ersticken, so finden wir – o Wunder! – der kaum Geborenen zur Seite stehend bereits das, was unsere Überschrift die *Kraft- und Stoff-Poesie* genannt hat. In der Tat, höchst wunderbar! Der ‚geistige Schlamm', der ‚philosophische Unrat', die ‚cynische Medizin', der ‚Alles Höhere in Staub und Schmutz ziehende Materialismus' – und wie alle die zahllosen Ehrentitel heißen mögen – umgeben und verklärt von dem Heiligenscheine der Poesie! ‚Wie erklärst Du, Oerindur, diesen Zwiespalt der Natur?' – Wir unsererseits sind viel zu bescheiden und aufgeklärt, um behaupten zu wollen, die Kraft- und Stoffphilosophie sei *würdig*, besungen zu werden oder auch nur dazu angetan, durch ihren Einfluß mehr als andre Philosophien poetische Begeisterung zu wecken – und wozu sollten wir dies auch, da ja Wert und Bedeutung einer philosophischen Richtung nicht von solchen Äusserlichkeiten abhängig sind und die Wahrheit offenbar werden müßte, wenn auch unter ihrer Herrschaft niemals mehr ein einziges Gedicht sollte gemacht werden können! Noch weniger gedenken wir zu behaupten, die drei oder vier Dichter, welche bis jetzt die Kraft- und Stoff-Philosophie besungen haben, hätten sich damit ein besonderes Verdienst erworben oder einen glücklichen Gegenstand gewählt, oder sie zeichneten sich vor ihren Kollegen aus, oder sie hätten das Richtige erfaßt, oder es würden ihrem Beispiel noch Mehrere folgen, oder was dergleichen mehr ist. Nein, von Allem diesem behaupten wir nichts und wollen nichts davon behaupten. Das Einzige, worauf unsere Absicht geht, ist: für unsere Leser zu konstatieren, daß eine *Kraft- und Stoff-Poesie angefangen hat, zu existieren* – und es alsdann ganz ihrem eignen Gutdünken zu überlassen, wie sie eine solche Erscheinung in Einklang bringen wollen mit der Meinung unserer heutigen Matadore in Kunst und Literatur, wonach die Anhänger jener Philosophie die ärgsten Feinde nicht bloß der Religion und alles Erhabenen, sondern auch der Poesie sind! Wir gehen sogar so weit, die Möglichkeit zuzugeben, es könne vielleicht einer nachweisen, daß jene Poesie eine verfehlte, eine unpassende, eine nicht lebenskräftige sei; aber alles dieses beeinträchtigt nicht die Bedeutung einer Erscheinung, welche unter allen Umständen und zum Allerwenigsten beweist, daß die Kraft- und Stoff-Philosophie der Poesie nicht feindlich fein kann.

Zu diesen Betrachtungen veranlaßte den Verfasser ein soeben (Tübingen, Fues) erschienenes und ihm übersandtes Bändchen Gedichte von *Eduard Loewenthal*, dessen Verse, soweit sie sich auf die *Natur* beziehen, sich an diejenigen von *Schloenbach* (Weltseele), *Oelbermann* in Hamburg und an die in der Zeitschrift ‚Natur' von Zeit zu Zeit veröffentlichten, aus materialistischen Betrachtungsweisen der Natur hervorgegangenen Gedichte anlehnen, und, wie diese alle, bestrebt sind, den Standpunkt der ‚Kraft- und Stoff-Philosophen' zu verteidigen und poetisch zu verherrlichen.

Herr *Loewenthal* ist ein sehr jugendlicher Dichter, welcher *an demselben Orte seine Studien* betreibt, an welchem der Verfasser einst das Vergnügen hatte *‚schwäbische' Weisheit kennen zu lernen*. Was uns nun zunächst an Loewenthals Gedichten wegen ihrer Tendenz interessieren dürfte, das ist der erste Abschnitt derselben, ‚Natur' betitelt und, wie bereits erwähnt wurde, dazu bestimmt, der ‚Kraft- und Stoff-Philosophie' poetische Anerkennung zu zollen. Die Neuheit der Sache mag es rechtfertigen, wenn wir es wagen, unsern Lesern hier einige Proben aus jenem Abschnitt mitzuteilen, wobei wir das Urteil über deren poetischen Wert oder Nichtwert dem Leser selbst überlassen. In 5 Sonetten namentlich legt der Dichter seine philosophischen Gedanken nieder. In No. 1 heißt es am Ende:

Was zwar ist, das kommet immer wieder,
Doch was wieder kommt, muß vorher gehn;
Selbst der Geist kann wechselnd nur bestehn.

Form und Kraft, sie stehn und sinken nieder;
Fällt die Form, so wird auch Stoff und Kraft

Staub, aus dem – sich wied'rum Neues schafft.

und in Nr. 2 ebenfalls am Ende:

Die Ewigkeit ist von dem Satz umschrieben:
Der Stoff er kehrt zum Stoffe stets zurück,
Die Form dient nur dem flücht'gen Augenblick.

Auch uns ist nichts Besondres zugeschrieben;
Die Form zerfällt im Wechsel der Natur,
Und neues Werden tritt in unsre Spur".

In einem recht netten Gedichtchen: [*] ‚*Mein Lieblingsbuch*' betitelt, heißt es am Schluß:

Mein Buch, das wird Natur genannt,
Ihr habt es nie gelesen!
Sonst wär't von Eurer Weisheit ihr
Schon lange Zeit genesen.

[* Der völlige Wortlaut des betr. Gedichtes ist folgender:

MEIN LIEBLINGSBUCH.

Was sollen eure Bücher mir?
Was wollt ihr mich denn lehren?
Ich brauche eure Schriften nicht;
Ihr könnt mich nicht bekehren.

Vor mir da liegt ein großes Buch
Schon lange aufgeschlagen;
Daraus hab' ich schon mehr gelernt,
Als all' die euren sagen.

Mein Buch ist fels- und feuerfest,
Hat lebende Buchstaben;
Es ist nicht von Velinpapier,
Hat and're Zaubergaben.

Nicht seht ihr Druckerschwärze drin,
Nur Farben frischen Lebens;
Und sucht ihr drinnen Schülerkram,
So suchet ihr vergebens.

Doch was ihr niemals finden könnt
In euren Folianten,
Das gibt mein Buch ganz spielend mir,
Macht jene all' zu Schanden.

Es gibt mir klar die Lehren all'
Der Welt- und Menschenkunde,
Gibt der Geschichte Deutung mir
Bis auf die heut'ge Stunde.

Die Regeln, die mein Buch enthält,
Die haben nicht Ausnahmen;
D'rum schließt es auch den Menschen ein
In seines *„Stoffes"* Rahmen;

Mein Buch, das wird Natur genannt,
Ihr habt es nie gelesen!
Sonst wär't von eurer Weisheit ihr
Schon lange Zeit genesen.]

In einem Gedicht: *‚Dogma und Natur'* wird gesagt, nachdem von der Natur die Rede war:

Sie zeigt uns nur den Stoff, die Kraft, die Form,
Und wie sie sich zusammenwirkend bilden,
Wie ihre Stufen wechseln ewig schaffend
Und immer noch den Schöpfungstrieb nicht stillten.

Wie ihre Stufen bald die Menschenform,
Die Menschenkraft, den Menschengeist erreichen,
Wie sie zurück alsdann von ihrer Höh',
Zurück zum Nichts des Staubes müssen weichen.

Gegen die pietistische Himmelsschwärmerei polemisiert der Dichter also:

Schau Dich auf der Erde um,
Dann erst blick' zur Sonne!
Arbeit nur verschafft Dir einst,
Des Genusses Wonne.

Das Gedicht II., das zweite der ganzen Sammlung, mit dem Motto: ‚*Quod supra rationem, contra rationem*', läßt sich folgendermaßen vernehmen:

Was sucht Ihr Gott in nicht'gen Hirngespinnsten,
Und fern vom Irdischen die ew'ge Weltenseele?
So sagt mir doch, was ist des Geistes Wirken,
Wenn ich der Kraft des Stoffes ihn entschäle!
Soll unsrer Welt urkräftiges Gebilde
Das Kind denn sein von einem Schattenbilde?

Nur in des Daseins wachsender Entwicklung,
Nur in der Kraft und in des Stoffes Streben –
In dem allein, was Jedem ist gegeben,
Nur in dem Pulsschlag der Natur ist Leben;
Und *Einigung* der lebenskräft'gen Triebe
Gibt uns durch Liebe Leben – und durch Leben Liebe.

Diese Proben mögen genügen, um unsern Lesern von den Anschauungen dieses neuesten und jüngsten unserer Kraft- und Stoff-Dichter einen ungefähren Begriff zu geben; wer sich durch dieselben zu dem Wunsche einer genaueren Bekanntschaft mit dem Dichter veranlaßt finden sollte, wird diesen Wunsch leicht befriedigen können".

Auf Grund einer *Dissertation über die Systeme von Spinoza und Leibniz bezw. eine kritisch-vergleichende Darstellung derselben*, wurde ich im Jahre 1859 von der Universität Freiburg i. B. zum Doktor der Philosophie promoviert.

Da ich mich der schriftstellerischen Laufbahn zu widmen beabsichtigte, so begab ich mich im Jahre 1859 nach Frankfurt a. M. wo ich in die Reduktion eines von Max Wirth herausgegebenen volkswirtschaftlichen Blattes eintrat und die *„Allgemeine deutsche Universitätszeitschrift"* gründete, welche in der gesamten Presse eine sehr gute Aufnahme fand.

Im Dezember 1859 erschien bei H. Bechhold in Frankfurt a. M. meine Schrift *„Die soziale und geistige Reformation des 19. Jahrhunderts"*, von welcher die Kritik nahezu übereinstimmend äußerte, „sie sei eine höchst bedeutsame und greife tief in die geistigen und gesellschaftlichen Fragen des 19. Jahrhunderts ein." – Mein Werk *„System und Geschichte des Naturalismus"*, das in Leipzig im Jahre 1861 erschien, habe ich gleichfalls während meines Aufenthalts in Frankfurt a. M. verfaßt. Ich werde auf dasselbe noch besonders zu sprechen kommen.

Meine Erlebnisse in der ehemaligen „freien Reichsstadt" Frankfurt a. M. und im ehemaligen Herzogtum Nassau

Als Frankfurt a. M. noch freie Reichsstadt war und als solche einen eigenen Staat mit republikanischer Staatsform bildete, mußte jeder Nicht-Frankfurter, der in Frankfurt wohnen wollte, einen vom dortigen Polizeiamt ausgefertigten sog. „Permissions-Schein" besitzen und dieser konnte jederzeit annulliert werden, was einer Ausweisung ans dem Gebiet der „Freien Reichsstadt" gleichkam.

An diese absolutistische Krähwinkelei dachte ich nicht, als ich in meiner „Allgemeinen Deutschen Universitätszeitschrift" einige scharfe Bemerkungen über einen im Jahre 1861 in Greifswald stattgehabten Studenten-Krawall und dessen Unterdrückung, sowie über die Frankfurter Theaterleitung veröffentlichte. Kurz darauf erhielt ich vom Polizeiamt der „Freien Reichsstadt" die Aufforderung, diese binnen acht Tagen zu verlassen oder Rekurs anzumelden. Mein Rekurs wurde zurückgewiesen. Aber der *württembergische Gesandte* beim Bundestag kam selbst zu mir, um mir mitzuteilen, daß er beim Frankfurter *Senat Protest* gegen meine Ausweisung eingelegt habe. Auch die *preußische* Gesandtschaft verwahrte sich dagegen, daß sie meine Ausweisung veranlaßt habe. In der gesamten deutschen Presse erhob sich ein Sturm der Entrüstung über das Frankfurter Willkürregiment gegenüber den „deutschen Ausländern". Die *„Neue Frankfurter Zeitung"* widmete dem Vorfall mehrere größere, sehr scharfe Artikel, wovon einer die Überschrift trug: *„Polizeiwillkür in unserer freien Stadt"*, ein anderer die Überschrift: *„Das Polizeiregiment"*. – Das Ende vom Liede war, daß der Senat den Ausweisungsbeschluß des Polizeiamts *aufhob*. In der betreffenden Senatsdebatte erklärte Senator Dr. *Braunfels* u. a: Frankfurt habe nicht *so viele* tüchtige Schriftsteller aufzuweisen, daß es einen *auszuweisen* hätte.

Trotz der Genugtuung, die mir der Beschluß des Frankfurter Senats gewährte, folgte ich einem der Vielen an mich ergangenen Rufe (besonders aus Bayern, Baden, Sachsen und Nassau), indem ich die politische Redaktion der *„Wiesbadener Zeitung"* übernahm.

Allerdings lernte ich die *Kleinstaaterei* in der Haupt- und Residenzstadt des Herzogtums *Nassau* von einer ähnlichen Seite kennen, wie in der freien Reichsstadt Frankfurt a. M.

Als ich in der Nacht vom 1. Januar 1861 von einem Ausflug nach Frankfurt a. M. zurückkehrend, auf dem Wiesbadener Taunus-Bahnhof ankam, erwartete mich ein Polizeikommissar, der mir erklärte, er habe den Auftrag, wegen meines Leitartikels in der „Wiesbadener Zeitung", der die Überschrift trug *„Eine Zeit- und Weltbetrachtung beim Jahreswechsel,"* mich zu verhaften, da die Staatsanwaltschaft darin eine Gotteslästerung erblicke. Zunächst müsse ich mit nach der Druckerei der Zeitung kommen, wo eine Haussuchung behufs Erlangung des betreffenden Manuscripts stattfinden solle. Nachdem dieses ermittelt war, wurde ich in das sogen. Staatsgefangenen-Zimmer des Gefängnisses gebracht. Am anderen Nachmittag wurde ich unter Anlegung von Handschellen (die allerdings durch meinen Mantel verdeckt waren) zum Verhör nach dem etwa 200 Schritte vom Gefängnis entfernten Justizamt geführt. Dort wurden mir die Handschellen abgenommen und auf dem Rückweg nicht wieder angelegt. Auf meine Beschwerde erklärte das Justizamt, „in der Dämmerung würden alle Delinquenten in Handschellen vorgeführt". Darauf bemerkte ich in der „Wiesbadener Zeitung", wenn die Dämmerung für die nassauischen Richter *schon Nachmittags 3 Uhr beginne,* dann sei ihr ganzes Vorgehen gegen mich *erklärlich.*

Indessen wurde ich am zweiten Tage nach meiner Verhaftung auf Anordnung des herzoglichen Hofgerichts aus der Untersuchungshaft entlassen.

Mein Verteidiger, Rechtsanwalt, (in Nassau „Procurator" genannt), Georg Wilhelmi, veröffentlichte über den ganzen Vorfall ein Flugblatt unter dem Titel: „An das herzoglich nassauische Ober-Appellationsgericht." Dasselbe enthielt den Text der Verteidigungsschrift.

Das Endergebnis des Prozesses bestand darin, daß ich in zweiter Instanz zu einer Gefängnisstrafe von acht Tagen verurteilt wurde. In erster Instanz lautete das Urteil auf „zwei Monate Correctionshaus".

Das Vorgehen gegen mich seitens der nassauischen Justizbehörden wurde in der gesamten *Presse des In- und Auslandes* in gebührender Weise gegeißelt. Die Berliner „Volkszeitung" bemerkte u. a.: „Gegen einen Croupier (einen Angestellten der Spielbank) hätte sich eine Wiesbadener Behörde eine derartige Niederträchtigkeit (Vorführung in Handschellen) gewiß nicht erlaubt."

Das „Frankfurter Journal" u. a. sprach sich, wie folgt, darüber aus: „Der incriminierte Leitartikel ist aus des Verfassers erlaubter, in drei Auflagen erschienener Schrift ‚*System des Naturalismus*' wörtlich abgedruckt und gar nicht gegen eine bestimmte Religionsgenossenschaft gerichtet ... Dr. *Loewenthal* spricht sich über die allen Religionen beigemischten ‚Priestermärchen' in einer Weise aus, wie hundert Andere vor ihm. Wir wünschen die nähere Begründung der erwähnten Verurteilung kennen zu lernen. Heutzutage sollte eine Anklage auf Atheismus oder Gotteslästerung nur da möglich sein, wo religiöse Vorstellungen und Empfindungen mit der deutlichen Absicht angegriffen werden, um harmlose Menschen zu kränken, oder öffentlichen Anstoß zu geben, also nicht der Wahrheit zu Ehren und Förderung. Im letzten Falle würde unser Jahrhundert den Ketzerrichter mit seinem eigenen Maße messen. Wer mich einen Atheisten nennt, dem entgegne ich einfach: möglich, daß dein Gott nicht der meine ist, oder richtiger: daß wir Beide in unseren Vorstellungen von dem Urgrunde alles Daseins weit voneinander abweichen. Somit dürfte ich deinen Vorwurf dir zurückgeben; aber die Glaubensfreiheit, der ich huldige, klagt niemanden des Unglaubens oder der Gottesleugnung an. Wir bemerken noch, daß Dr. Loewenthal die

Stütze der Throne nicht in der ‚Kirche', sondern in der ‚natürlichen Intelligenz der Zeit' sucht. Die meisten Regierungen der Gegenwart haben hinreichend erfahren, wie weit sie mit Hilfe der ‚freien und vollberechtigten Kirche' zu regieren im Stande sind, und werden jenen Ausspruch für wahrhaft konservativ erklären müssen."

Unter einem Regime, wie das herzoglich-nassauische weiter zu leben und zu arbeiten, hatte ich begreiflicher Weise keine Lust. Ich folgte daher einem aus Leipzig an mich ergangenen Rufe und übernahm im Januar 1863 die Redaktion der im Verlag von A. H. Payne erscheinenden illustrierten Zeitung *„Die Glocke"*. Außerdem gründete ich selbst in Leipzig ein Wochenblatt unter dem Titel: „Der *Zeitgeist*, kulturgeschichtliches Zentralblatt." – Der *„Adler*, Zeitung für Deutschland", schrieb über dieses neue Blatt am 15. Februar 1863 u. a. Folgendes:

„Bürgt schon der Name des in der Journalistik und Literatur rühmlichst bekannten Dr. *Loewenthal* für Gediegenheit und allgemeine Verständlichkeit des Journals, so wird auch die Mitwirkung anerkannt tüchtiger Männer, wie *Louis Büchner, Ludwig Noack, Otto Moser* u. A., sowie elegante Ausstattung nicht verfehlen, dem „Zeitgeist" Freunde zu erwerben. Wir glauben es unsern Lesern schuldig zu sein, auf dieses neue Unternehmen, dem wir im Interesse der Volksbildung die weiteste Verbreitung wünschen, im Voraus aufmerksam zu machen."

Als Redakteur des „Zeitgeist" lernte ich in *Leipzig* auch *Ferdinand Lassalle* kennen, der dort eine Arbeiterversammlung einberief, um Propaganda für seine sozialpolitischen Ideen zu machen. Zahlreiche Schriftsteller und Journalisten wohnten der besagten Versammlung bei. Nach Beendigung derselben unterhielt sich Lassalle u. A. auch mit mir und suchte mich zu veranlassen, nach *Berlin* überzusiedeln, wo sich für mich und die weitgehenden Ziele, die ich in meinen Schriften und Journalen verfolge, ein weit ergiebigeres Feld der Tätigkeit bieten würde. – Lassalle's Rat leuchtete mir ein, und es dauerte nicht lange, bis ich ihn befolgte und mein Domizil nach der Hauptstadt Preußens verlegte.

Der Erfolg meines Werkes „System und Geschichte des Naturalismus".

Mein im Jahre 1861 in Frankfurt a. M. verfaßtes und in Leipzig erschienenes Werk *„System und Geschichte des Naturalismus"* ist im Laufe von zwei Jahren in 4 Auflagen erschienen und fand im In- und Ausland eine glänzende Aufnahme. Einige der markantesten Urteile über das Buch mögen hier wiedergegeben werden.

Ludwig Feuerbach schrieb darüber an den Verfasser u. A., er sei [„]von der Originalität dieses Systems gegenüber den hergebrachten metaphysischen Gedanken-Nichtsen überrascht und erfreut worden und finde die Erklärung des apriorischen Denkens in demselben trefflich."

Geh. Hofrat Dr. *Ludwig Reichenbach*, s. Z. Präsident der k. k. Leopoldinisch-Karolinischen Naturforscher-Akademie, äußerte sich in der Dresdener „Constitut. Zeitung" vom 23. April 1863, wie folgt: „Mit großer Aufmerksamkeit sind wir den Fortschritten und der Läuterung des Materialismus gefolgt, und glauben in Eduard Loewenthals ‚System und Geschichte des Naturalismus' in vier kurz auf einander gefolgten Auflagen eine *Basis* gefunden zu haben, auf welcher sich einst *eine Philosophie der Natur aufbauen* könne. Es finden sich durch die ganze Schrift hindurch so manche Momente, welche den Verfasser als klaren, konsequenten Denker bezeichnen, *so daß diese Schrift vielleicht als die beste aus dem Feldlager der Materialisten begrüßt werden darf.*"

Die *„Chemnitzer Nachrichten"* bemerkten am Schlusse einer größeren Besprechung: „Das Buch dürfte von geradezu *reformierender Bedeutung sein*, und gleicht in seinem ersten Teile einem Leuchtturme, der für kämpfende Wissenschaftsforscher sein ahnungsvolles Licht von Höhepunkten leuchten läßt, zu denen auf gebahnten Wegen empor zu steigen der wissenschaftliche Geist des Jahrhunderts im Kampfe und in der Arbeit ist!"

Die *Leipziger Illustrierte Zeitung* „Glocke" schrieb (vor meiner Übernahme ihrer Redaktion): „Selten ist wohl auf so geringem Raume, wie hier, so Wichtiges, so Bedeutendes gesagt worden, wie der Verfasser hier auf wenigen Seiten zusammendrängt; denn es widerspricht sein System so manchem bisher als allgemein giltig anerkannten andern Systeme, worunter wir nur das der *Centrifugalkraft* erwähnen wollen, dessen Wirkungen der Verfasser anerkennt, während er sie indes *ganz anderen,* von ihm auseinandergesetzten *Ursachen* zuschreibt. – Wir glauben, daß diese Schrift ein der Gelehrtenwelt hingeworfener Zankapfel sein dürfte, wie einst die Schriften eines Galilei, Swammerdam, Boerhave u. A. m."

Die „*Mainzer-Zeitung*" besprach mein „System des Naturalismus" in nachstehender Weise: „Eduard Loewenthal stellt in seinem System des Naturalismus folgende höchst originelle Theorie auf: „Der Stoff an sich ist, sofern er nicht zerstört und eben deshalb auch nicht erschaffen werden kann, voraussetzungslos und ewig, oder er ist *das absolute Sein, das allem Gewesensein vorausgeht.* Hieraus ergibt sich für ihn die Eigenschaft der Beharrung. Stoffliche Beharrung aber begreift zeitliche und räumliche in sich. Größere Verdichtung der Stoff-Atome bedingt größere Beharrung oder größeres spezifisches Gewicht für die einzelnen Beharrungsformen, derart, daß am Fußpunkte der Atomsäule (Luftsäule) zwei aggregirte (verdichtete) Atome das unterste letzte verdrängen, da sie bei demselben Raume der Untenbeharrung gegenüber eine doppelte Beharrung von oben besitzen. Darauf beruht das Fallen und das sogenannte Gesetz der Schwere, und nicht auf einer Anziehungskraft des betreffenden ‚Gesamtstoffaggregats' oder Weltkörpers, welche falsche Annahme hierdurch in wirklich begründeter Weise beseitigt ist. – Je weiter die Atomsäule (Luftsäule) sich sodann nach oben erstreckt, desto größer wird ihre Beharrung durch die Summe der Untenbeharrungsgrade. Ein Weltkörper (Gesamtstoffaggregat) besteht nur immer, wo die unterliegende Atomsäule einen solchen tragen kann und die betreffende ‚Stoffgebietsbeharrung' ihn nicht zu weiterer Ausdehnung gelangen läßt. Die Erde erhält Licht und Wärme darnach nicht von der Sonne. Dieselben erscheinen vielmehr nur als Wirkungen der im Sommer, – wo die Sonne bekanntlich weiter von der Erde entfernt ist – größeren und im Winter verringerten Expansions-(Ausdehnungs-)Schwingungen der betreffenden Atomsäule. Die Erde bezw. unser *Sonnenorganismus* im Ganzen geht durch die allmählige Expansion (Ausdehnung) eines anderen Weltkörpers (bezw. Sonnenorganismus) nach und nach einer gänzlichen *Expansionsruhe* entgegen, während welcher Licht, Wärme und Leben auf ihr völlig ersterben, die Wasser (als Übergangsform des Expansionszustandes) verschwinden und sie förmlich krystallisiert wird unter dem Expansionsdrucke des bezüglichen anderen Weltkörpers bezw. Sonnenorganismus. Aber es kommt auch wieder die Reihe der Expansion an sie; sie lebt auch wieder auf und es entwickelt sich auf ihr Alles wieder, wie bei ihrer dermaligen Expansions- oder Lebensperiode. Auch die Menschheit im Ganzen war solchergestalt schon unzählige Male auf der Erde und wird sich unzählige Male wiederholen. ‚Was wir *Weltgeschichte* nennen, *ist nur das Datum einer ewig wiederkehrenden Tatsache.*' – Sodann verbreitet sich das System über die Entstehung der organischen Einzel- und Selbstformen (Pflanzen und Tiere, incl. Menschen), über die Art der jeweiligen ursprünglichen Entstehung der Geschlechtsverschiedenheit, sowie endlich über die Entstehung und das Wesen der Selbstform, der Selbstbeharrung, des Selbstbewußtwerdens und des inneren Selbstformierungs- und Individualisierungs-Prozesses, – des Denkens." [„]Die überraschende Neuheit dieser Gedanken läßt die schnelle Verbreitung des Schriftchens begreiflich erscheinen."

[...]

Bemerkt sei hier noch, daß die bekannte gegen den Naturalismus gerichtete *Encylica Pius des Neunten*, wie s. Z. allgemein angenommen wurde, in erster Linie durch mein Buch „System und Geschichte des Naturalismus" veranlaßt wurde.

Das Cogitantentum *oder*: Die philosophische Religion des Wissens und der Wissenserweiterung im ersten Entwicklungsstadium

Als ich zum ersten Mal meinen Wohnsitz in Berlin aufschlug, trat ich zunächst als Nachfolger *Liebknechts* in die Redaktion der damals noch nicht offiziösen „Norddeutschen Allgemeinen Zeitung" ein, wo ich Gelegenheit fand, an den Mißständen der deutschen Kleinstaaterei Kritik zu üben und auf die Beseitigung der Bundestagsmisère hinzuwirken.

Schon nach einigen Monaten verließ ich meinen Posten bei der

„Norddeutschen Allgemeinen Zeitung“ und übernahm die Redaktion des von Dr. Thiele herausgegebenen Tageblattes „Der Publizist“.

Um diese Zeit verkehrte ich viel mit Ferdinand *Lassalle*, bei dem ich auch die Gräfin *Hatzfeld*, Lothar *Bucher*, *Liebknecht* etc. kennen lernte. – Lassalle war ein Bewunderer meines Werkes „System und Geschichte des Naturalismus“ und übersandte mir sein Werk „Herakleitos der Dunkle von Ephesos“.

Er begleitete seine Sendung mit folgendem Brief, der ein nicht geringes literarisches Interesse beanspruchen kann:

„Lieber Doctor!
Erlauben Sie mir, Ihnen zu sagen, daß ich erst diese Woche Ihre *wirkliche* Bekanntschaft gemacht habe, eine Bekanntschaft, die mir zur sehr großen Freude gereicht hat. Ich bin nämlich jetzt, wo ich einen Moment Zeit habe, und durch ihre Schrift *contra* Schleiden dazu gekommen, Ihr System des Naturalismus zu lesen. Das Resultat ist, daß es mich mit *Stolz erfüllt*, Sie zu den Meinen zu zählen. *Ich habe selten in einem Buche soviel Consequenz im Denken und so viel Scharfsinn gefunden, wie in den naturphilosophischen Prinzipien Ihres Systems*. Dies Lob erstreckt sich auf Ihr ganzes Buch, bis zu dem Punkt, wo dasselbe in die menschliche Gesellschaft übergeht. Von da ab wird die Entwicklung, wenn auch noch im Einzelnen sehr geistreiche Züge vorkommen, falsch. Glücklicherweise spricht dies durchaus nicht gegen Ihren naturphilosophischen Teil, denn es beruht einfach darauf, daß Sie eine ganz eminente *‚Selbstbeharrungsform‘*, die zwischen der Natur und dem Individuum liegt, ganz außer Acht gelassen haben, so daß Sie nun gerade nach der Konsequenz Ihrer eigenen Gedanken ins Unrecht geraten mußten. Ich werde Ihnen das mit Leichtigkeit und unter Ihrer eigenen Zustimmung beweisen, wenn Sie mir das Vergnügen machen, mich zu einem Gespräche hierüber aufzusuchen. Das System wird also eine neue Ausgabe nötig haben, bei welcher der gesellschaftliche Teil ganz umgearbeitet werden muß. Noch einmal, ich mache Ihnen mein Kompliment! Als äußeren Ausdruck meiner Anerkennung mache ich mir das Vergnügen, Ihnen beiliegend meinen Heraklit als Souvenir von mir zu überreichen. Daß ich die Heraklitische Ekpyrosis als eine

Apokatastasis aufgefaßt, *das wird jetzt nach Ihrem System erst schlagend richtig*. Dagegen wäre es nicht unmöglich, daß die *Auffassung dieser Apokastatasis* in Bezug auf die sie begleitenden Umstände sich modifiziert durch Ihr System.

Ganz Ihr

F. Lassalle."

Mehr und mehr drängte es mich jetzt, auch für die *religiösen* Fragen die *Konsequenzen* aus meinem System des Naturalismus zu ziehen und eine zeitgemäße Reform in dieser Hinsicht herbeizuführen. Im Jahre 1865 veröffentlichte ich meine Schrift *„Eine Religion ohne Bekenntnis"*, welche den Entwurf zur Gründung des *Cogitantentums* als *Religion* des fortschreitenden, jeweilig besten Wissens enthielt.

In besagter Schrift hieß es u. a.: „Mit der bloßen Skepsis reicht man nicht aus gegenüber den bestehenden Kirchen, wenn man der Gesellschaft und dem Staate einen Ersatz für letztere bieten will. Es gilt da organisch in den Organismus einzugreifen und bestimmte Garantien zu bieten."

Welcher Art diese Garantien waren, das ging aus den Statuten der neuen Religion hervor, welche in der Programmschrift enthalten waren und das Motiv trugen:

„Unser Wissen ist unser Glaube;
Unsere Würde ist unsere Moral;
Unser Kultus ist der des Geistes und des Herzens;
Unsere Religion ist der Inbegriff unseres Wissens,
unserer Würde und unseres Kultus."

Am 14. Mai 1865 fand in *Weimar* die *Konstituierungsversammlung* der sozial-humanitären Religionsgesellschaft der Cogitanten statt, mit der sich von da ab die Presse aller Kulturländer beschäftigte.

Am 22. Oktober 1865 folgte die Gründung einer Berliner *Cogitantengemeinde* und zwar in einer sehr stark besuchten Versammlung im Etablissement „Vorwärts", worüber die Berliner Presse, wie auch die auswärtigen Zeitungen ausführliche Berichte veröffentlichten.

Mein Gesuch um *Zulassung der Cogitanten* im Königreich *Preußen* in der Eigenschaft als *Religionsgesellschaft* ist vom damaligen Kultusminister v. *Mühler abschlägig* beschieden worden. Ich beschwerte mich darüber als Württemberger bei dem Minister des Auswärtigen Herrn v. *Bismarck*, und diese Beschwerde hatte den gewünschten Erfolg. Etwa vier Wochen nach dem abschlägigen Bescheid des Herrn von Mühler machte folgende Notiz die Runde durch die ganze deutsche Presse:

„Durch Bescheid des Kultusministeriums resp. des Ministeriums des Innern vom 18. Juli d. J. ist die social-hunanitäre Religionsgenossenschaft der „Cogitanten" als Religionsgesellschaft im Sinne des Art. XII. der preußischen Verfassungsurkunde vom 31. Januar 1850 im preußischen Staate zugelassen worden."

Die Zulassung der Cogitanten als Religionsgesellschaft erfolgte in gleichem Sinne im Großherzogtum Baden.

Die Statuten des Cogitantentums erschienen nun in deutscher, französischer, englischer und russischer Sprache, wurden aber in Russland von der Zensur unterdrückt, obwohl ein Petersburger Journal, der „Porjadok", sich in einem sechs Spalten umfassenden Artikel sehr günstig darüber aussprach.

Die Hauptparagraphen der Statuten des Cogitantentums lauten, wie folgt:

§ 1. Die notwendigen Enttäuschungen, welche die Offenbarungs-Religionen für ihre Anhänger im Gefolge haben, erzeugen den Skepticismus, d. h. die Zweifelssucht, den Spott und zuletzt die Frivolität und Auflösung der ganzen Sittenordnung, die Herrschaft des crassen Materialismus und des rücksichtslosen Egoismus. Das *Cogitantentum* d. h. – die *Religion des fortschreitenden jeweilig besten Wissens* hat demgegenüber die Aufgabe, jenen Mißständen energisch entgegen zu wirken und Menschenwürde und Menschenwert wieder zu Ehren zu bringen, der Menschenliebe wieder Stätten zu bauen und die Frivolität, sowie den plumpen Egoismus wieder zu brandmarkenden Eigenschaften zu stempeln. – Die bloße Aufklärungssympathie Einzelner reicht nicht aus, um die hohen Ziele der Menschheit zu erreichen. Es gehört dazu ein lebenskräftiger, die ganze Menschheit umfassender Humanitätskultus.

§ 2. Ein Staat oder eine Regierung ohne *Religion*, d. h. *ohne tonangebende Weltanschauung* ist undenkbar, aber die letztere soll *keine veraltete*, sondern – unter Garantie der Gewissensfreiheit – *nur die am sichersten begründete* sein. Jedenfalls ist mit allen gesetzlichen Mitteln darauf hinzustreben, daß der Staat veraltete Anschauungen nicht mehr unter dem Titel von „Landeskirchen“ bevorzuge und privilegiere.

§ 3. Die traditionellen Weltreligionen werden als geschichtliche Vorstufen zu der einheitlichen Weltreligion des Cogitantentums geehrt.

§ 4. Die Cogitanten stellen es sich zur Aufgabe, dem Recht auf Existenz für alle Mitmenschen dadurch eine positive Basis zu verleihen, daß sie mit allen Kräften auf die offizielle Anerkennung des Rechtes auf ehrenhafte Arbeit je nach den Fähigkeiten des einzelnen hinwirken, derart, daß jede Gemeinde für ihre Angehörigen Synöcesen d. h. Gemeindewohnungen und Gemeindewerkstätten einzurichten haben wird. Eventuell sind auch Staatsmittel dafür zu bewilligen.

§ 5. Das Cogitantentum vertritt den Grundsatz, daß der Staat so wenig wie der Einzelne irgendwie ein Recht über das Leben der Gesellschaftsangehörigen besitzt und daß *Gewalt an sich ohne ordentlichen obligatorischen Rechtsspruch nie ein wirkliches Recht begründen kann.* Demgemäß wirkt die Cogitanten Allianz mit allen Kräften darauf hin, eine *Völkerrechtsreform* im Sinne der Errichtung einer *obligatorischen internationalen Friedensjustiz* herbeizuführen und den Krieg für immer zu beseitigen.

§ 6. Die Feste der Cogitanten sind:

a) Das Neujahrsfest am 1. Januar.

b) Das Frühjahrsfest am 1. und 2. Mai.

c) Das Herbst- und Erntefest am 29. und 30. September.

§ 7. Die Leitung des Cogitanten-Cultus ruht in den Händen eines Cultus-Präsidenten, der Cultus-Präfecten der einzelnen Nationalitäten und der Gemeinde-Rektoren.

§ 8. Der Cultus der Cogitanten besteht in der Berichterstattung des Rektors über die jeweiligen Fortschritte des geistigen und sozialen Lebens unter besonderer Berücksichtigung des Einflusses, den das Gemüt auf die bezügliche Entwicklung ausübt. Auf die Verstärkung dieses Einflusses hinzuwirken, ist eine Hauptaufgabe der Rektoren des Cogitanten-Cultus. Mit Rücksicht hierauf sind in den Cultushallen auch das Orgelspiel und ernster Gesang tunlichst zu kultivieren. –

Aus dem *allgemeinen Programm,* das ich in der Gründungsversammlung der Berliner Cogitantengemeinde am 22. Oktober 1865 für das Cogitantentum aufstellte, sei hier nachfolgendes hervorgehoben:

„Für uns Cogitanten gibt es keine abstrakten Zwecke und Zweckmäßigkeitsschablonen. Während der Autoritätsglaube in Leben und Wissenschaft vorgibt, daß nur durch ihn die Welt zusammengehalten werde, wollen wir den Nachweis führen, daß nichts unrichtiger ist als dies, – daß vielmehr die Welt, welche jene zusammenzuhalten wähnen, durch nichts als durch den Kreislauf der Interessen zusammengehalten wird. Dieser Kreislauf aber beruht auf der Vernunft und Naturnotwendigkeit in der Kette der Ursachen und Wirkungen des Einzel- und Gesellschaftslebens. In dieser festgeschlossenen Kette von Ursachen und Wirkungen nach den Gesetzen der Vernunft-, Natur- und Gesellschaftsnotwendigkeit liegt eine weit unbeugsamere gewaltigere Macht, als in den Begriffsautoritäten der Mythologie und unserer spekulativen Philosophen. Hier ist die wahre Quelle des Schicksals, hier ist das alles bewegende und alles im organischen Gefüge zusammenhaltende Triebrad des Weltgesetzes zu finden, dessen hehres Walten die einen dem Willen und der Kraft ihrer Götzen, die anderen ihrem Begriffs-Phantomen, ihren Monaden, ihren Agentien, unsere gläubigen und ungläubigen Naturforscher imaginären Kräften beimessen, d. h. gewissen natürlichen Gesetzen von Ursache und Wirkung, deren natürliche Entwicklungsweise ihnen selbst eben der Ursache und dem Verlaufe nach unbekannt ist. Wer an eine selbständige Anziehungskraft, an eine Zentrifugalkraft glaubt, der steht im Prinzip für uns immer noch auf demselben Standpunkte des Wissens wie der Fetischdiener, welcher den Gang des Weltgetriebes der angeblichen Willenskraft seines Ölgötzen zuschreibt. Wir dürfen als Cogitanten mit keinerlei geheimen Kräften rechnen, auf dem Gebiete des Wissens so wenig wie auf dem Gebiete der Moral. Die Prozesse, den organischen und pragmatischen Zusammenhang müssen wir kennen, darin muß unsere Macht liegen, indem wir die Moral ebenso gut wie das Wissen nur auf das wohlverstandene Gesetz von Ursache und Wirkung, nur auf die Logik basieren, indem wir keine Wissensschablonen, keine Tugendschablonen, keine Parteischablonen, und selbst keine Zweckmäßigkeits- und Kraftschablonen, ja selbst keine Schablonen oder *kein Glaubensmysterium des absoluten Nichtglaubens* anerkennen, sondern in jedem einzelnen Falle logisch untersuchen, was das *Wahre in Bezug auf das Wissen*, was das *Zweckmäßige in Bezug auf das Handeln* ist, indem wir also in jedem einzelnen Falle nur den Maßstab der Natur, Vernunft und Gesellschafts-Notwendigkeit an all unser Tun und Lassen legen und dies allgemein in Übung zu bringen suchen, indem wir in Moral und Wissenschaft, in der Schule wie im Leben den falschen Autoritäten des geistigen und sozialen Pharisäertums und des vulgären Jesuitismus die Maske vom Antlitz reißen und ihre Dogmen den Motiven ihrer Entstehung nach beleuchten, indem wir mit einem Wort den ganzen Spiegel-Fechtapparat der scheinwissenschaftlichen, der scheinmoralischen und sonstigen Phrasen zertrümmern und die Logik der Natur-, Vernunft- und Gesellschafts-Notwendigkeit in alle Schichten der Gesellschaft tragen, sie in ihre uralten Rechte wieder einsetzen, – insofern wird mit dem *Cogitantentum nicht bloß eine Reformation des neunzehnten Jahrhunderts,* – sondern eine Kulturepoche ihren Anfang nehmen, wie sie in der Geschichte des jetzt in Entwicklung begriffenen Menschengeschlechts, oder in dem, was man irriger Weise Weltgeschichte überhaupt zu nennen pflegt, noch nie Platz gegriffen hat. Wie in den bestehenden Weltreligionen, in dem Christentum und Buddhismus die Epoche zu erblicken ist, in welcher die Gesellschaft das Selbstbewußtsein des *Kindesalters* erlangte, so wird mit dem Cogitantentum die Epoche der *Volljährigkeit* eintreten, die Epoche der Emanzipation des Menschengeistes von den *Nebel- und Schreckgebilden der Kindheitsperiode.*"

Da das Cogitantentum nur die wissenschaftlich begründete Wahrheit als *Religionsprinzip* anerkennt und kein stereotypes Glaubensbekenntnis, sondern nur das *fortschreitende, jeweilig beste Wissen* zur Grundlage hat, so ist es nie einem Veralten ausgesetzt, trägt vielmehr unstreitbar den Stempel der *bleibenden Religion der Zukunft* an sich, und die Werte, die es zu schaffen berufen ist, werden nicht bloße Augenblicks-, sondern *Ewigkeits*-Werte sein.

Die Cogitanten-Allianz, d. h. der Gesamtverband der Anhänger der neuen Religionsgesellschaft fand bald zahlreiche Anhänger in *Deutschland, Oesterreich, Italien, Frankreich, Rußand und Amerika.*

Aus den zahlreichen begeisterten Zustimmungs-Kundgebungen, die mir aus Privatkreisen zugingen, sei nur folgendes Schreiben des Besitzers einer Maschinenfabrik in Klagenfurt (Osterreich) angeführt. Es lautet:

Klagenfurt, den 29. Januar 1866.

Eurer Wohlgeboren!

Mit dem lebhaftesten Interesse entnehme ich aus den Blättern, daß E. W. es sind, welcher sich einer Arbeit widmet, deren glückliche Fortführung allein schon *kommende Jahrtausende verpflichtet, Ihren Namen mit Achtung und dankbarer Anerkennung zu nennen.*

Ich ersuche Sie, mich gefälligst als treuen Abonnenten des Journals „Der Cogitant" vorzumerken und mir alle bisher erschienenen Nummern sowie auch die neueste Auflage Ihres Buches *„System und Geschichte des Naturalismus"* einzusenden und den Betrag hierfür nachnehmen zu lassen.

Mit wahrer Hochachtung J. R. Fiedler.

Gleichzeitig mit der Constituierung der Berliner Cogitantengemeinde gründete ich auch ein Organ für die neue Religionsgesellschaft unter dem Titel *„Der Cogitant"*. Dieser fand auch in der Tagespresse viel Beachtung. Als Beispiel möge hier ein Leitartikel des *„Mannheimer Journals"* vom 16. Dezember 1866 angeführt werden. Derselbe war betitelt: *„Ein Denker über die Gegner Preußens und über die Freigemeinden"*.

Der Artikel lautete seinem Hauptinhalte nach, wie folgt:

Dr. Eduard Loewenthal erörtert in der neusten Nummer der von ihm herausgegebenen Zeitschrift „Der Cogitant" die politischen und religiösen Richtungen der Gegenwart, wobei nicht uninteressante Urteile gefällt werden. So fallen scharfe Streiflichter auf die gegenwärtigen politischen Parteien in der deutschen Frage, namentlich in und außer Preußen; den Satz von dem Götzendienste der Tatsachen umkehrend, erklärt der Cogitant, „der geschichtlich zusammenhängende Zwang der Tatsachen ist die eigentliche Nemesis für die Organe des Götzendienstes der öffentlichen Meinung, welche gewöhnlich den privilegierten Irrtum repräsentiert," dann hält er der preußischen Fortschrittspartei vor, daß, wenn sie über das Ministerium gesiegt hätte, dies zur Folge gehabt hätte, daß Preußen durch Oesterreich und die Mittelstaaten gedemütigt und eine neue Metternichs-Reaktionsperiode heraufbeschworen worden wäre." Die Idee einer bloß moralischen Eroberung, einer bloß moralischen Nötigung der Fürsten von Hessen, Nassau und Hannover zu Opfern für Deutschlands Größe besprechend, sagte er ironisch: „man wußte ja, wie leicht es war, den Nassauer, den Welfenkönig, den Kurhessen moralisch davon zu überzeugen, daß ihre freiwillige Abdankung das Vernünftigste wäre, wozu sie sich entschließen könnten." Nach einigen Erörterungen über das weitverbreitete Phrasenwesen, über die Phantasten und Doktrinäre, welche noch immer dabei stehen bleiben, lieber ganz Deutschland in Scherben gehen und ein Raub des Auslands werden zu lassen, als ihre Kurzsichtigkeit und ihren Irrtum einzugestehen, bemerkt er, wie die grosse Mehrzahl in Preußen jetzt anders denke und teilt aus einem offenen Briefe, den ein Freund *Jacobis* an diesen richtete, folgende Stelle mit: „Der Bruderkrieg war eine absolute Notwendigkeit; ganz Deutschland war krank und siechte dahin (an Schwatzen, Eitelkeit usw.)! Der siebentägige, siegreiche Kampf hat uns gerettet, und diese Rettung haben wir der unwiderstehlichen Energie eines Mannes zu danken, dem wir oft zürnten! Sein eiserner Wille hat uns in wenig Tagen aus der Schwebe auf festen Boden gesetzt. Das nicht aussprechen wollen, das nicht offen und laut bekennen, wäre feig!"

In einer „Studie zur Tagesgeschichte" bezeichnet Dr. Loewenthal diejenigen, welche statt sachlich, nach Maßgabe wirklicher Verhältnisse zu urteilen, bloß die Schablone anlegen, als „Mondsüchtige." Er gibt sodann die Kennzeichen dieser Krankheit, nennt das „Deutsche Wochenblatt" in Mannheim ein Organ der „süddeutschen politischen Mondsucht", und bemerkt, daß, wenn heute Deutschlands Geschicke in die Hände dieser Mondsüchtigen gelegt würden, „nur Deutschlands Feinde sich dazu gratulieren könnten."

Auf *Österreich* übergehend, mit dem die „Mondsüchtigen" gehen wollten, bemerkt Dr. L., daß es, als permanent am Rande des Staatsbankrottes, bei der systematischen Unterdrückung aller Intelligenz, auf dem Weltmarkte konkurrenzunfähig, „eher auf die *Nachfolgeschaft Pius XI. als auf die Suprematie in Deutschland* reflectieren müßte." Dazu führt er eine interessante Stelle ans einem Sendschreiben Vogts über Oesterreich bei Ausbruch des Kriegs an, womit sich Vogt auf die Seite Preußens stellte.

Vogt sagt: „Wo ich auch mein Auge hinwende, wo ich auch mit dem sondierenden Blicke des Naturforschers ins Innere dringen mag, überall sehe ich Oesterreich als den Hemmschuh nationaler Völkerentwicklung, als den ewig nagenden Krebsschaden der europäischen Zustände, als die reine Negation jedes Fortschrittes. So lange Oesterreich mit seinem durch Bajonette zusammen gehaltenen Völkergemische existiert, wird die innere Vergewaltigung stets ein Beispiel, eine Ermutigung, einen Rückhalt finden. Wuchert irgendwo Haß gegen die deutsche Nation – Oesterreich nährt ihn; ertönt irgendwo ein Fluch gegen nationale Knechtung – Oesterreich hat ihn verschuldet; wandert irgendwo, eine religiöse Überzeugung aus, um einen Erdenwinkel aufzusuchen, wo Glaubensfreiheit und Gewissensfreiheit herrscht – Oesterreich hat sie aus dem·Lande gejagt. Auf Deutschland lastet dieses unselige Kaiserreich wie ein drückender Alp, der, nicht zufrieden mit dem eigenen Gewichte, die Zentnersteine noch aus dem römischen Arsenal über die Alpen her holt, um den freien Atemzug des deutschen Michels zu hemmen." Wahrlich nur „Mondsüchtige" konnten auf Seiten Oesterreichs treten; die Klaren unter den Freien mußten auf Preußens Seite treten.

Schließlich wendet sich der „Cogitant" zu den Bestrebungen der *„freireligiösen Gemeinden"*. Herr J. Sch. in Mannheim hatte ihm nämlich die Festrede des Herrn Predigers Carl Scholl zur Stiftungsfeier der dortigen freireligiösen Gemeinde übersendet; dafür dankend gibt er sein Urteil dahin ab, daß er die freireligiösen Gemeinden für eine bloße Übergangsstufe halte; Hr. Scholl nenne den Einfluß der freireligiösen Gemeinden auf die Neugestaltung der Zukunft einen „stillen", aber doch „tiefen"; das erste sei wahr, das zweite nicht; die freireligiösen Gemeinden hätten viel zu wenig positiven Halt, hätten weder in wissenschaftlicher Hinsicht, noch im Gebiete des Denkens besonderes geleistet, repräsentirten solches auch nicht, und könnten nur durch Heraustreten aus dem Zwischenstadium durch Vermischung mit dem Cogitantentum etwas werden, während jetzt die Vertreter und Anhänger der freireligiösen Gemeinden ihre Kräfte nutzlos vergeuden für „eine in Stagnation befindliche, weder philosophische noch theologische, kurz für eine unendliche vage Sache."

In einzelnen Kreisen der *freireligiösen* Gemeinden wurde das Inslebentreten der *Cogitanten-Allianz* in sympathischer Weise begrüßt, so z. B. von Seiten der freireligiösen Gemeinde zu *Breslau*, deren Vorsteher und Sprecher Th. *Hofferichter* ganz aus eigenem Antriebe nachstehendes Schreiben an mich richtete:

„Breslau, 30. Januar 1865. | Herrn Dr. Eduard Loewenthal. Berlin. Hochgeehrter Herr! Die ‚Schlesische Zeitung' brachte gestern eine Mitteilung über die von Ihnen ausgegangene ‚Einladung zur Gründungsversammlung der Religionsgenossenschaft der Cogitanten.' Seit fast zwanzig Jahren als Prediger der freireligiösen Gemeinden dem Ziele zusteuernd, welches Sie im Auge haben, bin ich für Ihr Unternehmen von einem lebhaften Interesse erfüllt, das mich bereits bestimmt hat, einen Ihre Einladung betreffenden Artikel an die dortige ‚Volkszeitung' zu senden. Da mir aber Ihre Einladungsschrift selbst noch nicht zu Gesicht gekommen ist, und ich auch nicht weiß, ob ich sie hier irgendwo erhalten kann, so erlaube ich mir, Sie selbst um freundliche Übersendung derselben zu ersuchen. Wenn ich auch der Ansicht bin, daß das, was Sie erstreben, im Bunde der freien religiösen Gemeinden, *annähernd* wenigstens, schon vorhanden ist, und daß es nur des Zutrittes einer größeren Anzahl denkender Menschen bedarf, um die freien Gemeinden von den letzten Überbleibseln des alten Kirchenwesens zu befreien, so kann es doch auch der Sache des geistigen Fortschritts nicht schaden, sondern derselben nur förderlich und dienlich sein, wenn Sie zunächst selbständig vorgehen und durch die Vereinigung einer Anzahl vorurteilsloser Denker eine Religionsgesellschaft ins Leben rufen, welche von *vornherein alles Vernunftwidrige, allen traditionellen und abgestandenen Kultus ausschließt.* Eine *spätere Vereinigung mit den freien Gemeinden* erscheint uns doch als selbstverständlich. Gern werde ich deshalb bereit sein, soviel ich vermag, für Ihre Unternehmen zu wirken, und in hiesigen Kreisen unter freisinnigen, denkenden Menschen den Besuch der Versammlung in Weimar aufs wärmste empfehlen. | Mit der Versicherung vollkommenster Hochachtung Ihr ergebenster Th, Hofferichter."

Zu meinem Geburtstag (12. März) im J. 1866 wurde mir von der *Berliner Cogitantengemeinde* nachstehendes von Hermann Kuntze verfaßtes Gedicht überreicht:

Herrn Dr. Eduard Loewenthal zum 12. März 1866
gewidmet von der Berliner Cogitantengemcinde.

In Sklavenketten war der freie Geist geschlagen,
Der Priesterherrschaft Gipfel war erreicht,

Wir alle hatten jenes Kreuz zu tragen,
An dem ein edler Dulder einst erbleicht';
Und was gelehrt er hat nach bestem Wissen,
Weit seiner Zeit und seinem Volk voraus,
Was mit dem Tod er hat besiegeln müssen,
Wofür gekämpft oft ward in blut'gem Strauß:
Zur Geißel ward's, die in fanatischen Händen
Verdummtem Volke blut'ge Striemen schlug.

Heut lacht dass Volk wohl über die Legenden,
Die man in Schul' und Kirche ihm erzählt;
Doch hat es bei dem Lächeln sein Bewenden,
Das Volk hört zu, wenn auch der Glaube fehlt.
Und wo der Mut sich mit Erkenntnis paarte,
Wo man sich losriß von dem eitlen Wahn,
Um freier Kirchen Banner stolz sich schaarte
Und alles Außenwerk man abgetan:
Da stand vor neuer Täuschung nur die Menge,
Die Altes wegwarf, eh' sie Neues fand,
Freigeistiger Halbheit Märtyrergepränge,
Hält in des Geistes Dunkel noch nicht Stand.

So ward auch uns! – Vom Geist der Zeit gehoben,
Ward unser alter Glaube uns geraubt,
Die alten Mythen alle sind zerstoben,
Wie vor dem Tag die Mumie zerstaubt.
Wir standen ratlos vor dem Glaubenshorte
Und unbefriedigt mahnte Geist und Herz,
Da öffnete Dein Wissen uns die Pforte,
Befreite uns von der Entsagung Schmerz.
Dir ist gelungen endlich die Begründung,
Für das, was ahnend unsern Geist erfüllt,
Daß Vieles Märchen, mythische Erfindung,
Womit man die Natur uns hat verhüllt.
Aus Deines Denkens reichen Resultaten
Ging siegessichre Wahrheit uns hervor,
Dein Wissen ward zum Ariadnefaden,
Hob zur Gewißheit endlich uns empor.

Du bahntest wahrer Freiheit eine Gasse,
Der Freiheit, die in Ketten selbst uns bleibt,
Die uns zur Liebe, nicht zum Bruderhasse,
Auch nicht zum Bürgerkrieg und Aufruhr treibt.

Und wenn die Deinen offen heut verkünden
Die höchste Anerkennung, welche Dir zu weih'n,
Indem sie Dir die Freudenkränze winden,
Darein sie ihre Herzenswünsche reih'n, –
Sei's für die Zukunft Dir ein Hoffnungszeichen,
Wenn Deiner Lehre reinem Lichterglanz
Des blinden Glaubens letzte Wolken weichen,
Dann flicht die Nachwelt Dir den Lorbeerkranz.

Hermann Kuntze.

Zu Ende des Jahres 1866 verlegte ich meinen Wohnsitz von Berlin nach Dresden, wo ich im folgenden Jahre die Cogitanten-Akademie in's Leben rief. Das „Dresdner Journal" berichtete darüber unterm 31. Oktober 1867 Folgendes:

„Am·27. d. hat Herr Dr. Ed. Loewenthal hierselbst einen öffentlichen Vortrag über die Gebrechen unserer Universitäten und die Bedeutung der Cogitanten-Akademie gehalten. Die Elite der hiesigen Gelehrtenwelt hatte sich dazu eingefunden (darunter Hofrat Prof. Dr. Reichenbach, Prof. Richter, Dr. Drechsler, Dr. Max Krenkel, Dr. Manitius, Medicinalrat Küchenmeister, Medicinalrat Richter aus Chemnitz, Dr. Kadner, Ed. Maria Oettinger u. A. m.) Der Vortrag Dr. Loewenthals hat große Sensation hervorgerufen und wird dieser Tage im Druck erscheinen. Die Eröffnung der Cogitanten-Academie (eine Art Muster-Hochschule) ist nun definitiv auf den 12. November angesetzt."

Dem „*Mannheimer Journal*" wurde über die Errichtung der Cogitanten-Akademie aus Dresden berichtet: „Dr. Ed. Loewenthal wird am 31. d. M. hier die schon längere Zeit projectirte Cogitanten-Akademie eröffnen, solche wird teils eine Forscher-Akademie, teils eine Lehr-Akademie bilden. Nach dem Programm soll sie in ersterer Eigenschaft die Förderung alles gründlichen wissenschaftlichen Forschens, die Anerkennung geistiger Forschungsresultate als solcher und *in specie* die Begründung einer Wissenschaft der Geistes- oder

Gedankenstatistik bezwecken. Als Lehr-Akademie soll sie eine zeitgemäße, weniger Umständlichkeiten voraussetzende, weniger zeitraubende und selbständigere Resultate garantirende Hochschule werden, auf welcher die einzelnen Studierenden nicht blos in je einer, sondern in allen Disziplinen der drei weltlichen Facultäten unterrichtet werden. Junge Leute, die sich für die publicistische und staatsmännische, für die naturwissenschaftliche und technische Carriere, sodann solche, die sich für das höhere Lehrfach innerhalb der Gebiete der drei weltlichen Facultäten ausbilden wollen, ferner auch Leute, die ihre anderweitigen Studien zu einem harmonischen Abschluß bringen und sich der Wissenschaft um ihrer selbst willen widmen möchten, finden auf der Cogitanten-Akademie eine zeitgemäße Gelegenheit, ihr Ziel zu erreichen, und zwar ohne daß sie den exorbitanten Ballast in sich aufzunehmen haben, mit welchem auf den Brodstudiums-Universitäten das Gehirn der Studierenden überlastet, gelähmt und verwirrt wird.[“]

Zu den korrespondierenden Mitgliedern der Cogitanten-Akademie gehörten u. a. *Ludwig Feuerbach, Jakob Moleschott, Ludwig Büchner, Stuart-Mill, Ernest Renan* etc.

Als Organ der Cogitanten-Akademie gab ich die *„Monatsschrift für Forschung und Kritik“* heraus. Die erste Nummer derselben enthielt den von mir bei der Eröffnung der Akademie gehaltenen Vortrag, einen Aufsatz von Dr. C. A. W. Richter über die bei der Versammlung der Naturforscher und Ärzte im Jahre 1867 in Frankfurt gebildete Sektion für allgemeine Gesundheitspflege, sehr interessante Nachrichten über den verstorbenen Dr. C. F. Schimper und über dessen Verdienste um die Naturwissenschaften von Dr. v. *Leonhardi,* Professor in Prag; die Enthüllung einer Mystification zur Goethe-Literatur von Dr. F. W. Ebeling, ferner Aufsätze von mir selbst über Staats- und Gesellschafts-Philosophie, Pauperismus und Plutarchie usw.

[…]

Obwohl ich als Feind der deutschen Kleinstaaterei (vom Herzogtum abwärts) die Maßnahmen Preußens zu deren Beseitigung im allgemeinen guthieß, so schien es mir doch, als ob dazu die Waffengewalt nicht unbedingt nötig gewesen wäre. Das Problem, wie der *Krieg durch gerichtliche Schlichtung von Staaten-Konflikten aus der Welt geschafft werden könnte,* begann mich immer eingehender zu beschäftigen.

In Genf war um diese Zeit eine *Friedens- und Freiheitsliga* [1867] ins Leben getreten, welche auf die Gründung einer europäischen Republik unter dem Namen *„Vereinigte Staaten von Europa"* hinstrebte.

Infolge dieser Verquickung des *Staatsform-Problemes* mit der *Friedensfrage* konnte die Friedens- und Freiheitsliga in den monarchischen Staaten Europa's keinen fruchtbaren Boden finden. – Diesen Umstand erfassend, gründete ich im Jahre 1869 in Dresden einen *Europäischen Unionsverein,* welcher im Gegensatz zu der genannten Friedens- und Freiheitsliga die Gründung eines den Krieg ausschließenden *europäischen Staatenbundes unter dem Régime der bestehenden Regierungen* zum Ziel seines Streben machte.

Schon in meiner im Jahre 1860 in Frankfurt a. M. (bei H. Bechhold) erschienenen Schrift *„Die soziale und geistige Reformation des 19. Jahrhunderts"* bemerkte ich bezüglich des Krieges u. A.: „In der Regel wird der Krieg in die Zahl der sog. notwendigen Übel eingereiht. Solche „notwendige Übel" anzunehmen, ist an sich schon vom größten Übel. Es gibt kein notwendiges Übel, und wer ein solches anerkennt, gibt sich damit bloß das Zeugnis, daß er sich zu schwach fühle, dem Vorurteile, das jenes Übel zu einem notwendigen stempelt, energisch entgegenzutreten. Solche ‚notwendige Übel' sind daher nur tief eingewurzelte Übel. Der Krieg aber ist das beklagenswerteste von allen, die hierher zählen. Eine *völkerrechtliche Austrägalordnung* (nicht ein Schiedsgericht!) *würde jeden Krieg mit einem Male überflüssig und unmöglich machen.* – Kann doch zwischen den 34 deutschen Staaten kein Krieg stattfinden (solange der deutsche Bund besteht) zufolge einer solchen Austrägalordnung! Warum sollen nicht noch ebensoviele andere Staaten unter dieselbe vereinigt werden, so daß jeder kriegsgefährliche Konflikt durch jene internationale Instanz ausgetragen würde? Das Mittel ist zu einfach und liegt zu nahe, um weiterer Begründung zu bedürfen. Nur ein gutwilliges Entgegenkommen der europäischen Großmächte unter einander wäre vonnöten und dieser unerläßliche Schritt für soziale Civilisation wäre getan." – Wenn die Austrägalordnung des deutschen Bundes im Jahre 1866 versagt hat, so liegt dies daran, daß dieselbe nicht den unbedingten Verzicht auf eigenmächtige Selbsthilfe Seitens der Mitglieder des deutschen Bundes enthalten hat und daß ein solcher Verzicht bis jetzt auch nicht völkerrechtlich unter den Regierungen aller civilisierten Völker stipuliert ist.

Mit der Gründung des *Europäischen Unionsvereins wurde zum ersten Male definitiv das Banner der modernen, realpolitischen Friedens-bewegung in Deutschland aufgepflanzt.*

Meine Ansprache an die konstituierende Versammlung des Europäischen Unionsvereins lautete wie folgt:

„Es gehört kein großer Scharfblick dazu, um einzusehen, daß wir vor einer großen politischen und sozialen Krisis stehen, die sich immer mehr in die Frage zuspitzt, ob ein Krieg oder eine gewaltsame Revolution den jetzigen unerträglichen Zuständen in Europa ein Ende zu machen bestimmt sein werden. Die Regierungen rüsten sich zum Kriege sowohl wie gegen die Revolution. Die sozialdemokratische Arbeiterpartei steuert mit vollen Segeln der letzteren, d. h. der bewaffneten Insurrektion zu und hat es, wie auf dem Kongreß der internationalen Arbeiterassoziation zu Basel und auf dem Friedens-Kongreß in Lausanne neulich ausgesprochen wurde, auf Herstellung einer sozialdemokratischen europäischen Republik abgesehen.

Legen wir den Maßstab der ruhigen reinen Vernunft an diese Bestrebungen der Revolutionspartei und der Militärherrschaft, so finden wir, daß beide Wege nicht zum Frieden und nicht zu befriedigenden Zuständen führen.

Was die Militärherrschaft und den Krieg betrifft, so sind wir wohl alle darüber einig, daß der Krieg ein barbarisches Überbleibsel des Altertums ist, welches nicht mehr in eine zu geistiger Mündigkeit gelangte, kultiviert sein wollende Zeit paßt. Der Krieg beruht auf dem sog. Recht des Stärkeren. Allein dieses Recht ist nichts anderes als die Macht, gerade das Unrecht zur Geltung zu bringen. Im Privatleben erkennt auch der Staat das Recht des Stärkeren als solches bekanntlich nicht an; denn es würde uns dies einfach in die Zeiten des Faustrechts zurückführen. Der Krieg ist aber nicht nur etwas Unrechtmäßiges, Barbarisches und Unmoralisches, sondern auch keineswegs etwas Notwendiges. Von notwendigen Übeln zu sprechen, ist überhaupt eine verwerfliche Sophisterei. Die Differenzen zwischen den europäischen Völkern sind so selten und so harmloser Art, daß sie auf dem Wege vernünftigen Ausgleichs stets geschlichtet werden können, sei es durch Spezial-Kommissionen, sei es durch ein Friedens- oder Austrägalgericht. Die internationalen Streitpunkte werden aber ohnedies weit überwogen von der internationalen Interessengemeinschaft. Fast alle europäischen Völker sind durch die engen Verkehrs-Beziehungen der Gegenwart einander so nahe gekommen und in ihren Interessen so sehr verknüpft, daß es ihnen gar nicht in den Sinn kommen kann, sich gegenseitig abzuschlachten, daß sie vielmehr danach trachten müssen, dieser Interessengemeinschaft auch formell Geltung zu verschaffen durch Gründung eines europäischen Staatenbundes, – einer europäischen Union, innerhalb deren von Kriegführung nicht die Rede sein kann.

Ist dieses Ziel erreicht, so kann die Staatsreform als monarchisch ebenso ihre Zwecke erfüllen, wie als republikanische. Denn die stehenden Heere werden alsdann von selbst überflüssig und von Willkür und Absolutismus wird dann wenig zu spüren sein. Zu diesem Ende nun wollen wir auf Gründung von europäischen Unionsvereinen in ganz Europa hinwirken, damit der Ruf nach der Union und der Abschaffung der stehenden Heere eine allgemeine werde."

Die Friedenspropaganda an sich hatte ich schon ein Jahr vorher in dem von mir herausgegebenen „Dresdner Kurier" in zahlreichen Leitartikeln betrieben.

Einige von diesen mögen hier folgen zur Charakteristik dieses ersten Studiums der Friedensbewegung in Deutschland.

Im „Dresdener Kurier" vom 27. September 1868 schrieb ich unter der Überschrift „Friedensbetrachtung":

[„]Frägt man nun aber weiter: Wie gelangen wir zu einem wahrhaften und dauernden Frieden? so lautet unsre Antwort wiederum: Nicht durch fürstliche Reden, aber auch nicht ausschließlich und nicht notwendig durch den Krieg. Die Fürsten lieben es zwar, die Völker durch den Krieg zum Frieden oder, was in diesem Falle dasselbe ist – zum Schweigen zu bringen. So ist auch gewöhnlich das *Si vis pacem para bellum* („wenn du den Frieden willst, rüste dich zum Kriege") aufzufassen. Wollen aber die Völker sich nicht unnötiger Weise auf die Schlachtbank führen lassen, so müssen sie sich in Frieden einigen, ohne es auf die *ultima ratio regum* ankommen zu lassen.

Die Kriege sind nicht sowohl das letzte Vernunftmittel der Könige, als vielmehr ein Ergebnis der Vernunftlosigkeit der Völker. Man sagt uns zwar, die Kriege seien „ein notwendiges Übel", das ist nichts als eine Sophisterei absolutistisch denkender Staatsmänner. Ein Übel ist Krieg, das bestreitet gewiß Niemand, aber notwendig ist er bloß, wenn die Völker selbst an ihrer Vernunft verzweifeln!

Werfen wir einen Blick auf die Geschichte oder auf die gegenwärtige politische Lage, so finden wir, daß für Deutschland weder der Krieg von 1866 notwendig gewesen wäre, noch ein neuer notwendig gewesen wäre, um seine einheitliche Neugestaltung herbeizuführen, wenn alle deutschen Stämme ihren Einheitsdrang selbst entschieden zur Geltung gebracht hätten oder ihn noch zur Geltung bringen würden. Man hätte dann das Werk auch keiner einzelnen Dynastie zu danken gehabt und hätte der Reaktion, welche gewöhnlich im Gefolge dynastischer Beglückungen auftritt, den Weg versperrt. Wenn die deutsche Nation durch freie Selbstbestimmung ihre einheitliche Gestaltung ins Werk setzt, dann wird auch dem Auslande die Lust und der Anlaß zu Einmischungen benommen.

Sprechen wir daher von der Nordsee bis zu den Alpen, vom Rhein bis zur Weichsel und Donau, selbst aus, daß wir ein „einig Volk von Brüdern" sein wollen, und daß es nicht notwendig ist, uns diesen Willen durch die Kriegsfurien einpeitschen zu lassen – dann ist unser Frieden und der Frieden Europas gesichert und zwar ohne die Schwergeburt eines mörderischen Krieges und ohne die Nachwehen der Reaktion. Die Völker sind allmächtig, sobald sie aufhören, ihr Glück nur in der „Großmächtigkeit" und „Staatsweisheit" ihrer Beherrscher zu suchen und es von diesen alleruntertänigst entgegenzunehmen.["]

Mein Leitartikel im „Dresdener Kurier" vom 25. Dezember 1868 mit der Überschrift „*Cultur oder Barbarei*" enthielt folgende Ausführungen:

[„]Es sind nun die fünfzig Jahre vorüber, nach deren Ablauf, wie Napoleon I. sagte, Europa republikanisch oder kosakisch sein sollte und noch ist diese Alternative nicht entschieden. Das Kosakentum ist zwar obenan, aber auch die Aussichten der republikanischen Elemente sind durchaus nicht unerheblich. Die Hauptsache ist, daß die besagte Alternative selbst inzwischen eine erweiterte Fassung erhalten hat. Wir streiten heutzutage nicht um einseitige Staatsformen. Ob wir Republiken oder konstitutionelle Monarchieen haben, ist uns im Grunde einerlei. Das Dilemma, vor dem wir jetzt stehen, heißt: Kultur oder Barbarei. Auf dem Boden der Barbarei bewegt sich unsere Generation noch, so lange unsere Fürsten das Recht besitzen, Kriege in Scene zu setzen. Die Nationen sind in unserer Zeit sammt und sonders durch die Solidarität ihrer Interessen und durch das moderne Verkehrswesen einander so nahe gerückt, daß sie sich nicht mehr als Popanze und Feinde gegenüberstehen und weder Lust noch Anlaß haben, sich gegenseitig abzuschlachten … Um jedoch nicht in den Verdacht der Phantasterei zu geraten, und den diplomatischen Finessen gegenüber zu zeigen, wie wenig solche Finessen tatsächlich bedeuten, sobald man ihnen das Spektroskop der reinen Vernunft gegenüberstellt, – wollen wir gleich auch den Weg zum Ziele der Kultur, – das Mittel zum Zwecke näher bezeichnen. Die ganze europäische Demokratie möge nur fünf Jahre danach streben, folgenden Paragraphen in die Verfassung der europäischen Staaten hineinzubringen: „Der Regent (Präsident) hat nicht das Recht, ohne Zustimmung der Landesvertretung über Krieg und Frieden zu entscheiden". – Ist dieser Paragraph in die europäischen Verfassungen aufgenommen, dann sind wir in der Lage, mit sicherem Erfolge den Krieg gegen den Krieg eröffnen zu können, – dann werden wir Tausende von Millionen, die jetzt zur Beschaffung von Werkzeugen des Todes verwendet werden, für die Wohlfahrt des Volkes, für Zwecke des Lebens und echter Humanität verwenden können, – dann wird Vereinigung der Völker und eine Friedenssicherheit eintreten, welche Milliarden aufwiegen, welche alle Schleußen des Verkehrs wieder öffnen und die Strömung des Kapitals aus dem Wirbel der Staats- resp. Kriegsanleihen wieder in die friedlichen Kanäle des kommerziellen und industriellen – überhaupt des organischen Gesellschaftslebens leiten wird. Dann werden wir mit Bestimmtheit sagen können: Die Barbarei und das Kosakentum sind für uns nur noch historische Reminiszenzen. Dann wird mit einem Worte der Sieg der Kultur errungen sein, wird ohne diplomatische

Klügeleien und Geheimtuereien gesichert bleiben, und, was das Wichtigste ist, – ohne den Krieg![“]

Im „Dresdener Kurier“ vom 1. Januar 1869 hatte ich mit Genugtuung zu konstatieren, daß sich die Berliner „Volkszeitung“ den Ideengang meines zuletzt erwähnten Artikels „Kultur oder Barbarei“ vollständig aneignete, indem sie schrieb:

„Wer die Lage der Dinge richtig beurteilen will, der darf nicht den Worten der Diplomatie trauen, sondern muß auf die Arsenale seinen Blick richten, wo zu Kriegsleistungen die angestrengtesten Vorbereitungen gemacht werden. Die Worte der Diplomatie werden immer noch hochgeschätzt nach Maßgabe der Kunst, in welcher sie die Gedanken verheimlicht. Nur die Wehrgesetze, die Militär-Etats und die Arbeiten der Ausrüstung sind sprechende Zeugnisse des Zustandes. Darum dürfen wir uns nicht wundern, wenn ein richtiger Instinkt den Völkern stets Mißtrauen einflößt, wenn Handel und Gewerbe, diese wahren Merkzeichen des Volkswohlstandes, in bedenklichem Grade zurückhaltend mit Unternehmungen für die Zukunft sind: wenn alle offiziellen Ermunterungen und Friedensversicherungen durchaus unwirksam bleiben. Es liegt in allen diesen Erscheinungen ein tieferes politisches Verständnis, als die offizielle Welt es vermutet und wünscht. Es liegt darin unausgesprochen die große Wahrheit, daß der Völkerfriede erst gesichert sein kann, wenn den Völkern ihr Selbstbestimmungsrecht zu teil wird und von ihrem Votum der Krieg abhängt und der Frieden bedingt ist! Ein dunkles Gefühl sagt es daher allen Völkern des europäischen Festlandes, daß der Frieden nicht eher gesichert sein wird, bevor nicht den Völkern selber das Recht geworden ist, über Krieg und Frieden zu entscheiden. Niemand zweifelt daran, daß jedes Volk Europas einen neuen Krieg gemieden wissen will. In jedem Volk lebt die Überzeugung, daß das Band, welches die Bildung und die Gesittung unserer Zeit um alle Staaten Europas geschlungen, ein heiliges sei, das zu zerreißen ein schwerer Frevel ist. Der Wahn, daß geistig oder materiell das Wohlergehen eines Volkes gefördert werde, wenn es siegreich über ein anderes Volk herfällt, ist längst aus den Herzen der Nationen geschwunden. Der gesteigerte Verkehr der Völker, die Handelsverbindungen und Erwerbsbeziehungen, der lebhafte Austausch des Überflusses von Land zu Land, von Nation zu Nation, macht das Wohlergehen des einen Volkes zur Grundbedingung des Wohlergehens jedes anderen. Not, Armut, Mißwachs, Überbürdung des einen Volkes wird in allen anderen nicht blos sittlich mitempfunden, sondern auch materiell mitgetragen. Ist ein Volk der Kunde des anderen, so drückt die Verarmung des einen den anderen mit. Wenn ein Volk den Frieden des anderen stört, stört es sein eigenes Wohlergehen. Wenn ein Volk das andere zu Rüstungen zwingt, verurteilt es sich selber zu gleicher Anstrengung und Entbehrung. Wie fern aber auch der Tag noch scheint, an welchem die echte Friedensbürgschaft gegeben wird, wie weit ab noch der Zeitpunkt liegen mag, wo die Volksvertretung der Staaten Europas, die nicht diplomatisiren, sondern mit voller Offenheit Streitpunkte der Völker zur Sprache und im Geiste des Fortschrittes friedlich zum Austrag bringen und die Regierungen zwingen werden, sich ihrem Ausspruch zufügen, – so sehr dürfen wir uns doch der geistigen Erkenntnis erfreuen, die auch im verwichenen Jahre hierin gewachsen ist."

An diese Auslassungen der „Volkszeitung" wurden meinerseits folgende Bemerkungen geknüpft:

„Wenn die ‚Volkszeitung' ihren 30.000 Lesern und so jedes liberale Blatt den seinigen die Überzeugung verschafft, daß es keinen Krieg mehr geben wird, wenn die Völker resp. die Volksvertretungen Europa's selbst das Recht haben, über Krieg und Frieden zu entscheiden, daß dann eher eine Völkerverbindung als eine gegenseitige Bekämpfung der selben Platz greifen wird – wenn, sagen wir, die ganze liberale Presse Europas diesen Ideen mehr und mehr Bahn bricht, dann werden dieselben aufhören, bloße Ideale und Utopien zu sein. Selbst die kriegerischen Aussichten für das nächste Jahr (1870) könnten durch eine energische internationale Friedensagitation, und durch diese allein, vielleicht noch beseitigt werden. Eine solche mit allen uns zu Gebote stehenden, wenn auch verhältnismäßig geringen Kräften anzufachen und in Fluß zu bringen, das ist der Vorsatz und das Versprechen, womit wir die Schwelle des neuen Jahres überschreiten."

Im Februar 1870 wurde eine Broschüre von mir veröffentlicht unter dem Titel: *„Der Militarismus als Ursache der Massenverarmung in Europa und die Europäische Union als Mittel zur Überflüssigmachung der stehenden Heere"* (Dresden-Potschappel, Verlag von A. Fr. Lütze). Mein Vorwort zu dieser Broschüre lautete:

„Wohlauf, laßt uns zum Kampfe schreiten
Zum Kampfe gegen Menschenmord:
hinweg mit allen Völkerstreiten,
Fort mit den Mordwerkzeugen, fort!

Nach Frieden rufen die Nationen –
Wer ist's, der sie zum Kriege hetzt?
Wenn sich umschlingen Millionen,
Wer ist's, der da nach Blute lechzt?

Nicht woll'n wir unsres Schweißes Früchte
Noch länger solchem Spiele weih'n.
Wo sie im Keim stets wird zunichte, –
Da kann die Wohlfahrt nicht gedeih'n!

Mög' denn der Friedensruf ertönen,
Wie Stumesbrausen durch die Welt!
Wenn die Nationen sich versöhnen,
Wer wär's, der sich dazwischen stellt?

Wohlauf denn, auf zum letzten Kriege,
Zum Kriege gegen jeden Krieg!
Die Völkerfeindschaft war nur Lüge,
Dies ist uns Bürgschaft für den Sieg"

Der *„Pesther Lloyd"* bemerkte bei Besprechung meiner besagten Broschüre: „Dieser Mahnruf zur Gründung einer Europäischen Union ist allen Freunden bleibenden Friedens und Wohlstandes sehr zu empfehlen. Es ist hohe Zeit, daß nach den Worten Goethes im ‚Faust' getan werde, die das Motto der Loewenthal'schen Schrift bilden:

‚Es war zuletzt den Besten allzutoll,
Die Tüchtigen, sie standen auf mit Kraft
Und sagten: Herr ist, der uns Ruhe schafft;
Der Kaiser kann's nicht, will's nicht'."

Ein Dresdner Blatt; schrieb bezüglich der Gründung des „Europäischen Unionsvereins":

„Wenn, wie *Castelar* in den spanischen Cortes sagte, an *einer einzigen Idee ein ganzes Jahrhundert zehren kann*, so ist die Idee der Gründung einer *‚europäischen Union'* jedenfalls eine solche, von der Jahrtausende zehren können, sobald sie verwirklicht, zu deren Verwirklichung aber bei dem lebhafteren Pulsschlage des modernen Völkerlebens hoffentlich kein ganzes Jahrhundert erforderlich ist".

Vier Monate nach Veröffentlichung oben bezeichneter Broschüre brach der deutsch-französische Krieg aus. – Zwei Tage vor der von Seiten *Frankreichs* in Berlin übergebenen *Kriegserklärung an Preußen*, also am 17. Juli 1870, nahm der *Europäische Unionsverein* Stellung zu der dadurch geschaffenen Lage, indem er in Dresden eine Volksversammlung in die Centralhalle einberief, zu welcher sich gegen 300 Personen aus allen Parteien eingefunden hatten. Der Bericht des *„Dresdner Kurier"* über diese Versammlung lautete, wie folgt:

[„]Sonntag Vormittag 11 Uhr fand in der Centralhalle hierselbst eine im Namen des Europäischen Unionsvereins von Dr. Ed. Loewenthal einberufene Volksversammlung statt, zu welcher sich gegen 300 Personen aus allen Parteien zusammengesunden hatten. Dr. Loewenthal eröffnete die Versammlung mit dem Bemerken, daß wenn auch eine Friedensmahnung jetzt nichts mehr nützen werde, der Unionsverein es doch für seine Pflicht halte, im jetzigen ernsten Augenblicke eine Kundgebung gegen das Kriegführen zu veranlassen. Hierauf beantragte der Einberufende die Wahl eines Vorsitzenden, da er selbst das Referat übernahm. Es wurde Herr *Kobitsch* (Sozialdemokrat) dazu erwählt. Dr. Loewenthal motivierte es nun, daß gerade die europäische Unionspartei die Initiative zu der beabsichtigten Kundgebung ergriffen habe und erörterte das Programm dieser Partei. Es entspann sich darauf eine sehr lebhafte Debatte, an der sich von sozialdemokratischer Seite hauptsächlich die Herren Dr. *Otto-Walster, Biedermann* und *Müller*, von national-liberaler Seite die Herren Dr. *Döhn, Delbrück*, Adv. *Hendel, Backhaus* etc. und der Referent beteiligten. Es wurde in deren Verlauf so ziemlich allgemein konstatiert, daß im vorliegenden Kriegsfall Napoleon III. der Friedensstörer sei und daß es jetzt zur Notwendigkeit geworden, denselben mit Gewalt niederzuwerfen. Schließlich, nachdem Dr. Loewenthal noch darauf hingewiesen, daß es sich jetzt nicht um Ausfechtung von Partei-Streitigkeiten, sondern um eine Kundgebung aller Liberalen Dresdens bezüglich der Tagesfrage handle, wurden die Resolutionen, welche jener im Namen des Europäischen Unionsvereins vorgelegt hatte, mit großer Majorität mit einem kleinen Amendement Dr. *Döhns* zu Punkt 2 angenommen, und zwar Absatz 1 mit allen gegen 5, Absatz 2 gegen 10 Stimmen, Absatz 3 und 4 einstimmig.

Die Resolutionen lauten, wie folgt:

Die vom Europäischen Unionsvereins zu Dresden einberufene Vollversammlung vom 17. Juli 1870 beschließt, eine offene Erklärung dahin zu erlassen:

1. daß Reibungen zwischen zwei Dynastien keinen vernunftgemäßen und stichhaltigen Grund abgeben, um die Völker, deren Vertretung jene für sich in Anspruch nehmen, ohne ihre Befragung und Zustimmung in einen Krieg zu vermitteln;
2. daß Angesichts der französischen Kriegserklärung und der Vorgänge in Ems der Frieden augenblicklich nicht mehr von Deutschland abhängt, daß es für uns vielmehr zur Notwendigkeit gemacht worden ist, uns gegen äußere Angriffe, sie mögen kommen woher sie wollen, mit aller Macht und Energie zu schützen, – daß wir aber gleichwohl die Überzeugung haben:

   Weder die französische, noch die deutsche Nation haben Interesse daran, sich gegenseitig zu bekriegen;
3. daß die nationale Ehre civilisierter Völker durch Gewalttaten nicht gewahrt, sondern befleckt werde, – endlich
4. daß wir das Lautwerden der Proteste gegen den Krieg von Seiten der französischen Friedens- und Freiheitsfreunde mit Freude begrüßen.

Einige Zeit vor Ausbruch des *deutsch-französischen Krieges* machte die sog. *Barbara Ubryk-Affaire* allerorten großes Aufsehen. Die Nonne Barbara Ubryk ist in einem österreichischen Kloster viele Jahre hindurch in einer Zelle gefangen gehalten und in Bezug aus Nahrung und Pflege derart vernachlässigt worden, daß sie ihren Leiden schließlich erlag. Das Vorkommnis drang in die Öffentlichkeit und erregte in allen liberalen Kreisen die größte Entrüstung. Dieser gab auch ich im „Dresdener Kurier“ Ausdruck. Die Dresdner Staatsanwaltschaft fand aber in meinem bezüglichen Artikel eine *Gotteslä-*

sterung, obwohl von Gott in dem betr. Artikel gar keine Rede war, sondern blos von den „*frommen Schwestern*" der betr. Klosterverwaltung. Die Führung des betr. Preßprozesses selbst hatte nichts mit der herzoglich-nassauischen Prozedur in meinem ersten sog. „Gotteslästerungsprozeß" gemein. Jede persönliche Belästigung im Vorverfahren blieb mir erspart und das Gericht verurteilte mich, augenscheinlich mit Bedauern, zu einer Gefängnisstrafe von sechs Wochen.

Kurz nach Ausbruch des Krieges mit Frankreich sollte ich diese Strafe verbüßen. In solcher Zeit aber mich einem derartigen unfreiwilligen „*dolce far niente*" hingeben, das entsprach nicht meinem Naturell. So zog ich es denn vor, von der Schweiz aus die weiteren Kriegsereignisse zu verfolgen und die entsprechenden Schlußfolgerungen für meine Friedenspropaganda zu ziehen.

Ein sächsischer Hofrat, der zufällig den Frachtschein meiner nach Zürich abgehenden Effekten zu Gesicht bekam, schrieb darauf mit voller Namensunterschrift die altrömische Sentenz:

Tu ne cede malis, sed contra audentior ito ! (Weich' nicht zurück vor dem Unheil, sondern geh ihm noch kühner entgegen.)

Ich befolgte den Rat und gab in Zürich eine Zeitschrift „Die Freiheitswacht" heraus.

Der „Thurgauer Zeitung" (Winterthur) wurde am 8. Oktober 1870 aus Zürich darüber berichtet:

„Vom 16. Okt. an soll in Zürich eine Wochenschrift, die ‚Freiheitswacht', erscheinen, als Organ der europäischen Fortschrittspartei. Die Redaktion derselben besorgt Dr. Eduard Loewenthal, der Verfasser des bekannten Buches ‚System und Geschichte des Naturalismus'. Loewenthal war früher Redaktor des ‚Dresdener Kurier'. Er hat sein Vaterland wegen Mißbilligung der Verhaftung Jacobys und überhaupt aus Mißmut über die gegenwärtigen politischen Verhältnisse in Norddeutschland verlassen."

Im „Schweizer Handels-Courier" vom 10. Januar 1871 war folgendes zu lesen:

„Das Präsidinm des europäischen Unionsvereins, Dr. Eduard Loewenthal, Herausgeber und Redakteur der ‚Freiheitswacht' in Zürich, ladet zu einer Versammlung am 2. Februar in Basel ein, um über die zweckmäßigste Organisierung von *Massenprotesten gegen die Fortführung des Krieges, gegen das Halten stehender Heere* in Europa überhaupt und *gegen das Entscheidungsrecht der Fürsten über Krieg und Frieden*, sowie über die Einsetzung eines *internationalen Schiedsgerichts* für Europa von Seiten der *vereinigten liberalen europäischen Volksvertreter* zu beraten."

Die hier erwähnte, von mir nach Basel einberufene Versammlung kam nicht zu Stande, da man sich in der neutralen Schweiz für kosmopolitische Fragen sehr wenig interessiert.

Die Erfahrungen, die ich während meines Aufenthalts in *Zürich* und *Bern* in dieser Hinsicht machte, veranlaßten mich, nach etwa einem halben Jahre wieder nach Deutschland zurückzukehren, allerdings nicht nach *Dresden*, sondern nach Berlin.

Von hier aus ließ ich durch Rechtsanwalt Frenzel in Dresden einen Antrag auf *Wiederaufnahme* des Verfahrens in meinem Preßprozesse wegen angeblicher Gotteslästerung beim dortigen Gericht einbringen. Diesem Antrag wurde nicht nur Folge gegeben, sondern er hatte auch meine *völlige Freisprechung* zur Folge.

In Berlin übernahm ich nun die Reduktion des politischen Teiles der Daubitzschen „Staatsbürgerzeitung", eines selbständigen, liberalen Blattes.

Im Jahre 1872 wurde mir die Chefredaktion der *„Neuen Freien Zeitung"* angeboten, die ich auch annahm.

Am 20. Juli 1873 veröffentlichte ich in dieser einen Leitartikel mit der Überschrift: *„Zur Friedensagitation"*, in welchem ich unter anderem folgenden Vorschlag machte:

„... Vielmehr müssen auch die *Nationen Europas* etwa durch ihre *parlamentarischen Vertreter* in Betreff der Einrichtung eines internationalen Schiedsgerichts sich in ein gemeinsames Einvernehmen setzen, um offen aller Welt ein Zeugnis ihrer allseitigen Friedensliebe abzulegen.

Gelänge es nun, in oben bezeichneter Weise eine Vereinigung der Parlamentsmitglieder der verschiedenen Staaten Europas zu erzielen, so ist kaum zu vermuten, daß sich dort nicht solche Anschauungen festsetzen sollten, welche an sich schon eine Bürgschaft des Friedens wären. Würde ein *internationaler Deputiertenverein* gegründet, dessen Mitglieder die Majorität der verschiedenen Parlamente besäßen, und gingen dieselben gewisse Verpflichtungen ein, die Stärke der Heere innerhalb bestimmter eng gezogener Grenzen zu halten, usw ... so würde damit die Aufgabe des einzusetzenden internationalen Schiedsgerichts eine leichte und realpolitisch gesicherte sein.

Man streitet wochenlang im Parlament, um zu wissen, ob man alljährlich ein paar Spitzbuben unschädlich zu machen das Recht habe, man debattiert monatelang, um Gesetze ins Leben zu rufen, die als Resultat vielleicht zehn oder zwanzig Betrügereien im Lande verhindern, und um den raffiniertesten Massenmord unter kultivierten Nationen unmöglich zu machen, sollte nicht einmal ein Versuch gemacht werden?! Entweder das Menschenleben und alle Lebensgüter haben nicht den großen Wert, den man ihnen beimißt, wozu dann all die Plagen und Umstände in gewöhnlichen Zeiten, um sie zu schützen und zu erhalten? Oder sie haben diesen Wert, und dann muß man sich wirklich wundern, daß es so leicht möglich ist, einen Zustand herbeizuführen, in welchem das Rechtsbewußtsein auf den Kopf gestellt wird, – einen Zustand, in welchem alle Garantien, jede Schutzwehr, welche die Bestrebungen von Jahrhunderten um Menschenleben und Lebensgüter gezogen haben, umgestoßen werden, in welchem nichts mehr gilt, als das Recht des Stärkeren, die Gewalt solange die Herbeiführung eines solchen Zustandes möglich, solange das Völkerduell nicht allgemein in Verruf erklärt und der ganze Kriegsapparat in die Rüstkammern des Mittelalters geworfen ist, so lange bleibt aller Liberalismus, alle Aufklärung Flickwerk und – Heuchelei."

Im Januar 1874 rief ich den Europäischen Unionsverein unter dem Namen „Deutscher Unionsverein für internationale Friedenspropaganda" mit dem Wahlspruch *„si vis pacem, para pacem!"* in Berlin wieder ins Leben. Dieser richtete unmittelbar nach seiner Konstituierung am 20. Januar eine Petition an den Reichstag, deren Wortlaut mir leider nur noch in der Übersetzung des Bulletins der Pariser Friedensgesellschaft … vorliegt.

[…]

Die *Antwort des Reichstages* auf diese Petition war vom 22. April 1874 datirt und lautete:

„Der Deutsche Reichstag hat in der Plenarsitzung vom heutigen Tage auf Grund des von der Petitions-Kommission abgegebenen Votums den Beschluß gefaßt: über die von dem Vorstande des Deutschen Vereins für internationale Friedenspropaganda d. d. Berlin den 20. Januar etc. eingereichte Petition, Behufs Einsetzung eines internationalen Schiedsgerichts zur Schlichtung völkerrechtlicher Streitigkeiten mit den Regierungen Europas und Amerikas Verhandlungen anzuknüpfen und für die Herbeiführung eines auf alle Zeiten gesicherten Friedens, sowie für die Beseitigung der bisher obwaltenden internationalen Anarchie zu sorgen, in eine weitere Erörterung nicht einzutreten, weil kein genügender Grund vorliegt, dem Reichstage den gestellten Antrag zu unterbreiten."

Der „Deutsche Verein für internationale Friedenspropaganda" hielt sodann verschiedene öffentliche Versammlungen ab, um in der Berliner Bevölkerung das Interesse für die Friedensbewegung zu wecken.

Um diese Zeit gab ich auch eine Flugschrift „Zur internationalen Friedenspropaganda" heraus, die im In- und Auslande großes Interesse erweckte. Ich schlug darin, wie schon früher in der „Neuen Freien Zeitung" (1873) die Gründung eines *internationalen Deputirtenvereins* vor, der die Bekämpfung des Militarismus in den einzelnen Parlamenten sich zur Aufgabe machen sollte.

[...]

Meine in besagtem Circular und in meiner „Flugschrift zur internationalen Friedenspropaganda" gegebenen Anregungen zur *einheitlichen Organisation aller Friedensgesellschaften*, zur Abhaltung *alljährlicher Friedenskongresse* und zur Gründung einer *Interparlamentarischen Union* fanden im Laufe der folgenden zehn Jahre ihre Verwirklichung. Französische Blätter berichten über die Wirksamkeit des *„Deutschen Vereins für internationale Friedenspropaganda"* [...]

Das Organ der *Londoner Peace Society*, der „Herald of Peace" vom 2. Februar 1874 ließ sich über den „Deutschen Verein für internationale Friedenspropaganda" in Berlin und dessen Gründer folgendermaßen" vernehmen:

„Wir haben zu unserer großen Befriedigung die Nachricht erhalten, daß sich in Berlin auf Veranlassung des Herrn Dr. Eduard Loewenthal ein Friedensverein gebildet hat. Der Genannte ist den Friedensfreunden schon lange als einer der ernstesten und entschiedensten Vertreter unserer Sache auf dem europäischen Kontinent bekannt. Er war früher der Herausgeber des ‚Dresdener Kurier', in dessen Spalten wir oft Äußerungen über die Erhaltung des Friedens anzuführen Gelegenheit hatten. Als der deutsch-französische Krieg i. J. 1870 ausbrach, tat Dr. Ed. Loewenthal sein Äußerstes, um der Kriegswut (*war panic*) seiner Landsleute und der Franzosen entgegenzuwirken. Er apellierte dann noch einmal nach der Übergabe Napoleons III. bei Sedan an das deutsche Volk und erinnerte daran, daß, wenn es auch einen Streit mit der französischen Regierung gehabt habe, es doch keinen mit dem französischen Volke hätte, welches ein Bruder des deutschen Volkes sei und als solcher behandelt werden müßte. Er ermahnte seine Landsleute, allgemein den Wunsch nach Frieden kundzugeben, aber gab ihnen zugleich den sehr vernünftigen Rat, keinen gewaltsamen Widerstand den bestehenden Autoritäten gegenüber zu versuchen. Sein Protest mußte so nur moralischer Natur sein. Denn obwohl Herrn Loewenthals Sympathien ganz auf der Seite des deutschen Volkes und der Volksfreiheit sind, so ist er doch ein ausgesprochener Gegner revolutionärer Gewaltsamkeit und anarchischer Doctrinen. Aber seine klugen und weisen Ratschläge schützten ihn damals nicht vor dem Mißtrauen der deutschen Behörden und, um Unannehmlichkeiten zu vermeiden, verließ er Sachsen und hielt sich einige Zeit in der Schweiz auf. Nach dem Kriege kehrte er nach Deutschland zurück und nimmt jetzt eine einflußreiche Stellung in der Presse ein. Als Mr. *Henry Richard* vor einigen Wochen in Berlin war, hatte er das Vergnügen mit Dr. Loewenthal zusammenzukommen. Der deutsche Friedensverein hat seine Tätigkeit unter sehr günstigen Auspicien begonnen, indem er zu seinem Präsidenten einen so entschiedenen, talent- und verständnisvollen Mann [...] wie Herrn Loewenthal gewählt hat."

Am 18. September 1874 erließ ich Namens des „Deutschen Vereins für internationale Friedenspropaganda" ein Zirkular an alle Friedensgesellschaften des Auslandes, worin die alljährliche Vereinigung derselben zu einem Kongresse in Vorschlag gebracht wurde. Sodann beantragte ich darin die Herbeiführung einer *einheitlichen Organisation der gesamten Friedensgesellschaften*. Dieser Organisation gemäß sollten die Präsidenten der Friedensgesellschaften je bei *drohendem* Ausbruch eines Krieges sich zu einem *Friedenskonvent ad hoc* vereinigen und, wenigstens bis zur *offiziellen Einsetzung eines internationalen obligatorischen Friedensgerichtes eine Art freiwilliger Gerichtsbarkeit* ausüben, indem sie ein Votum über den schwebenden Konflikt abgeben und in geeigneter Weise promulgiren, resp. zur Kenntnis der europäischen Regierungen, Parlamente und Preßorgane bringen würden. – Die Antworten, die auf dieses Zirkular hin eingingen, sind in meiner *„Geschichte der Friedensbewegung"* II. Aufl. (Berlin, E. Ebering 1907) abgedruckt.

Im Laufe des Jahres 1874 war in Berlin auch meine Schrift *„Grundzüge zur Reform und Codification des Völkerrechts"* erschienen, – eine Schrift, die alsbald in französischer Übersetzung von dem „Bulletin de la société des amis de la paix" in Paris, sowie in englischer Übersetzung von dem „Herald of Peace" in London reproduciert wurde.

Was meine Tätigkeit inbetreff der Friedensbewegung betrifft, so mußte ich dieselbe im Frühjahr 1875 von Deutschland nach dem Auslande verlegen, wenn ich nicht dieselbe unfreiwillig 5 Monate lang unterbrochen sehen wollte. Denn zu Ende des Jahres 1874 war ich wegen eines die Camphausen'sche Finanzpolitik und speziell den übergroßen Aufwand für Militärzwecke kritisierenden Artikels in der „Neuen Freien Zeitung" zu einer Gefängnisstrafe von 2 Monaten und wegen angeblicher Majestätsbeleidigung zu einer solchen von 3 Monaten verurteilt worden. Um meine Zeit nützlicher zu verwenden, als es bei Verbüßung jener Strafen möglich gewesen wäre, begab ich mich zunächst nach Brüssel, wo ich mit Professor Louis Wihl die „Europäische Rundschau" und „Die Geißel" herausgab.

Die *„Europäische Rundschau"* fand eine sehr anerkennende und freundliche Aufnahme seitens der Brüsseler Presse.

[…]

In Nr. 9 der „Geißel" vom 19. September 1875 erließ ich folgenden „Aufruf zur Einberufung eines Weltparlaments":

„Nachdem auf Anregung des Herrn *Henry Richard* sechs europäische Volksvertretungen – die englische, italienische, belgische, holländische, dänische und schwedische, sowie der Kongreß der nordamerikanischen Union sich für die Einführung des Schiedsgerichts-Systems ins Völkerrecht und *par conséquence* für die Verpönung der Völkerduelle oder Kriege ausgesprochen haben, und auch die Regierungen selbst wieder darauf bedacht sind, den Frieden möglichst sicher zu stellen (wenn auch auf dem verkehrten Wege der Kriegsrüstungen), so dürfen die Freunde einer gesetzlichen Norm für den friedlichen Staaten-Verkehr es nicht mehr bei der alljährlichen Wiederauffrischung alter Wünsche bewenden lassen, müssen vielmehr zu einer neuen Tat schreiten, nämlich zur Einberufung eines Völkerrechtsparlaments, bestehend etwa aus je 5 Delegierten der Parlamente der Großmächte und je 3 Delegierten der Volksvertretungen der kleineren Staaten, sodann aus je einem oder zwei Regierungskommissären. Ein bezügliches Einladungsschreiben sollte unverweilt an die Regierungen und die ständigen Ausschüsse aller Volksvertretungen gerichtet werden, und zwar am Passendsten von Seiten der Antragsteller, welche die bezüglichen Boten der oben genannten Volksvertretungen herbeigeführt haben, – also Seitens der Herren *Henry Richard* in London, *Mancini* in Rom, *Couvreur* und *Thonissen* in Brüssel, *van Eck* und *Bredius* in Haag, *Jonasson* in Stockholm und die betreffenden Abgeordneten in Kopenhagen und Washington. – An Material für die Beratungen resp. an Vorarbeiten „zu einem Gesetz für die normale Geltendmachung international-politischer Rechtsansprüche fehlt es nicht. Ich verweise in dieser Hinsicht auf die Arbeiten der ‚*Peace society*' in London, aus den Entwurf von *Ch. Lemonnier* und auf meine eigenen auch ins Englische und Französische übersetzten ‚Grundzüge zur Reform und Kodifikation des Völkerrechts'. Nach all diesen Arbeiten könnte von dem konstituierenden Komitee des einzuberufenden Parlaments ein Spezial-Entwurf ausgearbeitet und dem Parlament unterbreitet werden. Daß die Proposition dieser Parlaments-Einberufung nicht unverwirklicht bleiben wird, glaube ich als sicher annehmen zu dürfen. Also frisch ans Werk, mit dem unser Jahrhundert nur allzulange schon im Rückstande ist!"

Mein Aufruf zur Einberufung eines Weltparlaments wurde kurz darauf auch in dem in Marseille erscheinenden Blatte „L'Avenir des Nations" in deutscher und französischer Sprache veröffentlicht.

Sodann hatte ich im Jahre 1875 die Genugtuung, daß die „Ligue de la Paix Européenne" in Marseille, ein Zweigverein der französischen Friedensgesellschaft, die in dem Zirkulars des „Deutschen Vereins für internationale Friedens-Propaganda" von mir gemachten Vorschläge betreffend die einheitliche Organisation aller Friedensgesellschaften und die alljährliche Abhaltung eines Kongresses derselben zu den ihrigen machte [...]

Nachdem ich von Brüssel im Jahre 1876 nach London und von da nach 1 ¼ jährigem Aufenthalt nach Paris übergesiedelt war, setzte ich dort meine Aktion im Sinne der Friedenspropaganda fort, zunächst in der von mir herausgegebenen *„Weltbühne"* („La Scène du Monde"), die sich einer sehr freundlichen Aufnahme Seitens der Pariser Presse, wie auch der Provinzpresse erfreute.

Für die Errichtung einer obligatorischen internationalen Friedensjustiz habe ich in dem Pariser Wochenblatte „Paris-Rome" (Herausgeber: R. Raqueni) am 14. September 1884 in einem Artikel das Wort ergriffen, der überschrieben war: *„A bas les armes!"* (Die Waffen nieder!)

Am 28. Dezember 1886 veröffentlichte ich im Pariser *„Etendard"* (späterer Titel des Blattes „Paris-Rome") einen Aufruf zur Gründung eines Comites, welches die Aufgabe haben sollte, ein *europäisches Plebiscit* bezüglich der Ersetzung des Krieges durch eine *obligatorische internationale Friedensjustiz* anzubahnen. [...]

Zur Zeit des Ministeriums *Jules Ferry*, das sich durch eine versöhnliche Haltung gegenüber Deutschland bemerklich machte, d. h. im März 1885, gab ich mit dem Journalisten *Edouard Grauce* in Paris ein Blatt heraus unter dem Titel „La Revanche Antiguerriére". In meinem Programm-Artikel entfaltete ich das Friedens-Banner mit dem Losungswort *„La Revanche"* [...]

Im Januar 1887 hat sich in Paris auf meine Veranlassung ein provisorisches Comité für Errichtung eines europäischen Friedensgerichts constituiert, dem außer mir Advokat *Coffinières,* General *Türr* und die Publicisten *Raqueni,* Auguste *Desmoulius, Bournand* etc. angehörten. Dieses Comité beschloß auf meinen Antrag, ein Circular an die Gemeindevertretungen der europäischen Großstädte zu senden um dieselben zu veranlassen, Massen-Petitionen im Sinn der Errichtung eines *europäischen Friedensgerichts* und der Constituierung einer *„Europäischen Union"* unter dem Regime der bestehenden Regierungen an diese letzteren zu adressieren.

Dieser Beschluß ist allerdings erst im Jahre 1893 durch mich zur Ausführung gebracht worden und war nicht von directem Erfolg begleitet.

Weiteres von meinem elfjährigen Aufenthalt in Paris

In Paris fühlte ich mich, da meine Großeltern väterlicherseits aus Frankreich stammten, gewissermaßen wie in meinem zweiten Vaterlande. Sagen doch ohnedies die Franzosen: „Chacun a deux patries: la France et la sienne".

Bald nach meiner Ankunft wurde ich Mitredacteur des Wochenblattes *„Echo de la presse étrangère"*. Außerdem gründete ich die Halbmonatsschrift „Die Weltbühne (*La Scène du Monde*)" mit deutschem und französischem Texte.

Ferner war ich Mitarbeiter der Revue *„Le Monde Poétique"* und gab selbst eine französische Monatsschrift für Philosophie und kulturelle Fragen heraus unter dem Titel: *„Le Monde de l'Esprit"*.

[…]

Meine Rückkehr nach Berlin und das Cogitantentum im zweiten Entwicklungsstadium

Im Jahre 1888, nach dem Tode Kaiser Wilhelms I. erließ Kaiser Friedrich III. eine Amnestie für politische und Pressevergehen. Von dieser Gebrauch machend, kehrte ich mit meiner treuen Lebensgefährtin Bertha und meinen braven Söhnen Henri und Hubert nach Berlin zurück, wo wir am 3. Juni genannten Jahres eintrafen.

Da machte ich die Wahrnehmung, daß seit meinem 14jjährigen Aufenthalt im Auslande die geistige Entwicklung der deutschen Nation mit deren politischer Entwicklung nicht ganz gleichen Schritt gehalten hat.

Allen Respekt vor den schönen Häuserfassaden, den umfassenden Verkehrsmitteln und den zahlreichen elektrischen Flammen Neu-Berlins. Von den Flammen im Innern der Menschen war nicht viel zu bemerken und der geistige Funke der Nation mußte in tiefer Asche verborgen sein, denn auch von ihm entdeckte man äußerst wenig.

Selbst in der *Literatur* schien nicht mehr der alte Geist der „Nation der Denker" zu herrschen. An die Stelle des ernsten wissenschaftlichen und künstlerischen Strebens war die unverblümte Gewinnsucht, – an die Stelle der philosophischen war die finanzielle Spekulation getreten.

Ich betätigte mich nach wie vor in der Presse und ließ im Jahre 1891 auch den *„Cogitant"* als Organ der Cogitantenallianz weiter erscheinen, in dem ich am 20. März einem Artikel erscheinen ließ mit der Überschrift: *„Der messianische Charakter des Cogitantentums."* Die „Allgemeine Zeitung des Judentums" druckte ihn ab, unter der veränderten Überschrift „Die Juden sollen Cogitanten werden, dies wünscht der Herausgeber des Cogitant", indem er schreibt:

„Die *traditionellen Weltreligionen* werden als geschichtliche Vorstufen der einheitlichen Weltreligion des Cogitums geehrt. Hieraus ist zu ersehen, daß das Cogitantentum von Anbeginn sich zur Aufgabe stellte, die sämtlichen Glaubensverbände auf einer höheren Stufe zu vereinigen, – auf der Stufe der *Religion des Wissens und der Wissenserweiterung,* die im Gegensatz zu den Religionen des blinden Glaubens allein die Religion der Zukunft sein kann. Für heute möchte ich mich speziell an die Israeliten wenden, welche bedenken sollten, daß sie trotz aller Vorzüge ihres reinen Monotheismus und ihrer tatsächlich musterhaften Sittenlehre keine Zukunft haben könnten, wenn sie für immer auf Erfüllung einer weiteren Mission d. h. auf Erstrebung höherer geistiger Ziele verzichten und ihre Augen von der offenbar messianischen Bedeutung des alle Religionen unter den Auspicien der Wissenschaft *vereinigenden Cogitantentums* verschließen wollten. An ihnen vor allem dürfte es sein, unter Ablegung veralteter Formen dem Banner der neuen Offenbarung zu folgen und die Religion der Zukunft zu der ihrigen zu machen. Die *aufgeklärte Christenheit* wird sich ihnen auf diesem Boden sicher anschließen und das messianische Reich wird seinen Anfang nehmen. Gerade die Zerstreuung der Israeliten in aller Welt wird dann ihren Zweck erfüllen, um die Maschen des weltumfassenden Netzes zu schließen und den großen Bund zu besiegeln. Als Cogitanten werden sie aufhören, die Zielscheibe aller möglichen Gehässigkeiten zu sein, – als Cogitanten werden sie auch ihre Exklusivität aufgeben und *statt der Isolierung die Verschmelzung* zum Prinzip erheben. So höre denn Israel, mache Dich auf und gürte Deine Lenden, um vor Allem herauszutreten aus Deinem, wenn auch ehrwürdigen, so doch verknöcherten Synagogenbau, um Deinen Eingang zu halten in den *für Alle offen stehenden Tempel der Neuzeit, in den messianischen Tempel des Cogitantentums*.[“]

Am 22. Oktober 1890 wurde das 25 jährige Jubiläum der *Cogitantenallianz* gefeiert. Ich sprach bei dieser Gelegenheit über die *Wahrheit als Religionsprinzip* und führte dabei im Wesentlichen Folgendes aus:

[„]Es sind jetzt über hundert Jahre her, daß unser großer Nationaldichter Schiller sein Glaubensbekenntnis in dem bekannten Verse niederlegte:

Welche Religion ich bekenne? Keine von allen,
Die du mir nennst. – Und *warum keine*? Aus Religion.

Unwillkürlich wird man zu der Frage gedrängt, wie es möglich ist, daß 100 Jahre, nachdem ein Mann wie Schiller offen erklärt hat, daß er grade aus Religion, d. h. aus religiösen Beweggründen, sich zu keiner der bestehenden Religionen zu bekennen vermöge, die große Mehrheit des deutschen Volkes und anderer Völker immer noch an den bestehenden Religionen festhält und daß letztere immer noch die vom Staate allein anerkannten sind.

Es ist ein offenes Geheimnis, daß die traditionellen Religionen mit ihren *stereotypen* unabänderlichen *Glaubenssätzen* angesichts der Ergebnisse der modernen Wissenschaft schon längst keinen haltbaren Boden mehr haben. Lehrt doch die letztere mit exakten Beweisen an der Hand, daß es überhaupt nichts Stereotypes, nichts Unveränderliches in der Welt gibt, daß alles Seiende das Ergebnis einer fortwährenden Entwicklung ist. Kirchliche Korporationen, die auf ‚unabänderliche‘ Glaubenssätze begründet sind, werden ihre Grundlagen stets der Zerstörung ausgesetzt sehen, da Alles, was die Entwicklung ausschließt, dem Untergange geweiht ist. Was aber *wissenschaftlich nicht haltbar ist*, das ist heutzutage *auch der großen Masse des Volkes nicht mehr gut genug*.

Anderseits findet auch der Staat keine wirkliche Stütze in einer Kirche, die in den breitesten Volksschichten keinem Glauben mehr begegnet, möge es nun diese oder jene Kirche sein.

Es liegt deshalb im Interesse des Staates selbst, dieser Sachlage gerecht zu werden und nicht auf Schein-Grundlagen zu fußen, die tatsächlich längst ins Wanken geraten sind.

Religiöser und sittlicher Grundlagen bedarf der Einzelne, wie die Gesellschaft im großen und ganzen unstreitig, wenn die Menschheit nicht vertieren, sondern ihren geistigen Zielen ferner zustreben und näher kommen soll. Aber jene Grundlagen müssen selbst entwicklungsfähig sein, wenn sie einen bleibenden Halt bieten sollen.

Die traditionellen Religionen stehen und fallen mit ihren Dogmen oder Glaubenssätzen. Alles Reformieren an denselben ist unnützes Flickwerk. Sie haben ihre Zeit gehabt, aber diese Zeit ist unwiederbringlich dahin, um so mehr als selbst ihre getreuesten Anhänger ihren Grundsätzen in Wirklichkeit nicht mehr getreu sind.

Sobald man sich über den wahren Begriff der Religion klar geworden ist, wird man auch sofort einsehen, daß die Gleichgiltigkeit in religiösen Dingen für die Menschheit im Ganzen, wie für den Einzelnen geradezu verderbenbringend werden muß.

Religion ist nach meinem Ermessen die auf der höchsten menschlichen Erkenntnis beruhende *Gesamt-Weltanschauung*, welche dem *Denken* und *Fühlen* der Einzelnen und der Gesamtheit seine bestimmte Richtung gibt.

Religion in diesem Sinne kann nur die Religion des fortschreitenden, jeweilig besten Wissens und Gewissens, d. h. das Cogitantentum sein.

Aus dem angegebenen Religionsbegriff an sich schon ergibt sich, daß die Religion nicht nur Privatsache sein kann, wie man von gewisser Seite annimmt, sondern auch Sache der menschlichen Gesellschaft im allgemeinen, sodann, daß sie vor allem nicht als etwas Gleichgiltiges anzusehen ist; endlich, daß es auch nicht nebensächlich erscheinen kann, ob man einer falschen oder einer wissenschaftlich begründeten Weltanschauung bezw. Religion huldigt.

Der Fehler der alten Religionen besteht darin, daß sie nicht mehr dem entsprechen, was wir heutzutage als Wahrheit anzuerkennen vermögen. Eine Religion aber, deren Grundprinzip nicht die Wahrheit ist, und deren Inhalt nicht in jeder Hinsicht der Wahrheit entspricht, kann das sittliche Bewußtsein der Menschheit nicht befriedigen und derselben nicht zum Heil gereichen.

Die *Gleichgiltigen* vergrößern das Unheil noch, indem sie den Schein erwecken, als halten sie aus Überzeugung am Alten fest. Dadurch wird die Macht des Hergebrachten verstärkt, indem man davon ausgeht, daß Zahlen beweisen. Denn die, welche aus der Landeskirche nicht ausgetreten sind, werden zu deren Angehörigen gezählt, gleichviel, ob sie ihr aus Überzeugung oder nur aus Gleichgiltigkeit angehören·

Abgesehen hiervon handeln die Gleichgiltigen unrecht, indem sie ein zu geringes Interesse an der Wahrheit, dem Grundprinzip echter Religion, bekunden. Sind es doch eben die Grundsätze, nach denen wir handeln, und welche den Inhalt unserer Religion oder Gesamtweltanschauung bilden, die allein unser Schicksal bestimmen.

Die Gleichgiltigkeit in religiösen Dingen wird endlich auch darum verderbenbringend, weil es für das Wohl und Wehe der Menschheit von größter Wichtigkeit ist, daß die Jugend nicht nach veralteten, sondern nach zeitgemäßen, wissenschaftlich begründeten Anschauungen unterrichtet und erzogen werde. Bestimmt sich doch jeder Schritt im praktischen Leben nach unserer Weltanschauung, d. h. nach den Grundsätzen, nach denen wir erzogen und unterrichtet worden sind. Und da sollten wir noch zögern, offen Zeugnis abzulegen für das, was wir als wahr, und gegen das, was wir als unwahr erkennen?

Nein, es ist Zeit, daß die Gleichgiltigen sich ermannen und Farbe bekennen, d. h. in Sachen der Religion einzig und allein der Wahrheit und dem Wissen die Ehre geben. – Es ist Zeit, eine reinliche Scheidung zwischen denen, die dem blinden Glauben – und denen, die der Vernunft huldigen, herbeizuführen. Das Herumflicken an veralteten Glaubenssätzen, die mit dem modernen Wissen in Widerspruch stehen, – die bloße Vermittlung zwischen dem Halben und Ganzen, – die Befürwortung eines Christentums ohne Christus als Gottessohn, die Versöhnung mit der Unvernunft, und ähnliche Reformrezepte sind ganz unnütz, ja sogar schädlich, indem sie der Gleichgiltigkeit neue Nahrung geben und die Abneigung gegen alles Religiöse nur verstärken.

Unter diesen Umständen bleibt für die, welche aus ihrer Gleichgiltigkeit endlich heraustreten wollen, keine andere Wahl übrig, als die zwischen dem vor Jahrtausenden entstandenen Offenbarungsglauben und der den Boden des Offenbarungsglaubens völlig verlassenden Religion des fortschreitenden jeweilig besten Wissens."

Aus Anlaß der 25jährigen Gedenkfeier der *Cogitantenallianz* gab ich auch eine Schrift heraus unter dem Titel: *„Die Religion der Reli-*

gionen". Von den Stimmen der Presse, die sich darüber vernehmen ließen, seien nur die folgenden angeführt. Die *„Hamburger Reform"* schrieb:

„Vor fünfundzwanzig Jahren veranstaltete Dr. Loewenthal in Weimar die erste Versammlung zur Gründung der Cogitanten-Allianz, am 22. Oktober 1865 fand die Konstituirung der Berliner Cogitantengemeinde statt. Das Cogitantentum geht von dem Grundsatz aus, daß die *bestehenden Religionen*, weil sie dem Geist und der Vernunft nicht entsprechen, sich *überlebt* haben, trotzdem aber dem *blinden Unglauben*, der bloßen freireligiösen Negation oder dem nackten Atheismus noch bei Weitem *vorzuziehen* sind. Die Wahrheit liegt zwischen beiden in dem Cogitantentum, der Religion des fortschreitenden jeweilig besten Wissens. In diesem Sinne verbreitet die erwähnte Schrift sich über das Wesen des Cogitantentums und enthält außerdem das revidierte Statut der Cogitanten Allianz. Die kleine aber inhaltschwere Schrift fordert jedenfalls zur Beachtung und geistigem Nachdenken auf."

[...]

Vom 1. bis 10. Januar 1893 fand auf meine Veranlassung in Berlin ein *Congreß zur Sammlung der religiösen und sozialen Reformparteien* statt, über welchen die Presse eingehend berichtete. Der Bericht des *„Berliner Tageblattes"* lautete, wie folgt:

„Am Sonnabend Abend begann im Brandenburgerhaus unter offizieller Beteiligung des Vereins für soziales Genossenschaftswesen, der Egidy-Vereinigung, des Demokratischen Vereins, der Literarischen Vereinigung, der Freireligiösen Gemeinde, der Deutschen Gesellschaft für ethische Kultur und anderer Interessenkreise der *Kongreß zur Sammlung der religiösen und sozialen Reformparteien.* Zur Verhandlung standen eine Reihe interessanter religions- und sozialpolitischer Fragen. Insbesondere wurden erörtert: Die Religion als Privat- und Gesellschaftssache: Großkapital und Mittelstand, soziales Genossenschaftswesen und die Friedensfrage. Die Beratungen erstreckten sich ferner auf die Centralisirung der religiösen und sozialen Reformbestrebungen, zu welchem Zweck eine eingehende Agitation ins Auge gefaßt ist. Dieselbe soll die Bestrebungen der 1865 begründeten Cogitantenallianz, die in den sechziger Jahren lebhaftes Aufsehen erregten und weite Verbreitung fanden, wieder in kräftigen Fluß bringen. Der Vorsitzende des *Kongresses,* Dr. Eduard Loewenthal-Berlin, eröffnete die Beratungen mit einem Hinweis auf den Stand der einschlägigen Bestrebungen. Die im Jahre 1865 begründete *Cogitantenakademie,* die damals auch Lehrakademie war, soll jetzt als *Forscherakademie* aufs Neue ins Leben treten. Es sind für dieselbe bereits die Herren Dr. Ferdinand *Maack*-Hamburg, Professor *Seiling*-München, Dr. *Wille*-Berlin, Professor *Berthelot*-Paris, Dr. *Foveau de Courmelles* Paris und Dr. George *Drenford*-Baltimore als Mitglieder kooptirt. In Bromberg wurde von den Herren Edmund *Cyganski* und Emil Flatow eine Cogitantengemeinde gegründet und auch in Berlin wird demnächst eine Cogitantengemeinde neu ins Leben treten. Die Bewegung stellt sich zur Aufgabe, dem Recht auf Existenz für Alle dadurch eine positive Basis zu verleihen, daß sie mit allen Kräften auf die offizielle Anerkennung des Rechtes auf ehrenhafte Arbeit je nach den Fähigkeiten des Einzelnen hinwirkt. Das *Cogitantentum* vertritt ferner den Grundsatz, daß der Staat so wenig wie der Einzelne irgend wie ein Recht über das Leben der Gesellschaftsangehörigen besitzt, und *daß Gewalt an sich ohne ordentlichen obligatorischen Rechtsspruch nie ein wirkliches Recht begründen kann.* Demgemäß soll energisch darauf hingewirkt werden, eine Völkerrechtsform im Sinne der Errichtung einer obligatorischen *internationalen Friedensjustiz* herbeizuführen und den Krieg für immer zu beseitigen. In Bezug auf die Religion wird der Standpunkt vertreten, daß ein Staat oder eine Regierung ohne Religion, das heißt ohne tonangebende Weltanschauung undenkbar ist. Aber die letztere soll keine veraltete, sondern – unter Garantie der Gewissensfreiheit – nur die am sichersten begründete sein. Jedenfalls ist mit allen gesetzlichen Mitteln darauf hinzustreben, daß der Staat veraltete Anschauungen nicht mehr unter dem Titel von „Landeskirchen“ bevorzuge und privilegiere. Die Verhandlungen, die am Sonntag fortgesetzt wurden, bewegten sich ganz auf dem Boden dieser Bestrebungen. Es sprachen insbesondere die Herren Dr. *Loewenthal,* Landgerichtsrat *Krecke* (vom ‚Verein für soziales Genossenschaftswesen‘), Dr. *Grätzer* (vom Demokratischen Verein), Herr Gustorf (von der Literarischen Vereinigung). Hinsichtlich der Religionsfrage wurde folgende Resolution angenommen:

‚In Anbetracht, daß der alte Glaube infolge seines Widerspruches mit dem modernen Wissen einer Erneuerung bedarf, hält es der am 18. Juni 1899 in Berlin tagende Kongreß zur Sammlung der religiösen und sozialen Reform-Parteien für wünschenswert, daß die Regierungen das traditionelle Kirchentum nicht mehr so ausschließlich wie bisher anerkennen mögen. Sodann richtet der Kongreß an alle selbständig Denkenden die Aufforderung, sich der Religion des fortschreitenden, jeweilig besten Wissens und Gewissens, daß heißt dem Cogitantentum, anzuschließen und damit einer dem modernen Zeitgeist entsprechenden Weltanschauung zum Siege zu verhelfen. Endlich hält der Kongreß es für geboten, eine Agitation in diesem Sinne in ganz Deutschland alsbald in Angriff zu nehmen. Der Kongreß zur Sammlung der religiösen und sozialen Reformparteien hält es ferner für wünschenswert, daß auch alle Freunde sozialer Reformen, um schwächende Zersplitterung zu vermeiden, diesen Bestrebungen die kräftigste Unterstützung zu Teil werden lassen und zwar: 1. zur Begründung eines Hilfsamtes, das für Personen, die sich in außergewöhnlich kritischen Lagen befinden, eintreten soll, um sie vor verzweifelten Schritten zu bewahren, 2. zur Hebung des Mittelstandes auf dem Wege des Genossenschaftswesens, 3. zur Begründung eines dauernden Friedens, nicht durch ein illusorisches, wenn auch ständiges fakultatives Schiedsgerichtssystem, sondern durch eine in Errichtung einer obligatorischen internationalen Friedensjustiz gipfelnden Völkerrechtsreform.'["]

Dr. *Eugen Heinrich Schmitt* schrieb mir inbetreff des Cogitantentums aus Budapest Ende April 1894 unter Anderem Folgendes:

„Es waren edle und große Grundsätze, welche (anläßlich der Cogitantenbewegung) jeden Ihrer Schritte leiteten, es waren tiefe Anschauungen, die Sie verkündet haben ... Wir bewegen uns auf den vom Cogitantentum begonnenen Bahnen auch darin, daß wir mit voller Consequenz Ihr großes Programm, die Religion nicht auf bloßen Glauben, sondern rein und ganz auf das Wissen, das Erkennen zu basiren, durchführen ... Empfangen Sie nochmals in meinem Namen, sowie im Namen der Gruppe, die sich hier in Budapest um uns scharrt, Sie und Ihre Freunde in *der Cogitanten-Allianz,* der ich nun auch angehöre, unsere wärmsten brüderlichen Grüße."

Im Jahre 1899 erschien als Teil eines Sammelwerkes im Verlage von S. Cronbach, Berlin mein Buch *„Die religiöse Bewegung im 19. Jahrhundert."* – Das „Berliner Tageblatt"· bemerkte bei Besprechung desselben u. A.: „Die Abschnitte über die Lichtfreunde, die freireligiösen Gemeinden, auch die Bemerkung über den Altkatholizismus, den Protestantenverein und die Reformbewegungen im Judentum enthalten viel Interessantes. Aber die religiöse Bewegung des vergangenen Jahrhunderts darf kein Polemiker schreiben, auch wenn er eine so lange und verdienstliche schriftstellerische Laufbahn hinter sich hat, wie der Gründer des Cogitantentums."

Inzwischen wurde auch in philosophischen Werken, wie in *Ueberwegs* Geschichte der Philosophie, in *Langes* Geschichte des Materialismus, in der *Manz'schen* Real-Enzyclopädie usw. des Cogitantentums gedacht.

Im Mai 1907 habe ich in der Tagespresse folgende Erklärung veröffentlicht: *„Monistenbund und Cogitanten-Allianz.* Gegenüber der Reklame, welche Professor Reinke im Herrenhause, ohne es zu wollen, dem Monistenbund machte, muß der Unterzeichnete namens der Cogitanten-Allianz erklären, daß gegenüber letzterer der Monistenbund unzweifelhaft einen Rückschritt bildet. Denn der Monismus ist weiter nichts, als die Annahme der Einheitlichkeit alles Daseins. Diese Annahme kann im allgemeinen als ein Bestandteil der Religion der Zukunft angesehen werden, nicht aber als deren positives Hauptprinzip, schon darum nicht, weil es verschiedene Arten von Monismus gibt. Der naturalistisch-rationelle Monismus z. B. bildet einen Bestandteil der Weltanschauung des Cogitantentums. Aber dessen Hauptprinzip bildet das fortschreitende, jeweilig beste Wissen. Der pantheistische und der Haeckelsche Monismus sind pure Hypothesen, die keinerlei Aufschluß über die Erst-Entstehung des Lebens geben und unter keinen Umständen als Grundlagen der Religion der Zukunft angesehen werden können. – Hiernach sollten alle wahrhaft fortschrittsbestrebten Interessenten einer Zukunftsreligion sich nicht dem Monistenbunde und sonstigen unklaren Bestrebungen, sondern einzig und allein der *Cogitanten-Allianz* anschließen und auf deren Ausbreitung und Kräftigung mit aller Entschiedenheit hinwirken."

Meine weiteren Forschungsergebnisse

[*Nachfolgend gekürzt; Gesamtumfang dreizehn Buchseiten*]

Etwa fünf Jahre nach Erscheinen der sechsten Auslage meines Buches „System und Geschichte des Naturalismus", d. h. im Jahre 1902 gab ich meine Schrift heraus *„Die Fulgurogenesis im Gegensatz zur Evolutionstheorie und die Kulturziele der Menschheit"* (Berlin, E. Ebering). […]

Im Jahre 1904 veröffentlichte ich im Anschluß an meine Fulgurogenesis-Theorie eine Schrift *„Das Radium und die unsichtbare Strahlung, aufgeklärt durch die Fulgurogenesis-Theorie"* (Berlin, Otto Dreyer). […]

Eine im Jahre 1906 von mir veröffentlichte Broschüre *„Die Wahrheit über gewisse occultistische Probleme"* (Berlin, J. Püttmann) wurde von Professor Dr. Fr. *Maier* (Tübingen) in den „Psychischen Studien" […] gewürdigt. […]

Was meine Betätigung aus dem Gebiete der Staats- und Rechtswissenschaft betrifft, so sei hier meiner Schriften *„Grundzüge zur Reform und Codification des Völkerrechts"* (1874), *„Grundzüge zur Reform des deutschen Strafrechts und Strafprozesses"* (1903) und *„Wahre Motive des Strafrechts"* (1894) gedacht. […]

Eine äußerst günstige Ausnahme fand in der gesamten Presse meine im Hannemann'schen Verlage zu Berlin erschienene *Geschichte der Philosophie im Umriß*, die in kurzer Zeit vier Auflagen erforderte. […]

Im Jahre 1907 gründete ich das *Zentralinstitut für Gedankenstatistik und menschliche Wissenserweiterung* und im Jahre 1908 als Organ dieses Institutes das *„Universal-Archiv für Wissenschaft und Literatur"*. […]

Meine weitere Betätigung inbetreff der Friedensbewegung

Am 24. Oktober 1895 habe ich den im Jahre 1874 von mir gegründeten Deutschen Verein für internationale Friedenspropaganda aufs Neue ins Leben gerufen. In der Versammlung, die zum Zwecke der Neukonstituierung dieses Vereins in Berlin stattfand, konstruierte ich zunächst, daß die Friedensbewegung inzwischen populärer geworden sei, seitdem die Regierungen selbst immer entschiedener ihre Friedensliebe betonen und vor der Verantwortung eines Krieges mit seinen durch die moderne Technik erhöhten Schrecken zurückweichen. Trotz der Verallgemeinerung der Friedensbewegung sei man aber der Verwirklichung der Friedensidee noch um kein Haar näher gekommen, weil die Friedensgesellschaften nur in dem fakultativen Schiedsgerichtsprinzip das Mittel zum Frieden erblicken, während dieses zur Entscheidung politischer Fragen bei den Mächten nie auf Annahme zu rechnen habe. Das wahre Mittel zur Sicherstellung eines bleibenden Friedens sei nur in einem zeitgemäß reformirten Völkerrecht zu erblicken, in einem von den bestehenden Regierungen abzuschließenden und von den Parlamenten zu genehmigenden Völkerrechtsvertrag, worin die Regierungen den unbedingten Verzicht auf eigenmächtige Selbsthilfe und ihre unbedingte Unterwerfung unter die Urteile der zu errichtenden obligatorischen internationalen Friedensjustiz aussprechen.

Schon 3 Monate nach der Neukonstituirung dieses Vereins konnte die „*Welt am Montag*“ (vom 20. Januar 1896) Folgendes über dessen Wirksamkeit berichten:

„*Eine neue Richtung in der modernen Friedensbewegung* vertritt der im Jahre 1874 von Dr. Eduard Loewenthal gegründete und im vorigen Jahre von ihm rekonstituirte ‚Deutsche Verein für internationale Friedenspropaganda‘. Während die übrigen Friedensgesellschaften des In- und Auslandes von dem *facultativen Schiedsgerichtssystem* die Gründung eines bleibenden Friedens erwarten, erklärt der Gründer und Vorsitzende des genannten Vereines jenes System für ein ganz verfehltes, sofern dessen Annahme in jedem einzelnen Falle vom Belieben der einzelnen Mächte abhängig ist. Zur sicheren Begründung eines bleibenden Friedens hält der genannte Verein bezw. sein Gründer ein völkerrechtliches Übereinkommen unter den Regierungen aller zivilisirten Völker für nötig, worin erstere sich zum *unbedingten Verzicht auf eigenmächtige Selbsthilfe* und zur Unterwerfung unter die Urteile des einzusetzenden *obligatorischen internationalen Friedensgerichts* verpflichten. Der ‚Deutsche Verein für internationale Friedenspropaganda‘ hat es sich zur Aufgabe gemacht, eine auf den Abschluß eines solchen völkerrechtlichen Übereinkommens gerichtete Bewegung in ganz Europa in Fluß zu bringen. Als Einleitung zu der betr. Agitation hat der Vorstand des Vereins an den deutschen

Reichstag eine Petition in obigem Sinne gerichtet, speziell dahingehend, der Reichstag möge die Reichsregierung veranlassen, sich denjenigen Regierungen anzuschließen, welche geneigt sind, in Unterhandlungen wegen Abschlusses eines die eigenmächtige Selbsthilfe in politischen Streitfragen ausschließenden völkerrechtlichen Übereinkommens und Einsetzung eines obligatorischen internationalen Friedensgerichtes einzutreten."[2]

An die Vertreter der europäischen Großmächte, sowie des Kaiserreichs Japan und der nordamerikanischen Union in Berlin habe ich Namens des „Deutschen Vereins für internationale Friedenspropaganda" zu Ende des Jahres 1895 in französischer Sprache ein Schreiben gerichtet, worin die Ziele des Vereins angegeben und die Anfrage an sie gerichtet wird, ob ihre bezw. Regierungen erbötig wären, in Unterhandlungen zu dem bezeichneten Zwecke einzutreten. Einige der Botschafter und Gesandten erklärten sich für inkompetent zur Beantwortung der betr. Anfrage. Andere nahmen sie *ad referendum*. Besonders bemerkenswert ist die Antwort, welche der japanische Gesandte auf die besagte Anfrage erteilt hat. Sie lautet wie folgt:

Kaiserlich japanische
Gesandtschaft Berlin, den 3. Dezember 1895.

Ew. Wohlgeboren

gestatte ich mir in höflicher Erwiderung auf Ihre sehr gefälligen an mich unter dem 29. v. M. gerichteten Zeilen hierdurch ergebenst mitzuteilen, daß, obwohl ich die darin zum Ausdruck gebrachten Gründe für die Erhaltung eines dauernden Weltfriedens im Interesse der ganzen Menschheit recht wohl beherzige und anerkenne, dennoch noch nicht die Zeit gekommen zu sein scheint, in der sich eine Verwirklichung dieser Ideen denken läßt; auch würde Japan in solchem Falle schwerlich zu den Mächten gehören, die sich einem so humanen Zwecke verschließen würden. Zum lebhaften Bedauern kann daher zur Zeit dem in Ihrem Schreiben ausgedrückten Wunsche nicht entsprochen werden.

[2] Der Reichstag beschloß am 11. Dezember 1896, diese Petition dem Reichskanzler zur Kenntnisnahme zu überweisen.

Genehmigen Ew. Wohlgeboren den Ausdruck und die Versicherung meiner vorzüglichen Hochachtung.

Herrn Dr. Ed. Loewenthal

Wohlgeboren hier Vicomte Aoki.

Um meine Stellung gegenüber den Schiedsgerichtsanhängern noch weiterhin zu präcisieren, veröffentlichte ich im August 1896 eine Schrift: *„Der wahre Weg zum bleibenden Frieden."* Nach Erscheinen dieser Broschüre erhielt ich von Frau Bertha von Suttner, der bekannten Verfasserin des Romanes „Die Waffen nieder", nachstehende Zuschrift:

Hermannsdorf 25.8.96.

Hochgeehrte- Herr Doktor!

Nur ein Wort in Eile: Habe eben zweimal hintereinander Ihre Broschüre „Der wahre Weg etc." durchgelesen. Was ich darin an Belehrung, Erhebung, Hoffnungsstärkung gefunden habe, macht es mir zur Pflicht, Ihnen aus warmem Herzen Dank zu sagen. Das ist alles so klar und so condensiert, enthält Schlagworte und Auffassungen, die der Bewegung neue Kraft geben werden. Statt des so oft mißverstandenen, precären, sentimentalen „Friedens" – „gesicherte, internationale Rechtsordnung", das ist prächtig.

Verehrungsvoll

Bertha v. Suttner.

Angesichts meiner entschiedenen Stellungnahme gegen das facultative Schiedsgerichtssystem, eine Stellungnahme, die auch von dem „Deutschen Verein für internationale Friedenspropaganda" geteilt wurde, sah dieser sich veranlaßt, um unliebsame Verwechselungen vorzubeugen, seinen Namen umzuwandeln in: *„Deutscher Verein für obligatorische internationale Friedensjustiz."*

Ein Ereignis, von dem man sich Anfangs die Verwirklichung der schönsten Träume der Friedensfreunde, d. h. nicht weniger, als die definitive Begründung eines dauernden Friedens und das Ende des militaristischen Systems der Weltpolitik versprach, war die am 28. August 1898 seitens des Kaisers von Russland an alle Regierungen ergangene Einladung zu einer im Haag vom 18. Mai bis 29. Juli 1899 abzuhaltenden *Friedens-Konferenz.* Was aber das *fakultative Schiedsge-*

richt betrifft, dessen Errichtung in Haag beschlossen worden ist, ohne daß aber Jemand verpflichtet ist sich an dasselbe zu wenden, oder auf dessen Anrufung einzugehen, so ist dasselbe eine bloße Strohpuppe, die keineswegs den Krieg verscheuchen wird.

In gebundener Rede charakterisierte ich s. Z. das *Haager Schiedsgericht,* wie folgt:

Welt, freue dich des Schiedsgerichts
In Haag, des excellenten –
Des bagatellstreitschlichtenden,
Des friedlich permanenten!

Wenn es auch nicht den Krieg an sich
Jemals wird annullieren,
So wird es die Kriegszeche doch
Auf Wunsch stets kalkulieren.

Und daß die Herr'n vom Schiedsgericht
Nicht die Langeweile plage,
Dafür hat Andrew Carnegie
Gesorgt mit Einem Schlage.

Für volle sechs Millionen Mark
Hat Bücher er verliehen
Den Herr'n von Haag zum Zeitvertreib
Nach ihren schweren Mühen.

Drum freu' dich Welt des Schiedsgerichts
In Haag, des excellenten –
Des bagatellstreitschlichtenden,
Des friedlich permanenten!

———

Das Haager Schiedsgericht, es hält
Den Frieden aufrecht in der Welt, –
So lang' er nicht in Frage.
Tritt ernster Streit zu Tage,

Dann greift der Starke zum Gewehr,
Holt sich sein Recht und andres mehr,
Alsdann erhebt er Klage
Beim Schiedsgericht vom Haage.
Das ist die traurige Gestalt
Des Schiedsgerichts mit Vorbehalt,
– Das ist der Haager Friedenssport,
Der nach dem Kriege kommt zum Wort.

Die grelle Beleuchtung der *absoluten Wertlosigkeit des fakultativen,* zu Kriegskosten-Berechnungen allenfalls geeigneten Haager Schiedsgerichtes durch den mehrere Jahre dauernden Burenkrieg mußte auch den verblendetsten Anhängern des fakultativen Schiedsgerichtsprincips schließlich die Augen öffnen, so daß sie sich genötigt sahen, auf den Friedenskongressen in Paris, Glasgow und Monaco endlich das obligatorische Schiedsgericht *bon gré mal gré* in ihr Programm aufzunehmen, wozu sie sich in Budapest (1896) und in Hamburg (1897) noch nicht entschließen konnten.

Während es nun im parlamentarischen und politischen Leben überhaupt üblich ist, den Urheber und Vorkämpfer eines siegreichen Prinzips als solchen anzuerkennen und ihm die Führung im ferneren Kampfe für dasselbe zu übertragen, handelten die Friedensfreunde bezüglich meiner ersten Aufstellung des Prinzips einer *obligatorischen Friedensjustiz* und bezüglich meines beharrlichen und energischen Eintretens für dasselbe ebenso wie s. Z. *Kant* gegenüber *Schlettwein.*[3] Sie eigneten sich nach dem Fiasko der Haager Schiedsgerichts-Strohpuppe das früher von ihnen bekämpfte Prinzip einfach an, ohne meiner als dessen Urhebers und bisherigen Vorkämpfers auch nur mit einer Silbe zu erwähnen. Sie trieben also Annexionspolitik, wie der nächste beste Eroberer, so daß ihre bezügliche Handlungsweise ein wahrer Hohn auf das Prinzip des Rechts und der Gerechtigkeit ist, das sie angeblich vertreten wollen. *Difficile est, satiram non scribere.*

Die weitere Entwicklung der Friedensbewegung steht augenscheinlich unter dem Einfluß der *Zurückweisung des obligatorischen Schiedsgerichtsprinzipes* Seitens der *deutschen Reichsregierung aus der*

---

[3] Vgl. meine „*Geschichte der Friedensbewegung*" II. Aufl. (Berlin, E. Ebering, 1907).

Haager Friedens-Konferenz. Dieser Einfluß erwies sich bis jetzt als ein nahezu lähmender. Das Interesse für die Bewegung ist in Deutschland infolge jener Kundgebung der deutschen Regierung so gut wie geschwunden.

Im Jahre 1902 hatte das von mir und dem „Deutschen Verein für obligatorische Friedensjustiz" bis 1900 allein vertretene Prinzip weitere Anerkennungen auszuweisen. Auf dem panamerikauischen Kongresse nämlich, der im besagten Jahre in *Mexiko* abgehalten wurde, haben sich neun südamerikanische Republiken für das Prinzip der obligatorischen Friedensjustiz ausgesprochen, was auf die Agitation der mit mir und dem von mir geleiteten Verein in Verbindung stehenden *Associacion La Paz* in Buenos Aires (Argentinien) zurückzuführen ist.

Im gleichen Jahre wurde das Prinzip der obligatorischen Friedensjustiz auch von der *Alliance universelle des femmes pour la paix par l'éducation* (Vorsitzende: Fürstin *Wiszniewska*) und der *Association internationale économique des amis de la paix* in Paris (gegründet 1865 von Marc Amédée *Gromier*) zu dem ihrigen gemacht.

Nach der zweiten *Haager Friedenskonferenz* und deren Mißerfolg brach sich mehr und mehr die Überzeugung Bahn, daß auf eine endgültige Beseitigung des Krieges bezw. des Völkerfaustrechts erst dann zu hoffen ist, wenn die Völker selbst ihren bezüglichen Willen unisono in unzweideutiger Weise zum Ausdruck bringen. Dies wird am Besten in Form eines *Welt-Friedens-Plebiscites* geschehen und zwar im Sinne der Errichtung eines *Welt-Staatenbundes mit einer „obligatorischen internationalen Friedensjustiz*. Sache der Friedensfreunde aller Länder wird es nun sein, ernstlich Hand an's Werk zu legen, um ein solches von mir seit 1886 wiederholt angeregtes Welt-Friedens-Plebiscit· zu Stande zu bringen und ihm den gewünschten Erfolg zu sichern.

———

Was den *Ursprung der Interparlamentarischen Union* (für Schiedsgerichtswesen) betrifft, so ist zur Genüge nachgewiesen, daß auch dieser nur auf mich zurückzuführen ist. Wenn trotzdem der französiche Minister des Äußern Herr Pichon im Dezember 1909 behauptet hat, sein Landsmann *Thiaudière* sei der Urheber der Interparlamentarischen Union, deren Gründung er im Jahre 1888 veranlaßt habe, so sei dem gegenüber darauf hingewiesen, daß ich schon im Jahre 1874 im Namen des von mir gegründeten und geleiteten *„Deutschen Vereins für internationale Friedenspropaganda“* ein Zirkular an alle damals bestehenden Friedensgesellschaften gesandt habe, worin ich sie aufforderte, darauf hinzuwirken, daß sich innerhalb jeder gesetzgebenden Körperschaft Europas und Amerikas eine Gruppe bilden möchte, die dazu bestimmt wäre, die gemeinsamen Ideen bei jeder Gelegenheit zu vertreten. Das Pariser *„Bulletin de la société des amis de la paix“* (Organ des Herrn Frédéric Passy) schrieb darüber im Juni 1874: „Wenn eine solche interparlamentarische Liga oder Union gebildet werden könnte, so wäre dies sicher der bedeutendste Schritt, der im Sinne der Verwirklichung unserer Ideen bis jetzt versucht worden wäre und viele praktische Geister würden sich diesem Schritte anschliessen.“ – Der Londoner *„Herald of Peace“* vom 1. April 1874 sprach sich über meinen Vorschlag gleichfalls in lebhaft zustimmender Weise aus. [...]

Abgesehen hiervon liegen die Antworten der meisten Friedensgesellschaften auf mein oben erwähntes Zirkular im Wortlaut vor und sind in meiner *„Geschichte der Friedensbewegung“* (Berlin E. Ebering, 2. Aufl. 1909) abgedruckt. Die Antwort der französischen Friedensgesellschaft umfaßt nahezu 3 Druckseiten und ist von ihrem damaligen Vorsitzenden Herrn Emile *Peugeot* (Valentigney) unterzeichnet. Die Antwort der Schweizer Friedensgesellschaft ist von ihrem Vorsitzenden Staatsrat Dr. jur. Pietet *de Sergy* (Genf) unterzeichnet, die des niederländischen Friedensbundes von den Herren *D. van Eck* und G. *Belinfante*. Die Antwort der italienischen Friedensgesellschaft *„Associazione cosmico-umanitaria“* (Florenz), die mich zum Ehrenpräsidenten ernannte, war unterzeichnet von Atenaide *Pieromaldi,* – die der englischen Friedensgesellschrift von Henry *Richard*, die der schwedischen von dem Abg. *Jonasson* etc. etc.

Übrigens hat Herr Edmund *Thiandiére* in der Zeitschrift *„La Paix par le droit“* (Aprilheft 1910) selbst erklärt, er habe sich neuerdings davon überzeugt, daß ich tatsächlich die ersten Schritte getan habe, um die Gründung einer Interparlamentarischen Union herbeizuführen. Diese Schritte datieren aus dem Jahre 1874 und meine bezüglichen „großen Verdienste“ sollen in einer demnächst erscheinenden Broschüre volle Anerkennung finden.

Die von mir hiernach unstreitig zuerst aufgestellte Idee der Gründung einer Interparlamentarischen Friedens-Union ist infolge meines besagten Zirkulares von 1874 begreiflicherweise von vielen Seiten befürwortet und erörtert worden, bis sie im Jahre 1888 auf Betreiben des englischen Abgeordneten W. R. *Cremer* und des französischen Abgeordneten Frédéric *Passy* ihre Verwirklichung fand. – Daß in der ersten Sitzung der Interparlamentarischen Union meiner als des Urhebers der Idee ihrer Gründung mit keiner Silbe gedacht wurde, wirft kein gutes Licht auf den Wahrheits- und Gerechtigkeitssinn ihrer damaligen Teilnehmer.

Als objectiver Historiker hätte Herr Frédéric *Passy* in seinem Buche *„Pour la Paix"* (Paris, 1909) der Wahrheit gemäß erwähnen müssen, daß auch das Prinzip einer *obligatorischen internationalen Friedensjustiz von mir zuerst aufgestellt* und beharrlich verfochten wurde. Das Verschweigen dieser unbestreitbaren Tatsache seitens Passy's ist um so befremdlicher, als er mir selbst unterm 29. Juli 1909 in dieser Hinsicht schrieb: *J'ai le souvenur très net de vos persistantes campagne en faveur l'arbitrage obligatoire ; et je suis prêt à reconnâitre qu' à cet égard vous avez déployé un grand zèle et dû faire de sérieux sacrifices.*

Auch die Idee der Abhaltung der alljährlichen Friedenskongresse ist von mir ausgegangen, ebenso wie die der einheitlichen Organisation der Friedensgesellschaften, mit der dadurch veranlaßten Gründung des internationalen Friedensbureaus in Bern. Herr Frédéric *Passy* verschweigt auch diese ihm wohl bekannten Tatsachen in seinem Buche *„Pour la Paix"*.

Man wird schließlich doch hoffen dürfen, daß die künftigen *Geschichtsschreiber der Friedensaera,* bezüglich der *Genauigkeit, Wahrheit und Unparteilichkeit* hinter den Autoren der bisherigen *Kriegs-Geschichtschreibung* nicht zurückbleiben werden.

Namens des Welt-Wohlfahrts-Comités wurde von mir im September 1909 nachstehender Offener Brief in deutscher und französischer Sprache an die Regierungen der Großmächte gesandt:

„Angesichts der unbestreitbaren Interessengemeinschaft aller zivilisierten Völker und im Hinblick auf ihre stets zunehmende Finanznot macht sich das Bedürfnis wesentlicher Reformen des Völkerrechts immer dringender geltend. Zu diesen Reformen gehört vor Allem die Errichtung eines *Welt-Staaten-Bundes* mit einer jeden Krieg ausschließenden *obligatorischen internationalen Friedensjustiz,* sodann die Gründung eines Welt-Parlamentes zur Beratung und Votierung der wichtigsten wirtschaftlichen und sozialen Gesetze der Menschheit und schließlich die Errichtung eines *Welt-Wohlfahrtsamtes* zur Verwirklichung des Rechtes auf angemessene Arbeit für Jedermann. Der Unterzeichnete fordert daher im Namen des Welt-Wohlfahrts-Comites die Regierungen der Großmächte auf, den obigen Anregungen Folge zu geben und zu diesem Zwecke so bald wie möglich einen Congreß von Delegierten aller Regierungen der zivilisierten Welt einzuberufen. Die Regierungen, welche geneigt sind, an dem vorgeschlagenen Congreß teilzunehmen, werden gebeten, das unterzeichnete Comité davon zu benachrichtigen."

Dieser „Offene Brief" ist nicht ganz ohne Erfolg geblieben. Die *Regierung der Vereinigten Staaten* von Nordamerika war es, die meiner bezw. der Aufforderung des Welt-Wohlfahrts-Comites Folge gab und ein Zirkular an die übrigen Großmächte richtete, worin sie diese ersuchte, zur *Gründung eines obligatorischen internationalen Friedensgerichts für alle* Staatenkonflikte ohne Ausnahme zu schreiten. – Mit welchem Schluß-Erfolge die Regierung der nordamerikanischen Union diesen Schritt unternahm, ist vorerst noch nicht bekannt geworden.

MEIN „NEUES SYSTEM DER SOZIOLOGIE"

Als organisatorische Quintessenz aller meiner politischen und sozialen Reformbestrebungen möchte ich meine im Jahre 1908 bei E. Ebering in Berlin erschienene Schrift *„Neues System der Soziologie"* bezeichnen. Der Inhalt derselben bezieht sich nicht nur auf die Frage des zu sichernden Völkerfriedens, sondern auch auf alle anderen Fundamentalfragen bezüglich der Kulturziele der Menschheit.

In dem „Journal Groß-Berlin" vom 25. April 1908 hieß es darüber:

> Der Verfasser, der seit Ende der sechziger Jahre des vorigen Jahrhunderts unermüdlich für die Beseitigung der eigenmächtigen Selbsthilfe aus dem Völkerrecht und der Weltpolitik in die Schranken trat und beharrlich der Gründung eines *Welt-Staatenbundes mit einer obligatorischen internationalen Friedensjustiz* das

Wort redete, entwirft in feiner neuesten Schrift den gesamten Organisationsplan für den Welt-Staatenbund, dessen Gründung schon jetzt nicht mehr als in das Reich der Phantasie gehörig anzusehen ist.

Eduard Loewenthal erweitert das *Nationalitätsprinzip* zum *Menschheitsprinzip* und läßt den Welt-Staatenbund zur Verwirklichung des letztgenannten Prinzips auf folgender Grundlage erstehen:

Die Regierungen der den besagten Bund bildenden Einzelstaaten setzen einen *Welt-Bundesrat* ein, dem die Vorberatung von Gesetzen für den Welt-Staatenbund und die Exekutive, d. h. die Vollstreckung der Beschlüsse des Weltparlaments obliegt, – Beschlüsse, die für den Welt-Staatenbund unbedingt maßgebend sind.

Zum Zwecke der Ausübung der Exekutivgewalt des Welt-Bundesrates hat dieser über die militärischen Kontingente des Welt-Staatenbundes zu verfügen. Diese Kontingente sind von den Einzelstaaten in einem bestimmten Verhältnis zu ihrer Einwohnerzahl (etwa 3–5000 Mann auf 1 Million Einwohner) aus Berufssoldaten zusammen[zu]setzen und stets bereit zu halten.

Dem Welt-Bundesrat und dem Weltparlament sind unterstellt: 1. Das *obligatorische internationale Friedensgericht* zur Schlichtung aller politischen Konflikte unter den Einzelstaaten. 2. Der *Welt-Gerichtshof als höchste Berufungsinstanz* für alle Straf- und für bedeutendere Civilprozeß-Angelegenheiten innerhalb der Einzelstaaten. 3. Das *Welt-Wohlfahrtsamt* mit Abteilungen für Handel und Industrie, für Arbeitsregulierung und für Hilfeleistung an Arbeitsunfähige. 4. Das *Weltwissenschaftsamt*, dem das Zentral-Institut für Gedankenstatistik und menschliche Wissenserweiterung unterstellt ist. 5. Das Kultuspräsidium der Weltreligion des fortschreitenden jeweilig besten Wissens, d. h. des Cogitantentums.

In dem Kapitel „Weltwirtschaft und Welt-Wohlfahrtsamt“ sagt der Verfasser des „Neuen Systems der Soziologie“ u. a.: „Unter den Auspicien des Welt-Staatenbundes mit einer jeden Krieg und das ganze militärische System ausschließenden obligatorischen Friedensjustiz muß die gesamte Welt-Wirtschaft eine vollständige Umwälzung in wahrhaft humanitärem Sinne erfahren.

Schon die Bevölkerungsfrage erhält nach Beseitigung der Kriegspolitik einen ganz anderen Charakter. Während der Aera des Militarismus spielte die starke Zunahme der Bevölkerung die Rolle einer Machtfrage. – In der Aera gesicherten, bleibenden Friedens dagegen kommt es mehr auf die Qualität und das Wohlbefinden der Bevölkerung an, als auf deren Anzahl. Die Staatsraison wird dann nicht mehr genötigt sein, dem Poletariertum [sic] Vorschub zu leisten, und die Gesellschaft selbst wird bei besserer Berücksichtigung des Wohlbefindens der Nachkommenschaft mehr der Malthusschen Theorie zuneigen. Die Erleichterung der Existenz- bzw. Erwerbsbedingungen ist die Aufgabe des dem Welt-Bundesrat unterstellten Welt-Wohlfahrts-Amtes, das sein Hauptaugenmerk der Förderung von Handel und Industrie, der *staatlichen* und *kommunalen Arbeitsgewährung* und der offiziellen Hilfeleistung für Arbeitsunfähige zuzuwenden hat. Durch solche Fürsorge des Welt-Staatenbundes wird ohne Zweifel das Massenelend, das in den heutigen Einzelstaaten seine verheerende Wirkungen ausübt, auf ein Minimum reduziert werden und damit wird auch das Verbrechertum mehr und mehr aus der Gesellschaft verschwinden. Das Welt-Wohlfahrtsamt, resp. der Welt-Staatenbund hat das Recht auf angemessene Arbeit anzuerkennen und zu verwirklichen, indem er neben der Privatindustrie staatliche Arbeiterwerkstätten und *eo ipso* eine Staatsindustrie in den Einzelstaaten zur Einführung gelangen läßt. Die Staats-Industrie wird zugleich den Vorteil bieten, das; sie der Überteuerung der Produkte durch die Privatindustrie ihrerseits entgegenwirkt.– Teils um diesen Aufgaben zu genügen, teils um die Mittel zur Erweiterung des menschlichen Wissens zu beschaffen, sowie um selbständig schaffenden Forschern eine sorgenlose Existenz zu sichern, teils endlich um *abnormen Vermögensanhäufungen* in den Händen einzelner Milliardäre vorzubeugen, hat der Welt-Staatenbund eine Begrenzung des über eine Million Zinsen abwerfenden Privateigentums in entsprechender Weise vorzunehmen.

Zum Schlusse empfiehlt der Verfasser des ‚Neuen Systems der Soziologie' die Erhebung der *deutschen, französischen* und *englischen* Sprache zu offiziellen Weltsprachen, wogegen er die künstlichen Weltsprachen als völlig unbrauchbar bezeichnet.

[…]

Die Pariser *„Epoque"* schrieb darüber: „Der Inhalt dieser neuen Publikation Eduard Loewenthals ist von so packender Bedeutung (*d'une importance tellement saisissante*), daß die Regierungen und die Parlamente nicht zögern dürften, sich ernstlich damit zu befassen."

Das Welt-Wohlfahrts-Comité und der Geistesadel der Menschheit

Das von mir im J. 1906 gegründete aus Angehörigen verschiedener Nationen zusammengesetzte Welt-Wohlfahrts-Comité hat die Verwirklichung folgender, in meinem *„Neuen System der Soziologie"* näher erörterter Ziele sich zur Aufgabe gestellt:

1. Die Errichtung eines *Welt-Staatenbundes* mit einer obligatorischen Friedensjustiz und dem Rechte der Intervention bezüglich der inneren wie der äußeren Konflikte der Einzelstaaten.
2. Die Errichtung eines *Weltparlaments* zur legislatorischen Wahrung aller Gesamtinteressen der Menschheit.
3. Tunlichste Gewährung von Rechtsschutz gegenüber von Mißgriffen der Justiz, in welchen Ländern sie auch vorkommen mögen.
4. Die Errichtung eines *Welt-Wohlfahrtsamtes* zur Wahrung aller materiellen Interessen der Menschheit.
5. Die Errichtung eines Welt-Wissenschaftsamtes, dem das Central-Institut für Gedankenstatistik und Erweiterung des menschlichen Wissens zu unterstellen ist.
6. Die Erhebung des Cogitantentums d. h. der Religion des fortschreitenden jeweilig besten Wissens, oder der Religion der Wahrheit, Gerechtigkeit und Humanität zur offiziellen Religion des Welt-Staatenbundes.

Wer zur Erreichung dieser Ziele, sei es auf literarischem und publicistischem Wege, sei es durch pekuniäre Förderung in kräftiger Weise mitwirkt, wird von der Leitung des Welt-Wohlfahrts-Comité's zum Ehrenmitglied desselben und gleichzeitig zum Mitglied des Geistes-Adels der Menschheit ernannt.

[*Hier fortgelassen*:

Vom Nobel'schen Friedenspreis;
Ehrungen;
Aus meinem Familienleben;
Schlußbemerkungen.]

Eduard Loewenthal, 1836 – 1917
(Bildbearbeitung edition pace | Anne Boskamp)

Bibliographie

Schriften von Eduard Loewenthal
(Auswahl)

Aufgeführt werden hier nur selbstständige Veröffentlichungen. Die vorab mit einem Sternchen* versehenen Schriften werden im vorliegenden Band dargeboten. – Vgl. eine umfassendere Bibliographie mit 66 Titeln in ARCHIV BIBLIOGRAPHIA JUDAICA: Lexikon deutsch-jüdischer Autoren. Band 16. Redaktionelle Leitung: Renate Heuer Unter Mitarbeit von Rashmi Arora, Rainer Brändle, Abdelhaq El Mesmoudi, Karin Schlootz, Heather Valencia, Pamela Wolf. München: K G. Saur 2008, S. 130-138.

LOEWENTHAL 1860 = Eduard Loewenthal: *Die sociale und geistige Reformation des 19. Jahrhunderts als culturhistorischer Zielpunkt der gegenwärtigen Zeitbewegung.* Frankfurt a. M.: Bechhold 1860. [52 Seiten]

LOEWENTHAL 1861 = Eduard Loewenthal: *System und Geschichte des Naturalismus.* Leipzig: Gebhardt 1861. [38 Seiten] / Fünfte, verbesserte und vermehrte Auflage: ebd. 1868. [Digitalisat: https://www.digitale-sammlungen.de]

LOEWENTHAL 1865 = Eduard Loewenthal: *Eine Religion ohne Bekenntnis.* Berlin: Selbstverlag 1865. [40 Seiten] [Digitalisat: https://books.google.de]

LOEWENTHAL 1870* = Eduard Loewenthal: *Der Militarismus als Ursache der Massenverarmung in Europa und die europäische Union als Mittel zur Ueberflüssigmachung der stehenden Heere.* Ein Mahnruf an alle Freunde bleibenden Friedens und Wohlstandes. Potchappel: A. Fr. Lütze 1870. [16 Seiten]

LOEWENTHAL 1871* = Eduard Loewenthal: *Das preussische Völker-Dressur-System und die europäische Föderativ-Republik der Zukunft.* Zürich: Verlag von Th. Schröter 1871. [36 Seiten]

LOEWENTHAL 1874* = Eduard Loewenthal: *Grundzüge zur Reform und Codification des Völkerrechts.* Berlin: Deutscher Flugschriften-Verlag 1874. [12 Seiten]. [Folgeauflagen 1898 und 1912]

LOEWENTHAL 1886 = Eduard Loewenthal: *Le cogitantisme ou la religion scientifique.* Paris 1886.

LOEWENTHAL 1891a = Eduard Loewenthal: *Der Staat Bellamy's und seine Nachfolge.* Berlin: Muskall 1891. [29 Seiten]

LOEWENTHAL 1891b = Eduard Loewenthal: *Ein französisch-deutscher Ausgleich im Hinblick auf die Vorgänge in Rußland.* Nebst Entwurf zur Reform und Codification des Völkerrechts. Berlin 1891. [Bibliographiert nach Andreas Volkmer]

LOEWENTHAL 1892a = Eduard Loewenthal: *Das Cogitantenthum, die Religion des fortschreitenden besten Wissens und Gewissens als Staats- und Weltreligion.* Berlin: Siegismund 1892.

LOEWENTHAL 1892b = Eduard Loewenthal: *Neues System der Soziologie nebst Nachtrag zu meiner Fulguro-Genesis-Theorie*. Berlin: Ebering 1908. [31 Seiten]

LOEWENTHAL 1894 = Eduard Loewenthal: *Der Anarchismus und das Recht der Schwachen* oder: Die drei Grundübel unserer Zeit. Berlin: Verlag von Hermann Brieger 1894. [22 Seiten]

LOEWENTHAL 1896a = Eduard Loewenthal: *Der wahre Weg zum bleibenden Frieden nebst Entwurf zur Reform und Codification des Völkerrechts*. Zweite Auflage. Berlin 1896. [Bibliographiert nach Andreas Volkmer]

LOEWENTHAL 1896c = Eduard Loewenthal: *Geschichte der Philosophie im Umriss* – für Studierende, sowie für jeden Gebildeten. Berlin: Hannemanns Buchhandlung 1896. [55 Seiten]

LOEWENTHAL 1896b* = Eduard Loewenthal: *Ein Welt-Staatenbund als sicherstes Mittel zur Beseitigung des Krieges*. Berlin: Reform-Verlag 1896. [10 Seiten] [Online-Ausgabe: https://digital.staatsbibliothek-berlin.de].

LOEWENTHAL 1897* = Eduard Loewenthal: *Obligatorische Friedensjustiz, nicht Schiedsgericht. Ein Beitrag zur Geschichte der Friedensbewegung und meine Stellung zu derselbigen*. Berlin: Hannemann's Buchhandlung 1897. [16 Seiten]

LOEWENTHAL 1900a = Eduard Loewenthal: *Der Bankrott der Darwin-Häckelschen Entwicklungstheorie und die Krönung des monistischen Gebäudes*. Berlin: Ebering 1900. [16 Seiten]

LOEWENTHAL 1900b = Eduard Loewenthal: *Die religiöse Bewegung im 19. Jahrhundert*. Berlin: Cronbach 1900. [147 Seiten]

LOEWENTHAL 1900c = Eduard Loewenthal: *Der Welt-Staatenbund in Sicht und die Mission des Cogitantentums*. Ein Beitrag zur Lösung des chinesischen Problems. Berlin: Ebering 1900. [8 Seiten]

LOEWENTHAL 1901 = Eduard Loewenthal: *Die neue Lehre. Religions-Unterricht für Cogitanten oder Anhänger der Religion des Wissens und der Wissens-Erweiterung*. Berlin: Ebering 1901.

LOEWENTHAL 1902 = Eduard Loewenthal: *Die Fulgurogenesis im Gegensatz zur Evolutionstheorie und die Kulturziele der Menschheit*. Berlin: Ebering 1902.

LOEWENTHAL 1903b = Eduard Loewenthal: *Organische Neubildung und Regeneration oder Die Biologie im Lichte d. Fulguro-Genesis*. Berlin: Dreyer 1903. [13 Seiten]

LOEWENTHAL 1903a* = Dr. phil. Eduard Loewenthal: *Geschichte der Friedensbewegung*. Nebst Anhang: Ein Welt-Friedens-Plebiszit und Weltfriedenspreise. Berlin: Verlag von E. Ebering 1903. [104 Seiten]

LOEWENTHAL 1907 = Eduard Loewenthal: *Wahrer Monismus und Scheinmonismus. Nachtrag zu meinem „System und Geschichte des Naturalismus"*. Berlin: Dreyer 1907. [16 Seiten]

LOEWENTHAL 1909 = Eduard Loewenthal: *Moderne Philosophen*. [?] 1909. [Bibliographiert nach: https://de.wikipedia.org/wiki/Eduard_Loewenthal]

LOEWENTHAL 1910/1912* = Eduard Loewenthal: *Mein Lebenswerk auf sozialpolitischem, neu-religiösem, philosophischem und naturwissenschaftlichem Gebiete*. Memoiren. Mit zwei Bildnissen. Zweite, verbesserte Auflage. Berlin: Verlag von Henri Loewenthal 1912. [104 Seiten; die Erstauflage erschien 1910]

ARCHIV BIBLIOGRAPHIA JUDAICA 2008 = Archiv Bibliographia Judaica: Lexikon deutsch-jüdischer Autoren. Band 16: „Lewi – Mehr". Redaktionelle Leitung: Renate Heuer. Unter Mitarbeit von R. Arora, R. Brändle, A. El Mesmoudi, K. Schlootz, H. Valencia, P. Wolf. München: K G. Saur 2008, S. 130-138 [Personeneintrag ‚Loewenthal, Eduard', mit umfassender Bibliographie].

GOLDSTEIN 1985 = Brigitte M. Goldstein: „Loewenthal, Eduard". In: Harold Josephson (Hg.): Biographical Dictionary of Modern Peace Leaders. Westport / London 1985, S. 572-573.

NA´AMAN 1975 = Shlomo Na´aman: Die Konstituierung der deutschen Arbeiterbewegung 1862/63. Darstellung und Dokumentation. (= Quellen und Untersuchungen zur Geschichte der deutschen und österreichischen Arbeiterbewegung, NF, Bd. 5). Assen 1975, S. 414, 421 ff und 539. [Erwähnungen].

FRIED 1895 = Alfred Hermann FRIED: Die Genesis der Friedensorganisation. In: Die Waffen nieder! 4. Jahrgang (1895), Heft 11, S. 394-396.

FRIED 1913/2024 = Alfred Hermann Fried: Geschichte der Friedensbewegung. Eine Darstellung zum Pazifismus bis 1912. Aus der zweiten Auflage des ‚Handbuchs der Friedensbewegung' 1913. (= Regal zur Geschichte des Pazifismus 1). Norderstedt: BoD 2024, S. 97 [Kurze Erwähnung].

FÜR UNSER HEIM 1902 = Timon Schroeter (Hg.): „Für unser Heim". Bunte Spenden deutscher Dichter und Denker der Gegenwart für das Deutsche Schriftstellerheim in Jena. Leipzig: J. J. Weber 1902, S. 188 [Kurzbiographie, Gedicht].

LINDEN 1987 = Wilhelmus Hubertus van der Linden: The International Peace Movement 1815-1874. Amsterdam 1987, S. 857 [Erwähnung].

VOLKMER 2012* = Andreas Volkmer: Kriegsverhütung und Friedenssicherung durch Internationale Organisation. Deutsche Ideen und Pläne 1815 –1871. (= Inaugural-Dissertation zur Erlangung des Grades eines Doktors der Philosophie des Fachbereichs Geschichte und Kulturwissenschaften der Philipps-Universität Marburg). Marburg 2012, S. 265-273: ‚Eduard Loewenthal'. [Online-Ausgabe : https://archiv.ub.uni-marburg.de/diss/z2014/0088/pdf/dav.pdf].

WININGER 1929 = Salomon Wininger: Große jüdische National-Biographie. Ein Nachschlagewerk für das jüdische Volk und dessen Freunde. Vierter Band: ‚Leavith – Péreire'. Cernăuţi: Arta [1929], S. 171-172 [Personeneintrag ‚Loewenthal, Eduard']. [https://sammlungen.ub.uni-frankfurt.de/freimann]

WREDE/REINFELS 1897 = Richard Wrede / Hans von Reinfels (Hg.): Das geistige Berlin. Eine Encyklopädie des geistigen Lebens Berlins, Band 1. Berlin 1897, S. 308-310. [‚Personeneintrag'].

WYRWA 2007 = Ulrich Wyrwa: Das Bild von Europa in der jüdischen Geschichtsschreibung des 19. und frühen 20. Jahrhunderts. In: Kerstin Armborst / Wolf-Friedrich Schäufele (Hg.): Der Wert „Europa" und die Geschichte. Auf dem Weg zu einem europäischen Geschichtsbewusstsein. Mainz 2007-11-21 (= Veröffentlichungen des Instituts für Europäische Geschichte Mainz, Beiheft online 2), Abschnitt 76–95. urn:nbn:de:0159-2008031319 [Erwähnung].

Ernst Toller
Nie wieder Friede

Eine bittere Komödie über Militarismus
und Antipazifismus aus dem Jahr 1936

Norderstedt: BoD 2014. – ISBN: 9783758382468
(Paperback; 140 Seiten; 7,80 Euro)

Über Nacht haben Militarismus und Kriegsertüchtigung wieder die Kontrolle über das öffentliche Leben übernommen. Noch gestern hatte man den Ewigen Frieden in der Verfassung beurkundet und sich stolz gebrüstet, bei den ‚Lehren aus der Geschichte' alle anderen zu überflügeln. Doch jetzt bläst dieselbe Fraktion zur Hetze gegen die ‚Lumpenpazifisten', bringt Militainment zur besten Sendezeit und setzt eine gigantische Aufrüstung der Waffenarsenale ins Werk. Die angestrebte Weltmeisterschaft gilt nunmehr dem Sektor der Totmach-Industrien.
Ernst Tollers bittere Komödie *„Nie wieder Friede"* (1934/36) klärt uns auf, wie so etwas möglich ist. Das falsche Friedensplakat trug auf seiner Rückseite immer schon die Parole für neue Kriegsabenteuer: „Man muß es nur umdrehen." Ob Kosmopolitismus oder nationale Weltgeltung, ob Freiheitspredigt oder autoritäre Staatspolitik, ob Krieg oder Frieden – das entscheidet sich stets an der jeweiligen Lageeinschätzung der Besitzenden und Herrschenden. Zu folgen ist den Einflüsterungen der Kriegsprofiteure.
Wer wird beim Experiment zur Kriegstauglichkeit der Erdenbewohner gewinnen: Soldatenkaiser Napoleon oder Franziskus aus Assisi? Der Verfasser des hochaktuellen Bühnenstücks war linker Pazifist mit jüdischer Herkunft. Damit passte er gleich dreimal ins Feindbildvisier der Nazis. 1933 setzte NS-Deutschland Toller auf die allererste ‚Ausbürgerungsliste' und warf seine Werke ins Feuer. Nach neun Jahrzehnten sollten wir die „verbrannten Bücher" wieder unter die Leute bringen, denn der Militarismus scheint unausrottbar zu sein.

Zu den Beigaben dieser friedensbewegten Edition gehören acht Kapitel aus Tollers Autobiographie „Eine Jugend in Deutschland" (1933), die Schluß-Szene des Dramas „Hinkemann" (1923) und eine Warnung des Schriftstellers vor dem deutschen Faschismus aus der ‚Weltbühne' vom Oktober 1930.

Ein Band der *edition pace*,
herausgegeben von Peter Bürger

Johann von Bloch

Die wahrscheinlichen politischen und wirtschaftlichen Folgen eines Krieges zwischen Großmächten

Neuedition der Übersetzung von 1901 mit Begleittexten von B. Friedberg, Manfred Sapper und Jürgen Scheffran

(*Regal*: *Pazifisten & Antimilitaristen aus jüdischen Familien* 1)
Norderstedt: Bod 2024. – ISBN: 978-3-7597-2313-0
(edition pace – Paperback; 176 Seiten; 9,90 Euro)

Der russische Staatsangehörige und Eisenbahnmagnat Johann von Bloch (1836-1902), aufgewachsen in Polen als Sohn einer ärmlichen jüdischen Handwerkerfamilie, veröffentlichte 1898 in sechs Bänden sein in mehrere Sprachen übersetztes monumentales Werk über den modernen Krieg im Industriezeitalter – ein „Klassiker der Friedensforschung" (M. Sapper). Der vorliegende Band enthält eine erst nach der Jahrhundertwende erschienene kleine Arbeit *„Die … Folgen eines Krieges zwischen Großmächten"* (Übersetzung: Berlin 1901) sowie drei ausführliche Begleittexte zu Blochs pazifistischem Wirken.

Im Juli 1919 schrieb Dr. B. Friedberg in der jüdischen Monatsschrift ‚Ost und West' rückblickend: Die Anstifter des Weltkrieges „werden sie sich nicht damit entschuldigen können, sie wären nicht gewarnt worden; denn Gott wird zu ihnen sprechen: Habe ich nicht Propheten zu euch geschickt, die euch zur Umkehr und zum Frieden mahnten … Es war etwas ganz Neues, bis dahin Unerhörtes, als im Jahr 1899 aus den Reihen der *Wirklichkeitsmenschen*, der Führer und Organisatoren des europäischen Wirtschaftslebens dem Völkerfrieden ein mächtiger Fürsprecher, dem Kriege ein heftiger und unerbittlicher Gegner erstand, nämlich *Johann von Bloch*, der wirkliche Urheber der *Haager Friedenskonferenzen*."

In seinen Studien zum Krieg der Zukunft „wollte Bloch nicht nur beschreiben, er wollte den Gang der Geschichte auch beeinflussen. … Die Analysen Blochs wurden mit geradezu unerbittlicher Präzision im Ersten Weltkrieg bestätigt. Viele Überlegungen zum Krieg wie zum Frieden bleiben bis heute aktuell. Die Vernichtungswirkung der Waffentechnik wurde gegenüber dem Ersten Weltkrieg ins Unermessliche gesteigert und führte zum Totalen Krieg, der ganze Gesellschaften erfasste … Damit Krieg unmöglich wird, gilt es …, die zum Kriege drängenden Sachzwänge zu vermeiden und alternative Entscheidungsspielräume zu schaffen. Hierzu gehört, den Bedingungen für einen neuen großen Krieg entgegen zu wirken …" (*Jürgen Scheffran*).

Rudolf Goldscheid

Menschenökonomie, Weltkrieg und Weltfrieden.

Ausgewählte Schriften 1912 – 1926.
Herausgegeben von Peter Bürger, in Kooperation
mit dem Lebenshaus Schwäbische Alb.

(*Regal: Pazifisten & Antimilitaristen aus jüdischen Familien* 2)
Norderstedt: Bod 2024. – ISBN: 978-3-7597-7885-7
(edition pace – Paperback; 268 Seiten; 11,90 Euro)

Der Österreicher Rudolf Goldscheid (1870-1931) zählte zu den Pionieren der Soziologie im deutschsprachigen Raum und votierte für einen demokratischen Sozialismus. Der vorliegende Band erschließt zentrale pazifistische Texte aus seiner Forschungswerkstatt. Für Goldscheid waren Vernunft und Menschlichkeit keine Gegensätze, sondern notwendige Entsprechungen. Nur unter dem Vorzeichen des Friedens und eines neuartigen Internationalismus lässt sich eine Zukunft des homo sapiens überhaupt denken:

„Nichts kurzsichtiger, als zu glauben, in dem Ringen um Vermeidung von Kriegen handle es sich nur um eine politische oder gar lediglich um eine parteipolitische Angelegenheit. Hier stehen wir vielmehr vor der alles Politische weitaus überragenden Grundfrage unserer Gattung überhaupt. Zu so gewaltiger Größe hat die Entwicklung des wissenschaftlichen und organisatorischen Genius die Kriegstechnik entfaltet, dass die Kulturmenschheit sich nur vor Selbstmord zu bewahren vermag, wenn sie dafür sorgt, die selbstgeschaffene Höllenmaschine nicht in Funktion geraten zu lassen. Das sicherste Mittel hierzu ist natürlich ihr systematischer Abbau. Zu diesem schreiten heißt aber, die Friedenstechnik in noch viel vollkommenerer Weise ausbauen wie bisher die Kriegstechnik, heißt also mit glühendstem Eifer die allgemeine pazifistische Wehrpflicht verfechten, sich mit Leib und Seele in den Dienst des allumfassenden Vaterlandes friedlicher Kultur stellen. – Nie wieder Krieg, nie wieder Völkermord, nie wieder planmäßige, bestialisch organisierte Massenschlächterei !“ (R. Goldscheid: Friedenswarte, 1924)

Moritz Adler

Wenn du den Frieden willst, bereite Frieden vor

Texte wider den Krieg 1868 – 1899
Herausgegeben von Peter Bürger, in Kooperation
mit dem Lebenshaus Schwäbische Alb.

(*Regal: Pazifisten & Antimilitaristen aus jüdischen Familien* 3)
Norderstedt: Bod 2024. – ISBN: 978-3-7597-9450-5
(edition pace – Paperback; 272 Seiten; 11,99 Euro)

Der vorliegende Quellenband zum „Regal: Pazifisten & Antimilitaristen aus jüdischen Familien" erschließt Schriften des Österreichers Moritz Adler (1831-1907). Schon im Alter von 20 Jahren verschrieb sich dieser Kritiker des preußischen Bellizismus der Friedensidee und veröffentlichte dann 1868 eine der Zeit weit vorauseilende Europa-Vision unter dem Titel „Der Krieg, die Kongressidee und die allgemeine Wehrpflicht". In einem Sendschreiben an den Chirurgen Professor Theodor Billroth verglich er 1892 systematische Maßnahmen für eine verbesserte Medizinversorgung des Kriegsapparates mit der Bereitstellung neuer Kanonen für den institutionalisierten Massenmord.

Im Rahmen seiner zahlreichen Beiträge für Bertha von Suttners Zeitschrift „Die Waffen nieder!" schrieb Adler im November 1898: „Ist es nicht beschämend unlogisch, dass jede Großmacht zwei mit hunderten Millionen ausgestattete Ministerien für den Krieg zu Lande und zur See besitzt, für den Krieg, den man in den Thronreden und Botschaften zu hassen behauptet; und nicht eine einzige Million für den Frieden aufwendet, den man doch liebt und um die Wette preist, und den man offenbar auf dem direkten Wege, durch ein verschwindendes Opfer für ihn, weit sicherer, dauerhafter und edler haben könnte, als auf dem indirekten Wege über Krieg, permanente Rüstung, Spionage und Diplomatie. Denn dass die Ministerien des Äußeren nichts anderes als Affiliierte der Kriegsministerien sind, die den letzteren hauptsächlich ihren Bedarf an Rüstungspressionen … beizustellen haben, das lehrt gerade die neueste Geschichte und Tagesgeschichte auf jedem ihrer Blätter. Ein Ministerium für Frieden und Fortschritt würde uns mit der Zeit vom Ministerium des Krieges erlösen …"

edition pace

Begründet von Thomas Nauerth & Peter Bürger

John Dear
EIN MENSCH DES FRIEDENS UND DER GEWALTFREIHEIT WERDEN
Ausgewählte Aufsätze und Reden.
Norderstedt: BoD 2018 – ISBN: 978-3-7460-8898-3

Heinrich Missalla
„GOTT MIT UNS"
Die deutsche katholische Kriegspredigt 1914-1918.
Norderstedt: BoD 2018 – ISBN: 978-3-7528-1568-9

Christian Weisner / Friedhelm Meyer / Peter Bürger (Hg.)
„GEDENKT DER HEILIGSPRECHUNG VON OSCAR ROMERO
DURCH DIE ARMEN DIESER ERDE"
Dokumentation des Ökumenischen Aufrufes zum 1. Mai 2011.
Norderstedt: BoD 2018 – ISBN: 978-3-7460-7979-0

Reinhard J. Voß
DIE KATHOLISCHE KIRCHE IN DER DR KONGO
IM KONTEXT VON GESELLSCHAFT UND ÖKUMENE.
Norderstedt: BoD 2019 – ISBN: 978-3-7481-4482-3

Matthias-W. Engelke
ZELT DER FRIEDENSMACHER
Die christliche Gemeinde in Friedenstheologie und Friedensethik.
Norderstedt: BoD 2019 – ISBN: 978-3-7494-3645-3

IM SOLD DER SCHLÄCHTER
Texte zur Militärseelsorge im Hitlerkrieg
Hg. von R. Schmid, Th. Nauerth, M.-W. Engelke, P. Bürger.
Norderstedt: BoD 2019 – ISBN: 978-3-7481-0172-7

John Dear
GEWALTFREI LEBEN
Aus dem Englischen von Ingrid von Heiseler,
herausgegeben von Thomas Nauerth.
Norderstedt: BoD 2019 – ISBN: 978-3-7494-5179-1

DIE SEELEN RÜSTEN
Zur Kritik der staatskirchlichen Militärseelsorge
Hg. von R. Schmid, Th. Nauerth, M.-W. Engelke, P. Bürger.
Norderstedt: BoD 2019 – ISBN: 978-3-7494-6804-1

Peter Bürger
OSCAR ROMERO, DIE SYNODALE KIRCHE UND ABGRÜNDE DES KLERIKALISMUS
Zum 40. Todestag des Lebenszeugen aus El Salvador.
Norderstedt: BoD 2020 – ISBN: 978-3-7504-9377-3

Ullrich Hahn
VOM LASSEN DER GEWALT
Thesen, Texte, Theorien zu Gewaltfreiem Handeln heute.
Hg. von Annette Nauerth & Thomas Nauerth.
Norderstedt: BoD 2020 – ISBN: 978-3-7519-4442-7

Wilhelm Wille
SIE SAGEN FRIEDE, FRIEDE ... Zwanzig Jahre Forum Friedensethik
in der Evangelischen Landeskirche in Baden (FFE).
Norderstedt: BoD 2020 – ISBN: 978-3-7526-2956-9

Thomas Nauerth /
Ökumenisches Institut für Friedenstheologie (Hg.)
WAS IST FRIEDENSTHEOLOGIE ? EIN LESEBUCH.
Norderstedt: BoD 2020 – ISBN: 978-3-7526-4444-9

George Pattery S.J.
GANDHI ALS GLAUBENDER. Eine indisch-christliche Sichtweise.
Aus dem Englischen von Ingrid von Heiseler.
Herausgegeben von Klaus Hagedorn & Thomas Nauerth.
Norderstedt: BoD 2021 – ISBN: 978-3-7557-0056-2

Ulrich Frey
AUF DEM WEG DER GERECHTIGKEIT UND DES FRIEDENS
Texte aus drei Jahrzehnten. Herausgegeben von Gottfried Orth.
Norderstedt: BoD 2022 – ISBN: 978-3-7543-8569-2

Thomas Nauerth / Annette M. Stroß (Hg.)
IN DEN SPIEGEL SCHAUEN
Friedenswissenschaftliche Perspektiven für das 21. Jahrhundert.
Ein Lesebuch mit Texten von Egon Spiegel.
Norderstedt: BoD 2022 – ISBN: 978-3-7562-2081-6

Jochen Vollmer
„FRIEDENSKIRCHE WERDEN – ANKOMMEN IM POSTKONSTANTINISCHEN ZEITALTER"
Friedenstheologische Beiträge zur Entgiftung von Kirche und Glauben.
In Zusammenarbeit mit dem OekIF, hg. von Matthias-W. Engelke.
Norderstedt: BoD 2023 – ISBN: 978-3-7583-0420-0

Gottfried Orth (Hg.)
… DASS GERECHTIGKEIT UND FRIEDEN SICH KÜSSEN
Helmut Gollwitzer (1908-1993).
Norderstedt: BoD 2024 – ISBN: 978-3-7583-7214-8

Alfred Hermann Fried
GESCHICHTE DER FRIEDENSBEWEGUNG
Eine Darstellung zum Pazifismus bis 1912.
(Regal: Geschichte der Friedensbewegung 1)
Norderstedt: BoD 2024 – ISBN 978-3-7597-0334-7

Ludwig Quidde
ÜBER MILITARISMUS UND PAZIFISMUS
Vier friedensbewegte Texte aus den Jahren 1893-1926.
(Regal: Geschichte der Friedensbewegung 2)
Norderstedt: BoD 2024 – ISBN 978-3-7597-0320-0

Richard Barkeley
DIE DEUTSCHE FRIEDENSBEWEGUNG 1870-1933
Unveränderter Text der Darstellung von 1947 – Bibliographie.
(Regal: Geschichte der Friedensbewegung 3)
Norderstedt: BoD 2024 – ISBN 978-3-7597-0405-4

Eberhard Bürger
FRIEDENSBEWEGUNGEN IN DER ÖKUMENE UM DIE ZEIT DES ERSTEN WELTKRIEGS – EIN ÜBERBLICK
(Regal: Geschichte der Friedensbewegung 4)
Norderstedt: BoD 2024 – ISBN 978-3-7597-0660-7

Dieter Riesenberger
DIE KATHOLISCHE FRIEDENSBEWEGUNG IN DER WEIMARER REPUBLIK
Neuedition der Auflage von 1976. – Mit einem Vorwort von Walter Dirks
und einem Nachruf für Dieter Riesenberger von Helmut Donat.
(Regal: Geschichte der Friedensbewegung 5)
Norderstedt: BoD 2024 – ISBN 978-3-7597-0649-2

David Low Dodge
KRIEG IST MIT DER RELIGION JESU CHRISTI UNVEREINBAR
Eine pazifistische Pionierschrift aus dem Jahr 1812,
mit einer Einführung von Edwin D. Mead –
aus dem Englischen von Ingrid von Heiseler.
(Regal: Geschichte der Friedensbewegung 6)
Norderstedt: BoD 2024 – ISBN: 978-3-7597-3038-1

Erasmus von Rotterdam
ALLE MÜSSEN DEN KRIEG VERLÄSTERN
„Die Klage des Friedens" 1517, übersetzt von Rudolf Liechtenhan –
mit einem Vorwort von Eugen Drewermann
Norderstedt: BoD 2024 – ISBN: 978-3-7583-8178-2

Johann von Bloch
DIE WAHRSCHEINLICHEN POLITISCHEN UND WIRTSCHAFTLICHEN
FOLGEN EINES KRIEGES ZWISCHEN GROẞMÄCHTEN
Neuedition der Übersetzung von 1901 mit Begleittexten
von B. Friedberg, Manfred Sapper und Jürgen Scheffran
(Regal: Pazifisten & Antimilitaristen aus jüdischen Familien 1)
Norderstedt: BoD 2024 – ISBN: 978-3-7597-2313-0

Rudolf Goldscheid
MENSCHENÖKONOMIE, WELTKRIEG UND WELTFRIEDEN
Ausgewählte Schriften 1912 – 1926
(Regal: Pazifisten & Antimilitaristen aus jüdischen Familien 2)
Norderstedt: BoD 2024 – ISBN: 978-3-7597-7885-7

Moritz Adler
WENN DU DEN FRIEDEN WILLST, BEREITE FRIEDEN VOR
Texte wider den Krieg 1868 – 1899
(Regal: Pazifisten & Antimilitaristen aus jüdischen Familien 3)
Norderstedt: BoD 2024 – ISBN: 978-3-7597-9450-5

Eduard Loewenthal
DER KRIEG IST ABZUSCHAFFEN
Friedensbewegte Schriften für das Europa
der Völker und einen Weltstaatenbund, 1870 – 1912
(Regal: Pazifisten & Antimilitaristen aus jüdischen Familien 4)
Norderstedt: BoD 2024 – ISBN: 978-3-7583-5069-6

edition pace

Die hier fortgesetzte *edition pace*,
initiiert von Thomas Nauerth und Peter Bürger,
erschließt Quellentexte, Inspirationen & Forschungsbeiträge
zu folgenden Themenschwerpunkten:

Kultur der Gewaltfreiheit und des Friedens;
Persönlichkeiten, Spiritualität und Praxis
des gewaltfreien Widerstands;
Friedenstheologie, Kritik der Kriegsreligion;
Kirchliche Friedenslehren und Geschichte des
religiös motivierten Pazifismus;
Ökumenische und interreligiöse Lernprozesse
in der Bewegung für Gerechtigkeit, Frieden und
Bewahrung der Schöpfung.

Ergänzend:
Regal zur Geschichte der Friedensbewegung.

Regal: Pazifisten & Antimilitaristen
aus jüdischen Familien.

Buchausgaben:
https://buchshop.bod.de/
(Suchfunktion | Eingabe: *edition pace*)